Catorze camelos para o Ceará

Delmo Moreira

Catorze camelos para o Ceará

A história da primeira expedição científica brasileira

todavia

Para Terezinha, minha mãe

Prólogo: Pelos caminhos de Boghar **9**

Parte 1: As origens

1. Um cortesão singular **17**
2. Novos descobridores **23**
3. Vigaristas e patriotas **32**
4. Navios do deserto **43**
5. O pai dos camelos **50**
6. A cara do Brasil **53**
7. Temporada de compras **61**

Parte 2: As viagens

8. O sobradão e a casa da Lagoa **69**
9. Caravana transatlântica **77**
10. Borboletas em festa **87**
11. Orelhonno pelas veredas **91**
12. Ao sertão! **95**
13. Peso da fama **103**
14. A voz dos donos **109**
15. Miséria e penitências **115**
16. Cariri, antes do pau de arara **122**
17. Entre a glória e o fracasso **130**

18. Processo Abel **137**
19. Os donos dos votos **143**
20. No labirinto das águas **177**
21. De volta às origens **186**
22. Rebaixados no front **197**
23. O infeliz palpite **205**
24. Camelos expiatórios **212**

Parte 3: O legado

25. Acerto de contas **221**
26. Inimigo invencível **229**
27. Últimos românticos **234**
28. Lealdades derradeiras **242**

Epílogo: De Boghar à Sapucaí **249**

Agradecimentos **259**
Referências bibliográficas **261**
Índice remissivo **265**
Créditos das imagens **282**

Prólogo
Pelos caminhos de Boghar

Na manhã de 9 de abril de 1859, o naturalista Richard Du Chantal partiu de Argel com a missão de comprar catorze camelos para o imperador do Brasil. Pedro II encomendara os animais à Sociedade Imperial Zoológica de Aclimatação de Paris, interessado em promover uma experiência de adaptação da espécie ao Nordeste brasileiro. Du Chantal, vice-presidente da instituição científica francesa e conhecedor de expedições na colônia, foi o encarregado da compra. Com receio dos ataques de rebeldes tuaregues, ainda frequentes na Argélia, ele garantiu lugar num comboio militar que viajava para o interior.

A caravana cruzou as montanhas do Atlas e seguiu por quatro dias em direção às terras entre as cidades de Boghar e Laghouat, na fronteira do Saara, região habitada por criadores renomados pela qualidade dos dromedários. Uma enorme feira de clãs árabes e beduínos atraía colonos europeus que estavam abrindo fazendas pelo país com o apoio da França. A oferta ali era farta e Du Chantal pôde escolher com cuidado a cáfila imperial. Arrematou dez fêmeas e quatro machos, todos de três a quatro anos, exceto um dos camelos, de sete. Quatro das fêmeas estavam prenhes. Numa homenagem ao Brasil, Du Chantal marcou os animais com a letra B no lado esquerdo do pescoço. No total, ao fim de negociações arrastadas, pagou 12 320 francos aos vendedores. A soma pareceu "bem moderada" ao presidente da Sociedade de Aclimatação, o biólogo Isidore

Saint-Hilaire: "A média de 880 francos por cabeça foi vantajosa em comparação com o que se vê em outras províncias, de animais de qualidade bem inferior", relatou na prestação de contas. Ao câmbio da época, cada besta custou 330 mil-réis ao governo brasileiro. No Ceará, para onde seriam enviados os camelos, um cavalo encilhado valia em torno de 100 mil-réis. O jegue era mais barato e variava muito de preço a cada localidade.

Du Chantal contratou na feira quatro argelinos para acompanhar os camelos na viagem transatlântica até o "Siara", o nome com que a província brasileira constava nos documentos. Os tratadores ficaram encarregados de vigiar a tropa na propriedade de um chefe tribal, nos arredores de Boghar, enquanto, em Marselha, um navio de três mastros passava por uma reforma para acomodar a carga inusual. O *Splendide* era citado como uma joia da construção naval francesa: "Trata-se de uma das melhores e mais belas embarcações da marinha mercante", atestou Saint-Hilaire. O representante da Sociedade em Marselha, o naturalista Antoine Hesse, fez o fretamento e se encarregou, durante três meses, da adaptação do veleiro. Sobre o convés, construiu uma espécie de estrebaria dupla. A estrutura retangular, com aberturas dos quatro lados, era alta o suficiente para receber os camelos e baixa o bastante para não atrapalhar as manobras das velas. Um corredor central dividia o espaço em dois blocos, com manjedouras fixadas em cada um deles. O teto de madeira recebeu como proteção uma lona untada de alcatrão que se estendia pelas laterais do estábulo improvisado.

A viagem de Argel a Fortaleza durou 34 dias. Apesar das fortes tempestades e das dificuldades com alimentação, os camelos chegaram bem-dispostos e com saúde para enfrentar os testes de aclimatação ao Nordeste. Numa ensolarada manhã de julho, foram empurrados, um a um, para uma baia móvel e içados do *Splendide* até jangadas que os levaram, com água pelas canelas, ao trapiche do porto. Na praia, protegida por uma cobertura de panos leves, a comitiva de políticos e cientistas enviados pelo imperador acompanhou o desembarque. Logo atrás das autoridades, juntava-se uma multidão, assustada com os animais exóticos e desconfiada dos mouros.

"Não vos parece, senhores, que já era tempo de entrarmos, sem auxílio estranho, no exame e investigação desse solo virgem?", propôs o visconde de Sapucaí. "De desmentirmos esses viajantes de má-fé ou levianos que nos têm ludibriado e caluniado?" Ex-preceptor de Pedro II, Sapucaí presidia o Instituto Histórico e Geográfico Brasileiro (IHGB). Na sessão solene de maio de 1856, os sócios da instituição denunciavam, em discursos exaltados, exploradores estrangeiros que haviam publicado na Europa uma série de informações falsas e fantasiosas sobre o Brasil. Defendiam que o país tinha o dever de patrocinar uma missão exploratória e propunham a formação de um grupo de cientistas para estudar por conta própria, sem controle estrangeiro, como nunca havia sido feito antes, o imenso e desconhecido território nacional. Até então, naturalistas locais serviam como meros colaboradores de expedições estrangeiras, sem autonomia sequer para escolher roteiros. Agora eles almejavam "mostrar ao mundo que não nos faltam talentos e habilitações" para as pesquisas científicas. O Império só teria a ganhar: "Tudo seria do mais alto interesse nessa exploração; conhecimentos positivos da topografia, dos cursos dos rios, dos minerais, das plantas e animais, dos costumes, da língua e das tradições dos autóctones, cuja catequese seria também mais facilmente compreendida", previu o visconde.

Pedro II assumiu a criação da Imperial Comissão Científica de Exploração das Províncias do Norte (designação usada para todas as terras acima da Bahia), tornando lei a despesa prevista para a empreitada. A jovem monarquia tentava tomar pé de seu tempo, a era de ouro dos naturalistas viajantes, discípulos de Humboldt, que redesenharam o planeta no século XIX. A missão brasileira cobiçava, como as demais, fazer ciência e descobrir riquezas. Pretendia também entender um pouco mais uma nação que mal se conhecia. No Oitocentos, o Norte e o sertão nordestino eram rincões ermos e impermeáveis para a corte.

O Ceará foi definido como primeiro destino da expedição por causa de suas promessas de riqueza. Desde a colônia, havia relatos sobre indícios minerais nas serras cearenses, e duas lendas muito difundidas falavam de jazidas escamoteadas por holandeses e tesouros abandonados pelos jesuítas com a expulsão da Companhia de Jesus do Brasil. O problema da seca não teve relevância, pois era visto como uma questão regional, sem a dramaticidade que assumiu em poucos anos. E um atrativo extra pesou na escolha pelo Ceará. Havia alguns meses, o governo estudava com cientistas franceses um projeto de aclimatação de camelos ao Nordeste brasileiro. O IHGB poderia, assim, assumir também a responsabilidade de testar os dromedários como alternativa ao jegue no transporte em longas distâncias desérticas.

A tropa que Du Chantal comprou, três anos depois da criação da Comissão Científica imperial, se destinava a um experimento paralelo, mero anexo de um programa repleto de ambições. A potente mistura de ineditismo e exotismo, porém, transformou o projeto dos camelos na marca da missão de Pedro II. As catorze cobaias importadas entraram para a história como um fracasso exemplar entre os inúmeros planos insanos e perdulários adotados pelos governos, do Império à República, para enfrentar o drama da seca. Uma fama equivocada. Ninguém cogitava solucionar a desgraça das estiagens com dromedários, e os animais não foram testados o suficiente para poderem fracassar. Viraram, sim, uma encrenca política, foram abandonados pelos cientistas e doados a fazendeiros do sertão que não os usaram sequer como jegues. Apesar de tudo, o *Camelus dromedarius* saiu do episódio com a reputação chamuscada e a pecha de inadequado às veredas nordestinas.

Da preparação à extinção, entre os cinco anos que durou, a Comissão produziu e sistematizou conhecimento numa quantidade e qualidade que o país jamais experimentara. Formou coleções botânicas e zoológicas de milhares de exemplares, realizou pesquisas geológicas, estudos de etnologia e levantamentos geográficos e astronômicos. Comparada às missões transcontinentais da época, foi modesta, embora se revelasse pesadíssima para a incipiente monarquia, com suas precariedades e circunstâncias. Sob pressão permanente dos políticos conservadores, que consideravam desperdício gastar mais dinheiro com ciência e educação, sofreu boicote e injustamente ganhou notoriedade por conta de seus reveses. Além dos camelos, é mais lembrada pelos apelidos que levou no plenário do Senado: Comissão das Borboletas, pela acusação de inutilidade; ou Comissão de Defloramento, pelos escândalos provocados na província.

Três ilustres brasileiros foram os principais responsáveis pela aventura: o barão de Capanema; o médico e botânico Freire Alemão; e o poeta e etnólogo Gonçalves Dias. Eram diferentes em tudo, da origem familiar ao estilo de vida. Filho de humildes colonos fluminenses, Freire Alemão se tornara um cientista reconhecido na Europa e conselheiro do Império. Capanema, de pai austríaco e mãe suíça, era um rico empreendedor, formado em engenharia e mineralogia. Gonçalves Dias, de sangue indígena, já conquistara o posto de maior poeta nacional e publicara estudos sobre as migrações de povos tupi. Pessoalmente, Freire Alemão encarou o desafio da viagem como a grande chance de sua carreira de pesquisador. Capanema não escondeu de ninguém que uma façanha pioneira lhe valia mais que qualquer coisa. Para Dias, tratava-se da oportunidade de fugir de um casamento infernal.

Homens da corte, os expedicionários se depararam com um país que julgaram brutal, embora o cenário descrito por eles pareça estranhamente familiar a um leitor de hoje. A vida testemunhada nos vilarejos, os costumes, as formas como viram se organizar a política e a riqueza, as manhas da justiça, o modo corriqueiro e insidioso com que a chaga da escravidão ia definindo a alma da nação — tudo foi registrado por pesquisadores disciplinados a descrever o desconhecido. Esse retrato dos grotões do século XIX, no entanto, não apareceu nos relatórios finais da Comissão. O trabalho dos cientistas foi censurado pelo governo, preocupado com o que a Europa poderia pensar do Brasil.

Com o tempo, as coisas não melhoraram muito para a memória histórica dos expedicionários nem para a dos camelos. Mais de um século depois da chegada, os catorze infelizes dromedários do imperador se consolidaram em definitivo como símbolo da primeira expedição científica brasileira. Em 1995, a escola de samba Imperatriz Leopoldinense levou à Marquês de Sapucaí o enredo "Mais vale um jegue que me carregue do que um camelo que me derrube... lá no Ceará".

Para os cientistas, o golpe fatal veio em 2017, com o incêndio do Museu Nacional, onde haviam depositado suas coleções.

Parte I

As origens

I.
Um cortesão singular

Aos 62 anos, baixo e gorducho, cabelos brancos encaracolados, sempre afogueado sob a casaca preta de pano grosso, Freire Alemão causou estranheza ao povo do sertão. Acharam que ele só podia ser inglês. Durante os anos suados nas pesquisas pelo Nordeste, o conselheiro cansou de constatar o quanto desconfiavam dele. Diziam que chefiava uma turma de estrangeiros de conversa enviesada, atrás de tesouros escondidos e minas preciosas para entregar à Inglaterra como pagamento por dívidas do governo brasileiro. Certa vez, quando medicava duas meninas doentes em Umari, uma vila perdida em meio à serra do Cantagalo, ouviu da mãe assustada: "Sei que andam medindo o Brasil para escravizar o povo do Ceará". Na província, sua missão de cientista expedicionário não convencia. Era difícil crer que aquele senhor cerimonioso cavalgava sob um sol infernal, comandava homens, revirava pedras pelo chão, recolhia e guardava qualquer raminha sem serventia, bisbilhotava os cartórios, consultava mapas e fazia perguntas sem parar em busca apenas de sabedorias para Pedro II.

Na capital, ninguém duvidava de que o velho conselheiro do imperador fosse o brasileiro mais talhado para chefiar a pioneira Comissão Científica. Súdito modelo, médico estimado pelo monarca, era um caso raro de cientista pátrio respeitado no exterior. Na época da indicação, trabalhava na sistematização de parte do acervo da Missão Austríaca que visitou o Brasil de 1817 a 1821. Era um dos 65 especialistas internacionais convocados para ajudar Karl von Martius a identificar as plantas selecionadas na expedição. O trabalho resultou na monumental *Flora brasiliensis*, uma das principais obras da botânica mundial, com a classificação de 22 767 espécies até então desconhecidas.[1]

Francisco Freire Alemão Cisneiro progrediu na vida graças a sua determinação e à decisiva ajuda da Igreja e da Casa Imperial, sem as quais uma ascensão social era inimaginável no Brasil de então. Construiu a reputação pelo trabalho, coisa quase exótica na pequena corte do Rio de Janeiro, repleta de apaniguados. Levava vida social discreta. Solteirão, detestava conflitos.

De origem humilde, filho de lavradores da Fazenda do Mendanha, na freguesia de Campo Grande, foi apadrinhado pelo dono do engenho, o padre Antônio Coito da Fonseca, que lhe deu teto e instrução primária. Padre Coito foi um dos pioneiros da cafeicultura no Rio de Janeiro. Boa parte das matrizes dos cafezais fluminenses saiu de suas terras. Também ganhou dinheiro produzindo anil e cana-de-açúcar. Não demonstrava interesses teóricos a respeito da natureza que pudessem ter influenciado a paixão do afilhado pela botânica. Gostava mesmo era de ver as plantas produzindo riqueza. Costumava manter os escravizados trabalhando depois do pôr do sol sob o clarão de imensos araribás que mandava queimar para iluminar o terreiro. Essas árvores altas, de excelente madeira e escassas na região, ardiam como archotes nas noites do Mendanha. Já adulto, Freire Alemão, sempre que topava com um araribá nas florestas cariocas, recordava aquelas colunas de chama intensa e pouca fumaça. "Escapaste do padre Coito, pobre araribá", comemorava.

---

1 A *Flora brasiliensis* foi publicada em 1906, 38 anos depois da morte de Karl von Martius. Tinha 45 volumes, de quase um metro de altura, capa dura e 10 367 páginas, além de 130 fascículos ricamente ilustrados. A obra foi patrocinada pelos imperadores da Áustria e do Brasil e pelo rei da Baviera. Em número de classificações, a *Flora brasiliensis* só seria superada pela publicação, em 2004, da *Flora* da República Popular da China.

O caminho para ingressar na corte e se tornar cientista prosseguiu pela mão dos padres. Virou sacristão da paróquia de Campo Grande para fugir do recrutamento para as guerras nas províncias do Sul. Depois foi aprovado nos exames do Seminário de São José, no Rio. Ingressou na condição de "numerista", designação dos alunos pobres com ensino custeado pela Igreja. Morou e estudou ali até os 24 anos, idade-limite para se definir pelo sacerdócio. Sem a menor vontade de se tornar cura, deixou o seminário, mas não abandonou aquele Rio de Janeiro que avistava do monumental prédio do São José, no topo do morro do Castelo.

A capital tinha prosperado desde as primeiras décadas do século. O porto se transformara no principal centro de comércio do país graças aos negócios com açúcar, aos negros sequestrados da África e ao café. Das três atividades, todas legais e consideradas socialmente respeitáveis, a mais rentável era o tráfico de escravos. Um agricultor como o velho padre Coito conseguia, no máximo, em boa safra, uma lucratividade de 15% com a lavoura de café. Um comerciante que revendia negros abocanhava uma margem de 20% e contava com excelentes condições para seu empreendimento: bancos financiadores, seguradora para diluir riscos, armazéns para leilões e leis de proteção aos compradores. Ao longo de três séculos, o Brasil foi o país que mais recebeu escravizados da África em todo o mundo: 4,8 milhões de pessoas. Os Estados Unidos, em comparação, tiveram 388 460 escravizados. Viajantes europeus relatavam que o Rio parecia uma cidade africana encravada nas Américas. Quase não se viam brancos pelas ruas centrais. Os cativos perambulavam próximo das casas de seus senhores e das pencas de negros acorrentados, desembarcados no cais do Valongo. Em 1837, os escravizados representavam 57% da população da capital, que somava 425 mil almas.

Com uma bolsa da Casa Imperial para alunos carentes, Freire Alemão entrou para a Escola Médico-Cirúrgica, formadora de práticos em cirurgia militar. Para sobreviver, dava aulas de latim e de primeiras letras para meninas e rapazes moradores dos casarões enfileirados pelas ruelas do centro. Graduou-se em três anos e, disposto a obter o diploma de médico, partiu para a Europa, com amparo financeiro de um grupo de amigos e familiares. Chegou a Paris em 1828. Aprendera francês com os padres e passou com boas notas nos exames de admissão da Sorbonne.

Foi durante a temporada de estudante na França que, pela primeira vez, chegou perto de um membro da família real, à qual se ligaria por toda a vida. No verão europeu de 1831, Pedro I, que acabara de abdicar do trono brasileiro, estava em Paris. Finalmente livre das aborrecidas obrigações administrativas, o agora duque de Bragança flanava pelos cafés e endereços boêmios da cidade. Deixara para trás uma ex-colônia independente, dívidas impagáveis, uma sucessão de crises, uma guerra perdida para os argentinos, três filhas e um príncipe herdeiro — órfãos de mãe, entregues à tutela de seus adversários políticos —, e outros seis filhos ilegítimos. Na capital francesa, contudo, não era visto como o monarca tirânico que saíra desgastado do Brasil, mas sim como o príncipe liberal que implantou um regime constitucional no Novo Mundo. Era convidado frequente do rei Luís Felipe de Orleans nas solenidades. Freire Alemão o viu no dia da comemoração da queda da Bastilha, ao lado de Luís Felipe (ambos tinham sangue Bourbon, aparentados, portanto, à realeza que havia passado pelas guilhotinas da revolução de 14 de julho). Misturado à multidão, o jovem estudante notou que Pedro I estava especialmente "queimado e trigueiro" pela recente viagem marítima, iniciada logo depois da abdicação. "O povo de Paris corria em grande número para vê-lo, dava entusiásticos vivas e dizia *comme il est noir!*", contou numa carta a amigos.

O segundo contato direto com a realeza aconteceu quando Freire Alemão, já diplomado na Sorbonne (com uma tese sobre o bócio), estava de volta ao Rio e, além de clinicar, dava aulas de botânica na Faculdade Médica. Em maio de 1835, ele compareceu ao Paço Imperial para a solenidade de criação da Academia Imperial de Medicina. Pedro II, com nove anos de idade, participava da cerimônia. Freire Alemão ficou observando o garotão espigado, louro, bochechudo e de queixo proeminente, a inconfundível marca dos Habsburgo[2] maternos. O rosto não revelava emoções, nem mesmo fastio. Seu treinamento nas artes das dissimulações sociais, afinal, começara cedo. Antes dos dois anos de idade ficara órfão de mãe e, aos cinco, sofrera a separação do pai e da madrasta. No dia da abdicação de Pedro I, foi exibido pelas ruas como o totem que dava legitimidade ao triunvirato escolhido para assumir o governo — símbolos e cerimônias eram essenciais num país de iletrados. Sob salvas de tiros, aclamado imperador pela multidão, o menino não entendia nada. Sentado sozinho no banco de trás da carruagem, chorava.[3] Nunca mais suportou o barulho dos canhões.

O encontro que selou em definitivo as relações de Freire Alemão com a Casa Real ocorreu pouco antes da sagração de Pedro II. Ele recebeu um chamado urgente do Paço para atender o jovem monarca, então com quinze anos, pois o médico de serviço na Câmara Imperial estava ausente. Depois de

---

2 Gerações endogâmicas na dinastia Habsburgo haviam deixado um legado cruel: a avantajada mandíbula. Um dos Habsburgo mais poderosos da história, Carlos V (1338-80), imperador do Sacro Império Romano, foi descrito assim pelo historiador inglês Roger Crowley: "Carlos apenas parecia um imbecil. Ele tinha os olhos arregalados; era assustadoramente pálido; quaisquer características físicas redentoras — o corpo bem formado, a testa larga — eram logo ofuscadas por uma longa e protuberante mandíbula, que muitas vezes deixava a boca aberta, a qual, para os indelicados ou atentos observadores, emprestava ao jovem um vago aspecto de idiotice. A deformidade facial tornava impossível para Carlos mastigar os alimentos adequadamente, de modo que ele foi perturbado a vida toda por problemas digestivos".
3 O pintor Jean Baptiste Debret testemunhou o pranto do menino.

examinar o enfermo, diagnosticou uma "ligeira congestão cerebral, facilmente debelada". Pedro II sofria de epilepsia e tivera várias convulsões, confundidas com ataques decorrentes de indigestões e tratadas com aplicações de clister, cataplasmas e óleo de rícino. Não se sabe qual foi o receituário de Freire Alemão, mas seus préstimos receberam aprovação e ele acabou nomeado médico da Câmara Imperial. A honraria assegurava um soldo mensal e exigia que, durante algumas semanas, ele prestasse expediente como uma espécie de plantonista para eventuais necessidades do futuro imperador.

Sem muito a fazer nos plantões do Paço, gastava as horas na biblioteca. "Quando entrava em semana de serviço, levava na algibeira tiras de papel, cheias de apontamentos, para guiar minhas consultas", contou. Com o conforto do soldo da Câmara Imperial, podia dedicar cada vez mais seu tempo ao conhecimento das plantas. O novo emprego, em vez de incentivar a carreira do médico, impulsionou a do botânico. Os expedientes se tornaram um período de imersão nos estudos, no qual ele consultava livros que só ali poderia encontrar: "Devo à biblioteca do imperador haver lido pela primeira vez a obra de Pohl". O botânico Johann Emmanuel Pohl, integrante da Missão Austríaca, tinha publicado cinco volumes sobre suas viagens pelo Brasil e virara figura de proa na nova galeria de heróis de Freire Alemão: os cientistas exploradores. Ele estava decidido a se tornar um desses cientistas.

2.
Novos descobridores

As missões transcontinentais de exploração científica ocorreram num período que o historiador britânico Eric Hobsbawm batizou de Era das Revoluções (1789-1848). Foi um tempo de supremacia das ciências, o novo deus de um mundo impactado pelo avanço tecnológico da máquina a vapor, das ferrovias e do telégrafo. Monarcas e empreendedores privados bancaram caras expedições em busca de conhecimento, terras, minérios, especiarias e prestígio político. O ciclo gerou novas fortunas e ainda mais recursos para os impérios coloniais europeus. Permitiu também um grande avanço em todas as áreas da ciência.

Freire Alemão estudava com devoção o naturalista prussiano Alexander von Humboldt, o papa dos viajantes que esquadrinharam o globo em nome da sabedoria científica. Humboldt deu um novo rumo ao conhecimento moderno, com a massa enciclopédica de dados que levantou em suas epopeias. Analisava tanto fenômenos terrestres quanto celestes, misturando tudo num inédito tratamento interdisciplinar. Confrontava suas observações com qualquer área da ciência. Na exploração pela América Central e América Latina (de 1799 a 1804), estabeleceu princípios de campos variados, como etnografia, antropologia, física, geografia, geologia, mineralogia e botânica. Publicou o relato da expedição em 32 volumes, descrevendo mais de 6 mil espécies.

Financiado pelo rei espanhol e por banqueiros da Alemanha e Espanha, Humboldt percorreu 9650 quilômetros pelas

Américas. Em 1800, viajou pelo Sul da Venezuela, chegando ao canal de Cassiquiare, que liga a bacia do Orenoco ao rio Negro, a poucos quilômetros da fronteira brasileira. Mas parou por ali. O governo português lhe vedou o acesso ao país, preocupado em coibir a ativa pirataria comercial naquela região, disputada por ingleses e holandeses. A capitania geral do Grão-Pará chegou a emitir uma ordem de prisão contra "um tal barão Humboldt", que pretendia invadir a colônia portuguesa. Foi oferecida uma recompensa em dinheiro para quem o capturasse quando pusesse os pés por ali.

Freire Alemão percebia o impacto avassalador que as missões exploratórias tinham para a imagem do Novo Mundo. Em geral, os primeiros viajantes que passaram pelas Américas se comportavam como sobreviventes da Odisseia, voltando à Europa com relatos onde aventura, ficção e espanto pelo desconhecido se misturavam e testavam os limites do verossímil. Suas ilustrações podiam mostrar tatus do tamanho de um bezerro, jaguatiricas com cara de leão e indígenas com a boca na barriga. A descrição dos nativos oscilava, conforme o observador, entre o canibal e o bom selvagem.[4]

O Brasil ocupou um papel secundário nessa era dos redescobrimentos. Portugal tentava manter a colônia fechada a estrangeiros e proibia que ali se imprimisse qualquer coisa e circulassem

4 O filósofo francês Michel de Montaigne foi uma voz singular na ousadia de misturar esses dois conceitos. Na década de 1550, quando teve contato com tupinambás levados à França numa das embarcações de Villegaignon, escreveu que os rituais canibalescos dos indígenas, longe de ser degradantes, mostravam o melhor dos povos primitivos, pois resultavam de guerras não comprometidas pela ganância. Montaigne ficou impressionado com a canção tupinambá referente a uma história que, trezentos anos depois, ressurgiu nos poemas de Gonçalves Dias. Nela, um prisioneiro condenado desafia os inimigos a irem em frente e banqueteá-lo. Lembrem-se de que estarão comendo seus próprios pais e avós: eu os comi no passado e, assim, será sua própria carne que estarão saboreando.

livros e jornais estrangeiros sem o crivo da Coroa. O país só se integrou, timidamente, ao ciclo depois da fuga da família real para os domínios além-mar e a abertura dos portos, em 1808. Houve, então, algum espaço para a ciência, com a visitação de naturalistas importantes. O francês Auguste Saint-Hilaire[5] por quatro anos (1816-22) perambulou montado em mulas pelos estados do Rio de Janeiro, Espírito Santo, Minas Gerais, Goiás, São Paulo, Santa Catarina e Rio Grande do Sul. O primeiro grande cronista do Nordeste brasileiro foi o senhor de escravos Henry Koster, negociante inglês que, a fim de se curar de tuberculose, se mudou para o Recife. Koster publicou um livro com suas impressões sobre a gente da terra que fez relativo sucesso na Europa.[6] Durante quatro meses, em 1831, por aqui também passou o jovem Charles Darwin, a caminho das ilhas Galápagos. Tinha 22 anos e deixou o Brasil impactado pela diversidade da floresta tropical, enojado com a escravatura, surpreso com a rudeza do povo e escandalizado com as festas de Carnaval em Salvador.

Entre as expedições destinadas especificamente ao Brasil, a primeira de grande porte foi comandada pelo príncipe alemão Maximiliano von Wied-Neuwied, que realizou um rico levantamento antropológico de povos brasileiros. Mas a maior de todas, sem dúvida, foi a Missão Austríaca, dos naturalistas Pohl, Martius e Johann Baptist von Spix. Freire Alemão podia consultar o resultado dessas pesquisas na coleção de história natural que a imperatriz Leopoldina, mãe de Pedro II e patrona da expedição, deixou na biblioteca imperial.

---

5 Não há parentesco próximo de Auguste Saint-Hilaire com o biólogo Isidore Geoffroy Saint-Hilaire, presidente da Sociedade de Aclimatação parisiense.
6 O livro *Travels in Brazil*, em dois volumes, foi editado em Londres em 1816. O historiador Câmara Cascudo traduziu a obra, publicada aqui em 1943 com o nome *Viagens ao Nordeste do Brasil* (São Paulo: Companhia Editora Nacional, 1942).

Havia sido um mimo do imperador Francisco I para a filha. Leopoldina ganhou a Missão Austríaca como presente de casamento para comemorar as bodas entre os Habsburgo e a Casa de Bragança. Francisco I organizou uma impecável empresa para acompanhá-la até o Rio. Diplomatas, botânicos, mineralogistas, geólogos, cartógrafo, pintores de plantas e paisagens, bibliotecário, caçadores e taxidermista integravam o grupo. Leopoldina tinha uma educação pouco comum mesmo para os padrões da nobreza europeia. Até os vinte anos vivera em cortes frequentadas por cientistas, pensadores e artistas como Goethe, que declamava poemas arrebatadores para sua madrasta nos salões de Viena. Recebera instrução em vários idiomas, mas preferia os estudos de ciências naturais, principalmente botânica e mineralogia. Mesmo antes da contratação de seu casamento com Pedro I, sentia-se atraída pelos relatos sobre o Novo Mundo. Em cartas às irmãs, uma delas casada com Napoleão Bonaparte,[7] escreveu que percebia "o desígnio da Providência" em sua união com um príncipe que habitava o Brasil, devido à "singular propensão" que sempre sentira pelo continente americano. Lembrou-se de que, quando menina, muitas vezes dissera que "queria ir para lá".

Dividida em duas fragatas portuguesas, a Missão Austríaca partiu do porto de Livorno, na Itália, em 15 de agosto de 1817. A primeira embarcação, a *Dom João VI*, levava uma Leopoldina encantada com os "aposentos magníficos e luxuosos" que haviam sido preparados para que ela suportasse os dias e noites dos próximos três meses que duraria a viagem. Além de um reduzido séquito privado, iam a bordo o botânico Johann Pohl e o mineralogista e bibliotecário Rochus Schüch (futuro pai do

---

7 A arquiduquesa Maria Luísa, irmã de Leopoldina, foi a segunda esposa de Napoleão. Cinco anos mais velha, era a irmã predileta e um modelo para Leopoldina. Maria Antonieta, mulher de Luís XVI, era tia-avó delas.

barão de Capanema). A segunda nau, a fragata *Áustria*, transbordava de diplomatas, cientistas, artistas e servidores imperiais. Nela estavam o botânico Martius, o zoólogo Spix e o artista Thomas Ender — o mais profícuo trio dos exploradores estrangeiros que desbravaram terras brasileiras. Aos 23 anos, Ender, com seus desenhos aquarelados, foi o cronista da viagem. Retratou os passageiros na proa do *Áustria* se divertindo numa roda musical; mostrou, com a graça de um instantâneo fotográfico, Martius e Spix entretidos em leituras a bordo; e, logo na chegada ao Rio, produziu com lápis e aquarela um acachapante panorama de 360 graus da baía de Guanabara.

No Brasil, a equipe se dividiu. Pohl chefiou um dos grupos principais e se embrenhou por quatro anos pela Mata Atlântica e a região Centro-Oeste. Retornou à Áustria com material suficiente para criar um museu brasileiro no palácio de Harache, em Johannesgasse, perto de Viena. A coleção contava com uma impressionante série de máscaras ticunas e um casal de botocudos importados de Goiás, que maravilhou a corte com seus adereços labiais. Deve-se a Pohl a descrição científica da mandioca, a comida de indígenas já bem conhecida na Europa e considerada de gosto "doloroso e um pouco insosso" por Montaigne.[8] Em reconhecimento à importância da raiz para alimentar a gente da terra, Pohl batizou a mandioca de *Manihot utilissima*.

Martius, Spix e Ender escolheram um longo caminho, viajando por mais de 14 mil quilômetros. Percorreram o Rio de Janeiro e continuaram pelo vale do Paraíba até a vila de São Paulo. Voltaram ao Rio e, sem Ender, que estava adoentado, seguiram na direção de Minas Gerais, de olho na região de

---

8 "A mandioca foi o primeiro e único produto do Novo Mundo que Montaigne mastigou. '*J'en ai tasté; le goust en est doulx et un peu fade*.' Devia ter sido um beiju, um triste beiju, exilado e nostálgico." Luís da Câmara Cascudo, *História da alimentação no Brasil*. São Paulo: Global, 2011, p. 94.

mineração de Vila Rica. Cruzaram o rio São Francisco e atravessaram Bahia, Pernambuco, Piauí e Maranhão. De Belém, subiram o rio Amazonas, chegando quase até os Andes. Embarcaram de Manaus para a Alemanha com 200 mil exemplares de plantas, coleções de sementes nativas, animais, insetos, fósseis, amostras minerais e um levantamento sobre idiomas indígenas. À moda de Pohl, carregaram também quatro jovens indígenas da Amazônia que pretendiam educar na Europa. Dois morreram na viagem e os outros viveram apenas mais um ano. A biblioteca do imperador consultada por Freire Alemão guardava um exemplar, com trinta gravuras em cores, de *Viagem ao Brasil nos anos 1817-1820*, escrito e ilustrado por Martius e Spix, dois grandes desenhistas. A obra correu o mundo com uma versão em inglês.

Outra expedição que mexia com os sonhos de Freire Alemão era a do barão Georg Heinrich von Langsdorff (1822-9). Ele não nutria admiração pelo estilo passional do barão, oposto em tudo a seus recatos, mas era impossível ficar indiferente ao turbilhão daquele enredo trágico, com vocação para ópera amazônica. Langsdorff, de origem alemã, fora enviado ao Rio como cônsul da Rússia e se estabeleceu na Fazenda da Mandioca, ao pé da serra dos Órgãos. Com financiamento do tsar Alexandre I, rumou para Minas Gerais, em companhia do botânico Ludwig Riedel e do notável pintor alemão Johann Moritz Rugendas, cuja obra se tornaria a mais clássica representação do Brasil do século XIX. A empresa não durou nem um ano, afundada em desavenças. Os parceiros achavam Langsdorff intratável.

O barão voltou com tudo em 1825, organizando uma viagem fluvial[9] de 13 mil quilômetros pelos estados de São Paulo, Mato Grosso do Sul, Mato Grosso e Pará. Nessa expedição,

---

9 A expedição navegou pelos rios Tietê, Paraná, Paraguai, Tapajós e afluentes.

Rugendas foi substituído pelos pintores Aimé-Adrien Taunay e Hercule Florence.[10] Langsdorff partiu anunciando que "abandonava a civilização para viver no meio de tigres, onças, tapires, macacos e outros animais". Encontrou miséria, doença, loucura e morte. Taunay, rompido com o chefe depois de ter um caso com a mulher dele, morreu afogado quando tentava atravessar a nado as fortes correntezas do rio Guaporé. As desgraças se sucederam, com acidentes de barcos e perdas na tripulação. Num garimpo miserável, conhecido como Boca do Inferno, Langsdorff foi acometido de uma febre tropical devastadora. "A selva o endoideceu", disseram os companheiros. Em Belém já delirava, gritando contra visões terríveis. Morreu sem saber onde estava. Ridel, que acompanhou o barão até o fim, prestou contas da expedição na Rússia, foi bem remunerado e montou um herbanário de 60 mil exemplares no Jardim Botânico de São Petersburgo.

Foi também Riedel que, anos depois, apresentou Minas Gerais ao naturalista dinamarquês Peter Lund, considerado o pai da paleontologia brasileira. Entre 1835 e 1844, Lund estudou o tesouro arqueológico da Lagoa Santa, vasculhando mais de duzentas grutas calcárias do vale do Rio das Velhas. Entre as cidades de Curvelo e Sabará, descobriu fósseis de tigre-dentes-de-sabre, de preguiça gigante, tatu gigante, cachorro das cavernas e equinos entre 150 espécies de mamíferos pré-históricos identificados. Quando exumou trinta esqueletos fossilizados de humanos que, 10 mil anos atrás, habitavam a região,

---

10 Taunay, de 24 anos, era um pintor romântico que usava os pincéis com poesia. Produziu paisagens estupendas e cenas cheias de movimento na intimidade dos indígenas bororos. Florence, francês de Nice, não tinha o mesmo talento artístico de Taunay, mas graças a uma rigorosa atenção nos detalhes — além do evidente estado de espanto e deleite que lhe provocava o encontro com os indígenas — é que se pode conhecer, como se fossem vivos, os apiakás, os mundurukus e os guatós do Brasil central no século XIX.

declarou encerrada a pesquisa. Apenas um crânio do nomeado Homem de Lagoa Santa ficou no Brasil. Lund doou sua magnífica coleção de 20 mil peças fósseis para o rei Cristiano VIII.

Enquanto lia sobre as aventuras e desditas dos cientistas que cruzavam o Brasil em lombos de mula, sustentados à base de carne-seca, farinha de milho e aguardente, Freire Alemão tratava de fazer herborização e andanças por matas mais próximas, algumas vezes em companhia de Pedro II, amante das ciências naturais, como a mãe. Não reclamava da vida. Com método e paciência, organizava caminhadas pelos arrabaldes da cidade até os bosques do Corcovado, da Tijuca, da Gávea ou de Jacarepaguá. Nessas incursões, quando avistava uma árvore florida que lhe interessasse, começava o trabalho. Observava a planta por todos os lados, calculava a altura do tronco, media a circunferência e depois separava amostras de folhas, flores e sementes para seu estudo. Passava o dia seguinte à coleta trancado no gabinete. Ali selecionava uma amostra de cada espécie para pesquisas imediatas e mandava comprimir as restantes para sua coleção de plantas secas. Iniciava, então, a exaustiva série de verificações, dissecações e análises, na esperança de identificar uma espécie nova para ser minuciosamente desenhada.

Experimentou a alegria do descobrimento muitas vezes. No início, anunciava as conquistas em publicações que não repercutiam. Perdeu a prioridade de várias delas até adotar o costume de escrever cartas relatando seu trabalho para botânicos famosos.[11] Desse jeito, conseguiu quebrar o isolamento

---

11 Em resposta a uma carta de Martius, que pedia a Freire Alemão o envio de plantas para classificar, o botânico brasileiro respondeu: "Nessa não caio eu; hei de remetê-las somente depois de publicadas as descrições; a diagnose há de ser minha, boa ou má. Não é pouco vê-los lá na Europa, desfazendo o que eu faço, e corrigindo e dando a outrem o que a mim pertence".

e se tornar conhecido na Europa. Freire Alemão foi responsável pela formulação de quinze espécies de plantas e 45 gêneros tipicamente brasileiros.

Depois de vinte anos de magistério na Faculdade de Medicina, licenciou-se para abraçar integralmente as pesquisas botânicas. Em 1853, deixou o Rio de Janeiro para morar com uma tia, Antônia, na região do Mendanha, em sua Campo Grande natal. Comprou um sítio com uma casinha branca sobre uma colina e só ia à capital para algumas reuniões do IHGB, onde encontrava o imperador. Nem passava por sua cabeça fazer uma temporada de pesquisas no Ceará.

Um caso exemplar dessas apropriações ocorreu com a tapinhoã, árvore da Mata Atlântica, de madeira de lei, muito usada na construção naval. "Esta planta desenhada, denominada *Silvia navalium*, classificada como gênero e espécie nova por Freire Alemão, em trabalho publicado no Rio de Janeiro, chegou muito mais tarde ao conhecimento de Meisner (Friedrich Meisner, botânico suíço). Este aceitou o novo gênero, mas, não querendo conceder glória ao botânico brasileiro, furtou-a num passe de mágica, adicionando um 'e' ao *Silvia*. E assim, a *Silvia* de Freire Alemão passou a *Silviae* de Meisner". João Francisco de Souza, *Freire Alemão, o Botânico*. Rio de Janeiro: Pongetti, 1948.

3.
Vigaristas e patriotas

Em 1851, apenas cinco anos antes de a missão exploradora brasileira ser criada, o capitão da Marinha americana William Herndon desceu o rio Amazonas numa barca com dez tripulantes. Ele estava autorizado pelo governo a realizar uma pesquisa geográfica em nome dos Estados Unidos, mas dissimulava outros interesses. Seu superior, Matthew Maury, comandante do Observatório Naval, fora bem claro nas instruções que lhe dera: "Em primeiro lugar, é importante não dizer palavra sobre o objetivo de sua viagem". Em seguida, passou a Herndon uma lista de itens para pesquisar. A maioria dizia respeito a escravizados: "Por quanto os negros de boa forma são vendidos por lá? Há importações da África? Em termos de preços, como se compara os recém-chegados com os que já foram treinados?". Os oficiais Maury e Herndon eram cunhados, aristocratas produtores de algodão, e estavam metidos numa missão secreta. Preocupados com a crescente pressão abolicionista, procuravam um lugar onde manter intacto o grande empreendimento escravocrata dos estados sulistas. Acreditavam que a bacia do Amazonas e a do Mississippi poderiam se complementar comercialmente e que os americanos seriam capazes de transformar a selva brasileira num grande algodoal, salvando os negócios e as escravarias que corriam sérios riscos nos Estados Unidos, como a história tratou de confirmar. Levou mais de uma década para a trapacice de Herndon e Maury ser elucidada nos dois países envolvidos.

A vulnerabilidade da Amazônia era uma questão sensível do Império, que se tornara ainda mais aguda com a pressão internacional pela abertura do rio Amazonas à navegação estrangeira,[12] um tema espinhoso que Pedro II protelava com habilidade. Apesar da tensão diplomática do momento e da insolência dos fazendeiros americanos, não era esse tipo de ameaça estrangeira que estava na mente dos criadores da missão científica nacional. Ninguém mirava Herndon, o colonizador ambicioso, mas outro tipo de espertalhão. Seu nome era Francis Caumont LaPorte, conde de Castelnau. Em 1843, esse nobre francês comandara uma expedição no Brasil que se tornou famosa pelos disparates cometidos.

Castelnau fora recebido com pompas pela corte, merecendo até condecoração do IHGB e apresentação ao imperador.

---

12 Desde 1826, o governo brasileiro registrava pedidos de cidadãos americanos para navegações no rio Amazonas. Na maioria das vezes, eles eram negados. A partir da década de 1850, o governo dos Estados Unidos iniciou gestões diplomáticas pelo acesso ao rio e, ao mesmo tempo, Matthew Maury desenvolvia os planos de instalar colônias agrícolas na região e constituir uma "República Amazônica". A região esteve "a ponto de se transformar num novo Texas", demonstrou a historiadora Nícia Vilela Luz. As negociações diplomáticas ganharam o tom de ameaça em 1855. Os países hispano-americanos recém-emancipados, em especial o Peru, a Argentina e a Bolívia, aderiram às demandas americanas. Na Europa, baseados em tratados sobre a utilização mercantil de rios internacionais, França e Inglaterra também reivindicaram a abertura do Amazonas. Pedro II manteve a posição brasileira, apesar das pressões. O Brasil só determinou a abertura do Amazonas aos navios mercantes em 1866, depois do fim da Guerra da Secessão dos Estados Unidos, quando os planos de colonização dos fazendeiros sulistas já haviam sucumbido. "Não foi, pois, por atraso, por se prender a diretrizes retrógradas, herdadas do governo colonial português, conforme dizia a propaganda americana, repetida pelos brasileiros campeões do liberalismo, que o Brasil do Segundo Reinado formulou e manteve com firmeza sua política relativa à navegação do Amazonas [...]. Foi para afirmar seu direito de autodeterminação e em defesa da soberania nacional, que julgava ameaçada." Nicia Vilela Luz, *A Amazônia para os negros americanos*. Rio de Janeiro: Saga, 1968.

A obra sobre sua visita, porém, ofendeu a quem tanto o bajulara. Darwin, que esteve aqui antes dele, ainda não havia publicado os resultados de sua viagem[13] às ilhas Galápagos quando o profícuo conde, de volta à França, editou nada menos que quinze volumes sobre a estada brasileira. Castelnau errou a grafia de nomes próprios, trocou a ilha do Bananal de lugar, confundiu aldeias indígenas, localizou missões jesuíticas onde elas jamais existiram e descreveu rios mansos como perigosíssimos e impróprios à navegação. Além disso, desancou a escravatura, o povo mestiço, os serviços públicos (com dados muito bem apurados sobre a infraestrutura do Rio de Janeiro), a qualidade da comida, o clero nacional e a ganância dos comerciantes cariocas. O conde era, em si mesmo, uma viagem: andava à cata de informações sobre um povo africano de homens que tinham rabo, os niams-niams,[14] e enviou ao Louvre uma tosca estatueta indígena representando uma figura humana — ou um macaco —, assegurando se tratar de uma obra da civilização milenar das guerreiras amazonas. O museu expôs a peça e só a retirou do acervo sob protestos.

Não era apenas de distintos cientistas seguidores de Humboldt que se fazia a história das expedições. A exuberância dos

13 O livro *A origem das espécies* seria publicado apenas em 1859. 14 A obsessão por africanos com cauda aparece num pequeno trabalho que Castelnau publicou sobre sua visita a Salvador, quando colheu depoimentos de cativos recém-chegados para obter informações sobre regiões desconhecidas da África. *Entrevistas com escravos africanos na Bahia oitocentista* (Rio de Janeiro: José Olympio, 2006) é um registro inédito da voz dos sequestrados, importante para as pesquisas de identificação de suas origens. Mas grande parte das entrevistas é dedicada ao tema que realmente interessava o conde: os niams-niams que, segundo suas informações, eram um povo de humanos com rabo. Não é de estranhar que, inquirindo egressos dos pavorosos porões dos navios negreiros, Castelnau encontrasse quem, sonhando com uma viagem de volta à África, estivesse disposto a lhe contar em detalhes onde viviam os homens com longos apêndices traseiros, como eram seus guerreiros de dentes afiados e como se fazia para matá-los.

trópicos, as promessas de sua diversidade e o dinheiro destinado às missões atraíam também embusteiros. Quando regressavam à Europa, muitos viajantes, sem conhecimento científico para entender o que haviam visto, ou por mero sensacionalismo, publicavam bobagens e relatos fantasiosos. Revistas científicas renomadas como a *Revue de Deux Mondes* vinham divulgando artigos sobre o Brasil repletos de erros e preconceitos. Isso começou a atiçar os brios da corte. O centro da indignação patriótica contra os pesquisadores estrangeiros fervia no mesmo IHGB que havia convidado Castelnau para sócio.

Criado em 1838, o IHGB se inspirou no Institut Historique de Paris. Reunia a elite econômica e literária, professores dedicados a pesquisas e militares. O instituto ambicionava agregar o melhor da produção intelectual do país, que não era farta. Ganhou importância de fato quando, a convite do imperador, trocou a sala ocupada no Museu Nacional por acomodações melhores no Paço Imperial. Pedro II começou, então, a prestigiar as sessões que ocorriam sempre nas manhãs de domingo. Com o tempo, o IHGB se converteu numa das predileções do imperador, e assim passou a funcionar como ligação entre a sociedade civil em formação e os meios oficiais. Muitas vezes, Pedro II escrevia bilhetinhos aos sócios, sugerindo temas para debate ou pesquisas. Nada de expressiva relevância. "O estudo e a imitação dos poetas românticos promovem ou impedem o desenvolvimento da poesia nacional?" foi uma de suas propostas. Ao poeta e etnólogo Gonçalves Dias, solicitou um ensaio sobre a origem do mito das amazonas e sua relação com o Brasil.

Na sessão de 30 de maio de 1856, assistida por Pedro II, o ingrato Castelnau ainda era o judas. Numa longa preleção, o visconde de Sapucaí, presidente do IHGB, desancou o conde, exibiu o orgulho nacional ferido e começou a encaminhar a proposta de criação da missão exploratória brasileira, ideia que discutia com alguns colegas. Um deles era o secretário do instituto, Manoel Ferreira Lagos, que, para tornar a proposta ainda mais atraente, enfileirou em seu discurso uma imaginosa previsão de sucessos em cadeia:

> O governo imperial ficaria melhor habilitado para conhecer as urgências do interior e decretar a abertura de novas vias de comunicação, que aumentariam as relações comerciais e, por consequência, a renda nacional. [...] Alcançar-se-iam, igualmente, observações importantes sobre atmosfera e climatologia, assim como a aquisição de preciosas coleções.

No final da pregação, Lagos mercadejou promessas de riqueza. Desconsiderando as recomendações humboldtianas, adiantou resultados para uma pesquisa ainda não executada:

> E quem sabe se talvez a descoberta de algum produto que em breve se tornasse rival dos mais lucrativos. Basta a descoberta de uma baga ou da folha de um arbusto para enriquecer qualquer Estado. O café, o chá, o mate, o cacau, o tabaco fazem girar cabedais quase incalculáveis. A expedição seria, portanto, gloriosa para o Brasil...

A expedição deveria, segundo Lagos, ser constituída apenas por brasileiros que, "isentos de prevenções, não se deixariam levar por informações alheias à verdade". O grupo de "engenheiros e naturalistas nacionais" partiria em nome do imperador para "algumas das províncias menos conhecidas do Brasil", com a obrigação de formar para o Museu Nacional uma coleção de "produtos dos reinos orgânico e inorgânico e tudo quanto possa servir de prova do estado de civilização, indústria, usos e costumes dos nossos indígenas".

Para um homem corpulento como ele, Lagos tinha o rosto estranhamente magro, ossudo, com os malares definidos, os olhos fundos e um nariz aquilino. Usava barba curta, sem bigodes. De gestos largos e elegância vistosa, gostava mais de discursar que de escrever artigos para a revista do IHGB, sob sua responsabilidade. Ele redigia as atas do instituto. Era um cortesão de família abastada, que concluíra o curso de medicina, mas jamais se dera ao trabalho de defender uma tese para obter o título de doutor. Aos quarenta anos, Lagos cultivava a zoologia como passatempo e se sustentava em dois empregos públicos diferentes, chefe da seção de Anatomia Comparada e Zoologia do Museu Nacional e oficial arquivista da Secretaria de Estado dos Negócios Estrangeiros. Revelava simpatia pelos liberais, o que não o impedia de trabalhar afinado com ministros conservadores. Não possuía obras publicadas, mas era dono de uma das mais completas e invejadas bibliotecas da capital. Tinha fama de entender de tudo um pouco e sempre expunha esse pouco de modo exuberante.

O apoio oficial ao projeto da comissão dos cientistas saiu rápido, em quinze dias. O imperador quebrou a costumeira discrição com os negócios públicos e anunciou pessoalmente a decisão no IHGB. Desde Luís XIV, qualquer monarca com pretensões de um lugar na história tratava de lustrar o reinado com contribuições à ciência e à cultura. E Pedro II vivia uma grande fase, animado tanto na vida pública quanto na pessoal. Com apenas trinta anos, já usando a barba espessa que lhe escondia o queixo, tinha experimentado de tudo na política: mudanças legislativas e sucessões de gabinetes de governo, guerras contra vizinhos e duas revoluções separatistas. Há três anos saboreava a lua de mel de um governo de conciliação entre liberais e conservadores e um surto de progresso depois da proibição do tráfico de escravos.[15] Tivera quatro filhos com Tereza Cristina, sofrendo a perda dos dois meninos ainda nos primeiros anos. Mexericos da corte lhe atribuíam amores efêmeros, embora fosse tímido e reservado, ao contrário do pai. Justamente naqueles dias em que andava às voltas com a proposição do IHGB, iniciou o grande romance de sua vida com a condessa de Barral, paixão que duraria 28 anos. Pedro II gostava de ser visto como um intelectual e dizia preferir as ciências à política, que considerava apenas "o duro cumprimento do dever". Não deixou nada de importante escrito, não teve nenhum lampejo de inventor ou sopro de originalidade artística, mas seu fervor pelo conhecimento humano era genuíno.

Martius e outros cientistas europeus comemoraram a iniciativa brasileira e pediram para receber informações assim que houvesse resultados. Como acontecia também em outros cantos do Novo Mundo, o Brasil dava os passos iniciais para entrar no clube dos países dedicados à exploração científica. Entre os novatos, os Estados Unidos eram o principal caso de sucesso, revelando desde os primeiros movimentos uma cultura imperial. Todas as incursões estavam sob o comando da Marinha, que mapeava as costas leste e oeste das Américas e explorava o Pacífico, chegando até a Ásia. Na Austrália, os precursores Edward Eyre e John McDouall, heróis nacionais,

---

15 A onda de progresso, impulsionada na Europa pelos avanços da tecnologia e pelas riquezas arrancadas das colônias, teria, no Brasil, um motor adicional. As historiadoras Lilia M. Schwarcz e Heloisa M. Starling trataram dessa peculiaridade no livro *Brasil: Uma biografia* (São Paulo: Companhia das Letras, 2015): "[...] o fim do tráfico (de escravos) em 1850 acabou por disponibilizar verba excedente para utilização na própria estrutura interna do Brasil. Como se tratava de negócio nem sempre legal e aberto, as receitas que daí provinham não apareciam na contabilidade oficial do Estado. Assim, encerrado o tráfico, uma massa de recursos surgiu da noite para o dia, como num passe de mágica".

desbravaram o interior do país entre 1841 e 1858. Na Argentina, em 1856, se radicou o alemão Hermann Burmeister, pesquisador pioneiro dos pampas.

Em 1º de outubro, a Comissão Científica de Exploração das Províncias do Norte foi incluída na lei orçamentária para o biênio 1857-8. O governo se responsabilizava pelo financiamento da expedição e concedeu total liberdade ao IHGB para indicar seus integrantes e definir tarefas e gastos. O roteiro da viagem ainda não estava claro.

A missão se dividiu em cinco seções: Botânica; Zoologia; Mineralogia e Geologia; Astronomia e Geografia; e Etnografia e Narrativa de Viagem. Freire Alemão foi indicado para presidir a Comissão e chefiar a seção de Botânica. Lagos garantiu para ele a de Zoologia. O engenheiro Guilherme Schüch de Capanema, futuro barão, assumiu a de Mineralogia e Geologia. Principal articulador político do grupo, Capanema conseguiu nomear dois amigos íntimos para outras áreas. O tenente da Marinha Giacomo Raja Gabaglia, colega na Sociedade de Engenharia, ficou com a seção de Astronomia. Outro querido parceiro, o poeta Antônio Gonçalves Dias, com a de Etnografia. Para o registro iconográfico da viagem, o IHGB designou um ex-aluno de Jean Baptiste Debret, o pintor José dos Reis Carvalho, professor da Academia da Marinha.

O historiador Mello Moraes, desafeto de alguns dos indicados, descreveu assim a seleção das chefias:

A Comissão se compõe de um poeta para cantar-lhe os feitos gloriosos; de um oficial de Marinha para guiá-los aos portos desejados; de um engenheiro civil para a medição das conquistas; e de um oficial da Secretaria de Estrangeiros para regular os negócios diplomáticos. De modo que, em presença desse exótico pessoal, nosso velho e ilustrado amigo, Freire Alemão, se viu só.

A manifestação ácida revelava mais sobre as inimizades de Mello Moraes que sobre a competência dos escolhidos. Talvez com exceção de Lagos, mais curioso que especialista, todos os outros tinham credenciais de sobra para o trabalho. Capanema, diplomado por universidades europeias, era o mais completo deles, conhecedor de ciências naturais, física, química, mineralogia e geologia. Além disso, havia se destacado na corte como um eficiente tocador de obras públicas. O poeta Gonçalves Dias já publicara trabalhos etnográficos importantes, e o engenheiro Raja Gabaglia, nascido na província Cisplatina, tinha especialização em hidrologia e portos e era professor da Academia da Marinha.

Sobre Freire Alemão, o único dos chefes defendido por Mello Moraes, o surpreendente é que ele, vivendo na casinha branca do Mendanha, ainda estivesse disposto a encarar um serviço daqueles. O velho botânico, porém, se empolgou com a chance de fazer, em campo, um grande e inédito trabalho científico. Gozava de boa saúde e comemorou a futura expedição em cartas para os colegas europeus.

Cada seção definiu suas instruções de viagem, um conjunto de modelos adotados pelos naturalistas para estabelecer roteiros, objetivos e técnicas para a formação das coleções. Freire Alemão foi minucioso e ressaltou que orientaria seus estudos sobre as plantas silvestres na procura de usos para a agricultura, a indústria e a medicina. Como adjunto da seção, indicou o sobrinho, Manoel Freire Alemão, conhecido como Freirinho, botânico de formação. Capanema também adotou uma visão utilitária dos trabalhos, de acordo com os manuais em voga. Enfatizou a pesquisa de condições de prospecção de minerais e prometeu elaborar uma coleção de fósseis. Escolheu como adjunto o major do Imperial Corpo de Engenharia, João Martins da Silva Coutinho, geólogo e naturalista que se consagraria anos mais tarde como especialista na Amazônia. Lagos preferiu um tom laudatório para suas instruções de viagem. Esmiuçou discrepâncias em pesquisas de estrangeiros e divergências metodológicas, coloriu expectativas e se comprometeu com a coleta de imensas coleções. Anunciou que reproduziria modelos de excelência adotados pelo Museu de Paris e convocou como auxiliares os irmãos João Pedro e Lucas Antônio Vila-Real, naturalistas requintados nas técnicas de conservação de animais.

As instruções das áreas de Dias e Gabaglia, ambos em viagem pela Europa, nem sequer foram escritas por eles. Quem redigiu os documentos foi o cunhado de Capanema, o pintor, poeta e jornalista Manoel de Araújo Porto Alegre, companheiro de ambos no IHGB e nas rodas noturnas cariocas. Quando voltou ao Rio, Gabaglia reclamou da excessiva generalidade do programa, que previa levantamentos astronômicos e topográficos, além de pesquisas sobre vias de comunicação e condições de portos. Temeroso de futuras cobranças, questionou Dias: "Qual será nossa defesa quando nos disserem que fomos nós que delimitamos nossas instruções?". Por via das dúvidas, reforçou a tropa: recrutou seis oficiais como adjuntos, um grupo de praças para serviços gerais e solicitou uma canhoneira da Marinha para os trabalhos da expedição.

No final do ano, as instruções já estavam publicadas, mas o destino da aventura continuava um mistério. Justamente a primeira das decisões que uma expedição de naturalistas costumava tomar — para onde vamos? — tinha sido deixada para depois. A missão brasileira, que anunciou proventos antes mesmo de fazer os estudos, também definiu programas antes de saber para onde ia. De início, cogitou-se a exploração de um grande rio, opção descartada por dificuldades técnicas. A maioria dos chefes achou mais adequado tomar o Ceará como um campo experimental, de onde partiriam, no futuro, para outros pontos do Norte.

A escolha do Ceará, definida apenas no início de 1857, embora parecesse acanhada, não se explicava por comedimento, e sim por ambição. Refletia o espírito de caça ao tesouro da proposta original: "Basta um dia de sorte para a Comissão mudar o destino do país". Era voz corrente que as terras cearenses possuíam riquezas em abundância. Desde os primórdios da colonização, falava-se que as serras da Ibiapaba e do Araripe escondiam minerais preciosos. Naturalistas portugueses haviam recolhido amostras, e os holandeses também andaram procurando prata por lá.

Trabalhos incipientes de dois autores influenciaram decisivamente a Comissão nesse sentido. Um deles foi o relatório do naturalista João da Silva Feijó, enviado pela Coroa portuguesa em 1799 para fazer um levantamento sobre as riquezas da província. Feijó viveu em Fortaleza por dezoito anos, chegou a organizar a exploração de duas minas de salitre e esburacou sem resultado as serras do interior. A segunda e mais lida referência foi a obra de um padre fanático, Francisco Teles de Menezes, profeta de sangue mestiço, que vagara pelo Nordeste no século anterior instigando a população a procurar lagos dourados e tesouros escamoteados por jesuítas e holandeses. O padre deixou o manuscrito *Lamentação brasílica*, em quatro volumes, onde relatou os supostos sinais de minas e esconderijos e se gabou da riqueza cearense. Todos os expedicionários leram este livro, recomendado por Capanema.

Apesar da reputação histórica da Comissão Científica como um projeto fracassado de enfrentamento das secas, um único artigo da seção de Mineralogia e Geologia tratou do assunto. Recomendava que se realizasse sondagens para abertura de poços artesianos para amenizar as consequências das estiagens "nos lugares em que sequem os rios". Fora isso, a Comissão assumiu, nos meses seguintes, o projeto da importação de dromedários que Capanema conduzia em nome do governo. A seca nordestina ainda não assustava a corte.

4.
Navios do deserto

Os quadros de Cândido Portinari e os personagens de Graciliano Ramos legaram aos brasileiros a visão definitiva da dor nordestina. Num chão de ossos, sob um céu de urubus, os esquálidos retirantes — olhos de desalento, lágrimas de esguicho, mãos de espanto. Mas a nação só foi entender de verdade que a tragédia das secas era um problema de todos quando, no século passado, o doce sotaque setentrional inundou as periferias miseráveis das grandes cidades do Sudeste. Na época em que os expedicionários do imperador se preparavam para enfrentar o Ceará, a seca ainda não se configurava uma questão nacional. Era vista apenas como uma desgraça que castigava o Nordeste de tempos em tempos. O Brasil era como o Fabiano, de *Vidas secas*. "A seca parecia-lhe como um fato necessário." O primeiro registro de estiagem séria na região é de 1583. No século XVII, foram mais cinco episódios; no século XVIII, sete; e até meados do século XIX, mais três. Os retirantes precisaram de uma hecatombe para se impor: a seca de 1877-9 mataria cerca de 4% da população nacional.

Pinçando-se os adjetivos e as imagens escolhidas pelos jornais das províncias nordestinas para descrever a calamidade, é possível ter uma noção do horror. Caravanas descalças, imundas, macilentas, com a miséria desenhada no rosto, tomavam os caminhos do sertão rumo ao litoral. Sob um sol inclemente, caminhavam por cem léguas esqueletos humanos, moças brancas cobertas de andrajos, cadáveres ambulantes, seminus, com trouxas e filhos gritando nas costas. O cenário, ainda segundo os periódicos da época: plantações perdidas, animais mortos pela estrada, vilarejos com o aspecto sombrio de vastos cemitérios e uma praga de cobra cascavel se espalhando pela caatinga. Logo as capitais nordestinas se assustariam com a aparição dos retirantes. Depois dos primeiros seis meses da seca, *O Cearense* já calculava a chegada de 500 mil imigrantes em Fortaleza. "Chusmas de mendigos a percorrer as ruas, esmolando à caridade pública", estampou o jornal. E então vieram as pragas. Cegueira em decorrência da exposição ao sol, cólera, febre amarela, varíola. Estima-se em no mínimo 500 mil os mortos em decorrência da grande seca,[16] sem contar os milhares de vítimas que desapareceram nas selvas com a política de migração forçada dos flagelados para a Amazônia, executada pelos governos provinciais.

Os expedicionários de Pedro II ainda não conheciam esse apogeu do flagelo, mas contavam com informações sobre a seca severa de 1845, que devastou grande parte do Nordeste, veio acompanhada de um surto de varíola e foi debatida em livros e ensaios. Os sérios estragos das estiagens eram evidentes, mas foram ignorados por eles na preparação da viagem. O tópico sobre os camelos mereceu mais atenção.

Quando o IHGB formou a equipe de pesquisadores, Capanema já era sócio da Sociedade Imperial Zoológica de Aclimatação

---

16 Em *A vida e a morte no sertão: História das secas no Nordeste nos séculos XIX e XX* (São Paulo: Ática, 2006), o historiador Marco Antonio Villa estima em 3 milhões o total de retirantes durante a seca de 1877-9. Até outubro de 1877, eram 2,2 milhões de flagelados e no ano seguinte se agregaram outros 800 mil que haviam resistido na esperança das chuvas de abril, que não ocorreram. "Mesmo que a taxa de mortalidade nas outras províncias não tenha sido tão alta como a do Ceará (120 mil pessoas), podemos estimar em no mínimo 500 mil mortos em decorrência da seca, ou seja, 4% da população brasileira da época." O Nordeste concentrava 48% da população do Brasil.

e discutia o projeto dos dromedários com cientistas franceses na vasta sede do Bois de Boulogne, em Paris. A instituição vivia grande atividade, e Capanema pôde acompanhar as obras do Jardin d'Acclimatation que seria inaugurado por Napoleão III em 1860 com a exposição de um camelo, um urso, uma girafa, cangurus e outros exotismos como a bananeira. A Sociedade contava com delegados em vários pontos do planeta, trabalhando para organizar zoológicos, intercambiar experiências, recursos, plantas e animais. Lhamas para os Pirineus, búfalos tibetanos para a França, merinos portugueses para aprimorar rebanhos ovinos nas Américas, ou camelos, os "navios do deserto", para enfrentar vicissitudes mundo afora. O comércio e uma geração de naturalistas exploradores haviam encurtado as distâncias do globo, permitindo que se descobrisse o sucesso de comprar produtos e mão de obra no mercado mais barato e vendê-los no mais caro.

Projetos independentes para aclimatar dromedários como alternativa de transporte nas vastas regiões desérticas dos Estados Unidos e da Austrália estavam sendo acompanhados pela Sociedade de Aclimatação. Isidore Saint-Hilaire, fundador e presidente, se declarava entusiasta dessas duas iniciativas. Achava que os camelos poderiam servir como animais domésticos até na França, substituindo, por exemplo, as mulas usadas para transporte nas salinas da Bretanha: "Mesmo limitado, este seria um belo presente da Argélia à mãe pátria".

Por caminhos indiretos e mais controversos, o pai de Isidore, o biólogo Étienne Geoffroy Saint-Hilaire, também estivera envolvido em assuntos brasileiros. Fundador do Museu de História Natural francês, Étienne fora o encarregado de rapinar o Museu da Ajuda, em Lisboa, quando as tropas de Napoleão tomaram Portugal. O esbulho que carregou para a França incluía um importante material colhido no Brasil: exemplares de 76 mamíferos, entre eles um lobo-guará, 387 aves e uma enorme quantidade de répteis, peixes e insetos, totalizando 1583 peças. Mais tarde, ao assinar a descrição científica de alguns desses animais, Étienne relatou que eles haviam sido "capturados" em sua "viagem" a Portugal.

Para tornar oficiais as conversações com os franceses, Capanema pediu ajuda ao amigo de infância Luís Pedreira do Couto Ferraz, o visconde do Bom Retiro. Ministro do Interior na época, Bom Retiro confirmou para a presidência da Sociedade o interesse brasileiro em aclimatar camelos nas províncias do Nordeste e solicitou, em nome do imperador, informações sobre o tema. Em retribuição, junto com as respostas preliminares, a Sociedade convidou Pedro II para sócio, solicitando permissão para incluir seu nome em destaque na relação dos filiados. Dessa vez, quem respondeu pelo imperador foi o ministro das Relações Exteriores, José Maria da Silva Paranhos, visconde do Rio Branco. Na correspondência de 7 de outubro de 1856, reproduzida nos anuários da Sociedade, Paranhos anunciou: "Sua majestade terá prazer em ver seu nome imperial inscrito no topo da lista de uma sociedade fundada sob tão felizes auspícios e cuja utilidade é comum a todas as nações".

A importação dos camelos passava, portanto, a ser oficialmente um projeto do governo brasileiro, não apenas uma extravagância de Capanema. As negociações comandadas por Bom Retiro, parceiro inseparável do imperador, e pelo visconde do Rio Branco, seu mais destacado ministro, deixavam evidente o interesse de Pedro II pela empreitada. O embaixador do Brasil em Paris, José Marques Lisboa, condecorou cinco conselheiros da Sociedade como cavaleiros da Ordem Imperial da Rosa.

A Sociedade constituiu uma comissão de peso para tratar do assunto, da qual faziam parte o próprio Saint-Hilaire, como presidente; o naturalista Richard Du Chantal (enviado à Argélia para comprar os camelos); o zoólogo Gabriel Dareste, estudioso dos dromedários; o general Eugéne Daumas, veterano da conquista da Argélia; Frédéric Davin, industrial parisiense que testava a confecção de tecidos com lã de camelo; e ainda Antoine Hesse, o representante em Marselha, responsável pelo planejamento do transporte dos animais.

Em junho do ano seguinte, um extenso relatório do zoólogo Gabriel Dareste sobre o "robusto e sóbrio animal" chegou ao Brasil, acompanhado de uma carta do presidente da Sociedade para Capanema, dando conta do andamento da operação. "Esta experiência, tentada por um governo com todos os recursos de que pode dispor, está destinada, se bem conduzida, a todas as chances de sucesso", previu Saint-Hilaire, que enviou como presente a Pedro II uma manta confeccionada com pelos de camelo.

O calhamaço de Dareste tinha mais de duzentas páginas. Trazia informações objetivas sobre a espécie, mas misturava também suposições baseadas em lendas e algum desconhecimento. Em resumo, o governo imperial foi informado de que existem dois tipos do bicho: o de uma corcova (camelo dromedário), que habita a Pérsia, a Síria, a Arábia, o Egito e Senegal; e o de duas corcovas, mais peludo (camelo bactriano), encontrado entre o mar de Aral, a Sibéria, o Tibete e a China. Ambas as regiões se caracterizam pela ausência de chuvas e solo formado por areias ou rochas. A conformação estofada das patas de dois dedos permite que o camelo se desloque em ambos os terrenos. Em terras argilosas e úmidas, porém, escorrega e corre o risco de fraturar as pernas. As corcovas são sacas onde armazenam nutrientes. Come arbustos secos e espinhosos, cardos, tamarindos e semente de tâmara. Possui grande força muscular, podendo carregar fardos de até quinhentos quilos, embora 350 quilos seja o mais usual. Utilizado como besta de tração, parece menos efetivo. O dromedário comum pode percorrer em oito horas uma distância de 180 quilômetros sem beber ou se alimentar, mas o desempenho requer adestramento. É pouco sensível a influências da temperatura, mas muito afetado pelas variações da umidade atmosférica. Em geral, vive até os trinta anos, mas deve ser usado no trabalho até os quinze ou dezesseis.

O que não se sabia sobre os camelos também não era pouco. Dareste disse que o estômago do animal contém reservatórios em que "a água se conserva pura ou onde talvez ela se produza". Sobre esse ponto, relatou a experiência narrada pelo general francês Jean-Luc Carbuccia, um dos conquistadores da Argélia:

> Um dromedário morreu acidentalmente e foi aberto na presença de vários oficiais: o reservatório de água apresentava o aspecto de um melão e tinha a textura deste. Ele continha mais de quinze litros de água de cor verde, mas sem gosto ruim. Os árabes afirmaram que, depois de se depositar durante três dias, esta água se tornava límpida e se mantinha potável. A experiência foi feita e resultou bem-sucedida.

Quanto ao tempo que os camelos podiam passar sem beber água, o documento não era conclusivo. O zoólogo disse que "viajantes árabes" indicam um período máximo de quinze dias, mas acrescentou que o general Carbuccia acreditava serem essas estimativas "muito aquém da realidade". O militar garantiu ter visto dromedários que "não se alimentavam havia três dias nem bebiam havia três meses e aparentemente não sofriam por causa da abstinência". Sustentou que "o dromedário jamais bebe nos dois últimos meses do outono, durante o inverno e durante toda primavera", embora reconhecesse que nunca ouvira os árabes admitirem tal fato.

Dareste escreveu ainda um apanhado sobre o cio, o parto e a castração dos camelos e seus rituais de procriação. "O paroxismo amoroso chega a tal ponto em alguns indivíduos, que eles se lançam sobre as fêmeas, as deitam por terra e as dilaceram com os dentes se elas se opõem a seus desejos." Lembrou o uso dos camelos na guerra, a qualidade da carne ("mais alva que a do boi"), do leite e da pelagem, boa para uso têxtil.

As experiências de aclimatação foram citadas desde os visigodos, que atravessaram o Danúbio levando camelos, a mouros na Espanha, caravanas na Bósnia e Bulgária, e até dromedários que serviram ao duque de San Rossore, em Pisa. Havia, conforme o documento, tentativas de substituir mulas nos Estados Unidos, na Jamaica, em Cuba, na Venezuela, Bolívia, Austrália, e inclusive uma modesta iniciativa de adaptação no Brasil. O caso brasileiro, citado no relatório, aconteceu em 1811 no Maranhão, quando o desembargador Antônio Veloso comprou dois camelos vindos das Canárias. A morte de um dos animais fez Veloso desistir do projeto de criação.

5.
O pai dos camelos

O excêntrico desafio da operação dos camelos encheu Capanema de alegria. Assertivo, dono de um corrosivo humor germânico, ele era extremado nas preferências e antipatias. Criado no palácio, íntimo de Pedro II, aliado dos liberais, empreendedor de sucesso e, ao mesmo tempo, iconoclasta implacável. Desde que nascera, o significado de "corte" não lhe soava alheio. Ele era a corte. Em geral, pessoas criadas nessas condições têm dois destinos preferenciais, ambos garantidos pela prosperidade: ou usam o benefício para uma vida serena; ou se valem da posição para uma vida mais livre e independente. Capanema pertencia ao segundo grupo.

Na aparência, também compunha uma figura pouco comum. Alto e magro, traços finos, olhos azuis, cabelos e barbicha louros. Escrevia com regularidade e pena pesada para os jornais cariocas, apelando ao estilo satírico, típico da imprensa no Segundo Reinado. Em seus textos, xingava figurões do Império de "filho de padre" ou de "estúpido" sem o menor sinal de receio. "Foi realmente uma falta de cálculo da Providência não fazer que o homem se pudesse transformar no que quisesse, mesmo em quadrúpede!", escreveu num artigo em que criticava senadores. Nem as publicações que abrigavam sua produção eram poupadas: "Jornal é como moça namoradeira, esquece-se sempre do apaixonado da véspera".

Hiperativo, bem formado, fundador e dissidente das primeiras sociedades científicas nacionais, Capanema era um empresário bem-sucedido e um nome em alta nos meios políticos. Contratado para comandar diferentes obras do governo, sempre se saiu bem. Em 1852, inaugurou a primeira linha telegráfica do Brasil, ligando o palácio de São Cristóvão ao quartel-general do Campo de Santana por uma via subterrânea de quatro quilômetros. Em 1855, estendeu os fios até Petrópolis. Além do conhecimento técnico e da capacidade de empreender, tinha prazer indisfarçável pela aventura e pelo imprevisto.

Durante os preparativos da viagem, foi o principal chefe dos cientistas, pois Freire Alemão não demonstrava entusiasmo para acertos políticos e negociações financeiras com os ministros. A segurança de tomar posição e decidir, que o futuro barão esbanjava, decorria em parte da sua posição junto a Pedro II. Capanema era amigo de infância do imperador e com ele compartilhava o gosto pela ciência, o progresso, a história e a literatura. Os sete anos de estudos de Capanema na Europa foram bancados por Pedro II.[17] Correspondia-se regularmente com o imperador enquanto frequentava o Imperial Instituto Politécnico de Viena e, depois, a Academia de Minas de Freiberg, na Saxônia, onde também estudou Alexander Humboldt. Nas cartas, o amigo mecenas encomendava livros, discutia traduções de *Fausto* e cobrava relatos sobre novidades científicas e descobertas arqueológicas.

Antes mesmo de se tornar barão, Guilherme Schüch de Capanema inventou o último sobrenome porque o original, Schüch, ninguém conseguia pronunciar. Ele pegou o Capanema

---

17 "D. Pedro fazia o que hoje fazem os órgãos do governo que financiam bolsas de estudo, como o Conselho Nacional de Desenvolvimento Científico e Tecnológico. Durante o Segundo Reinado, 151 bolsistas obtiveram pensões, 41 deles para estudar no exterior. No Brasil, foram 65 os pensionistas do ensino básico e médio, dos quais quinze eram mulheres. Os pensionistas no exterior recebiam ajuda para a viagem, livros e enxoval. Em contrapartida, tinham de prestar contas trimestrais de seu aproveitamento e assumir o compromisso de regressar ao país no final dos estudos." José Murilo de Carvalho, *D. Pedro II*. São Paulo: Companhia das Letras, 2007.

emprestado da serra vizinha à fazenda onde nasceu, entre Mariana e Ouro Preto. Seu pai era Rochus Schüch, membro da Missão Austríaca, bibliotecário e professor de mineralogia de Leopoldina, que colaborou na montagem do gabinete de história natural da biblioteca frequentada por Freire Alemão. Depois da morte da imperatriz, Rochus decidiu fincar raízes por ali. Comprou terras em Minas Gerais e fez riqueza com mineração. Casou-se com Josephine Roth, uma moça da colônia de suíços que se fixara em Morro do Queimado, futura Nova Friburgo. Dessa mesma colônia, a Casa Real requisitou a jovem e robusta suíça Marie Catherine Equey para ser ama de leite de Pedro II. Na corte se espalhava a maledicência de que Capanema seria filho do insaciável Pedro I com a mulher de Rochus. Mas os boatos nunca prosperaram.

Rochus dava aulas de alemão e italiano ao pequeno soberano, e Capanema, um ano mais velho que Pedro II, se aproximou dele. Tornaram-se companheiros de brincadeiras, numa turma formada com outros filhos de funcionários do Paço. O amigo mais íntimo de Pedro II era Bom Retiro, o único que se dirigia a ele, desde menino, sem o protocolar "vossa majestade". Impetuoso, Capanema chegou a ser advertido numa aula de esgrima, quando se empolgou em demasia na simulação de duelo, quase ferindo o tímido Pedro. Não convinha passar dos limites: José de Assis Mascarenhas, filho do marquês de São João da Palma, foi afastado para sempre do grupo de meninos por ter esmurrado o pequeno monarca.

Capanema e Pedro II se mantiveram leais até o final de suas longas e agitadas existências. Ambos também foram inabaláveis protetores de Gonçalves Dias, prestativos e dispostos a suportar muita coisa para apoiá-lo durante os períodos tumultuosos da vida. O imperador admirava o poeta e cumpriu rigorosamente todos os tratos generosos que acertaram. Capanema, além da admiração intelectual, tinha no amigo Dias o mais perfeito parceiro de farras.

6.
A cara do Brasil

Sou bravo, sou forte,
Sou filho do Norte;
Meu canto de morte,
Guerreiros, ouvi![18]

Os versos de "I-Juca-Pirama" ("aquele que vai morrer", em português) têm a cadência do pé batendo no chão, socando o barro. Um embalo forte que se sustenta mesmo quando a trova fica mais prolixa, na voz do jovem guerreiro tupi aprisionado pelos timbiras:

No meio das tabas de amenos verdores,
Cercados de troncos — cobertos de flores,
Alteiam-se os tetos d'altiva nação;
[...]
São rudos, severos, sedentos de glória,
Já prélios incitam, já cantam vitória,
Já meigos atendem à voz do cantor.

Os estudiosos de métrica poética atribuem esse efeito de galope ao uso que Gonçalves Dias fez dos anapestos, unidades de ritmo que combinam sílabas átonas e tônicas de modo que

---

18 Não é difícil imaginar esses versos na voz de um rapper das metrópoles de hoje, com o ritmo marcial marcado pelo vaivém do punho cerrado do cantor.

resultem numa melodia ascendente. É bem mais que isso. Dias já tinha convivido com o indígena dançando no centro da maloca, "garboso nas plumas de vário matiz".

Filho natural do comerciante português João Manoel Gonçalves Dias com uma cafuza, a empregada Vicência Mendes Ferreira, o poeta nasceu em 10 de agosto de 1823 numa choupana construída ao estilo dos tijupabas, um dos povos que viviam em torno de Caxias, no interior do Maranhão. A mata serviu de refúgio naqueles tempos difíceis. Dez dias antes, as últimas tropas portuguesas que resistiam à independência do Brasil haviam se rendido, aquarteladas nas Aldeias Altas, como então era chamada Caxias. João Manoel, originário de Trás-os-Montes, sempre fora um "marinheiro", o apelido depreciativo dos fiéis à Coroa portuguesa. Logo que ouviu a notícia de batalhões brasileiros se aproximando da cidade, achou melhor se esconder com Vicência, já em final de gravidez, num sítio a catorze léguas de Caxias, onde havia a choupana de folhas de palmeira que foi o primeiro abrigo do filho. Depois da derrota dos resistentes, João Manoel temeu ser perseguido pelos nacionalistas e fugiu para Lisboa, deixando mulher e bebê para trás. "A natureza cercava o menino, que ouviu o sabiá antes da voz de outras crianças, que primeiro conheceu as luzes das estrelas que as das cidades, que se viu envolvido pela vida misteriosa das coisas antes de penetrar no mistério dos homens", escreveu a biógrafa Lúcia Miguel Pereira.

João Manoel voltou ao Brasil dois anos depois e buscou Vicência e o filho para viverem com ele, junto à casa de comércio que reabriu em Caxias. Dias passou a infância subindo em árvores, nadando com os amigos no rio Itapecuru e passarinhando pelos matos. O pai decidiu ficar com ele depois de se casar com Adelaide Ramos de Almeida, despachando Vicência para o interior. O fato de ser filho natural de um "marinheiro" causaria algum constrangimento ao poeta, mas ele amava e respeitava João Manoel. Dedicou-lhe versos e descreveu a morte do pai como "essa dor que não tem nome".

Sobre Vicência, sabe-se muito pouco. Era descasada quando começou a viver com João Manoel e, depois dele, casou-se novamente e teve outros filhos. O poeta Manuel Bandeira, num ensaio biográfico sobre Dias, diz que Vicência era mestiça, embora fosse difícil apurar "a natureza ou as proporções de sua mestiçagem". De pele "acobreada", tinha aparência mais indígena que negra. Dias se referia à mãe com carinho e a procurou sempre que pôde, pagando-lhe pensão por toda a vida. Mas Vicência nunca foi homenageada num poema.

Os amigos descreveram sinais da ascendência africana em Dias — "ventas dilatadas", "narinas um pouco arregaçadas", "beiços grossos" —, mas o poeta jamais tratou da questão. Naquele tempo, era menos problemático assumir uma avó indígena que um avô escravizado. O sociólogo Gilberto Freyre, em *Sobrados e mucambos*, classificou o poeta maranhense como "o tipo do bacharel mulato": "Foi a vida inteira um inadaptado tristonho. Uma ferida sempre sangrando embora escondida pelo *croisé* de doutor. Sensível à inferioridade de sua origem, ao estigma de sua cor, os traços negroides gritando-lhe sempre do espelho: lembra-te que és mulato!".

Dias podia ser tristonho, mas não era um clássico inadaptado nem um lamuriento em regime integral. Freyre provavelmente falava do sentimento muito íntimo que depreendeu dos versos e das cartas do poeta aos amigos, quando as dores d'alma lhe escorriam soltas e sempre buscavam piedade. Mas Dias também era um homem sociável e cativante, com grande apetite pelos prazeres do mundo. Mostrou notável capacidade de adaptação ao curso do tempo e suas reviravoltas.

Depois da morte do pai, a madrasta ajudou-o a custear os estudos em Portugal. Fez aulas preparatórias em Lisboa e, em outubro de 1838, foi aprovado no curso jurídico da Faculdade de Coimbra, de onde saiu bacharel. Viveu em Portugal por sete anos e ali começou a publicar seus versos — é desse período a "Canção do exílio" —, dando início à fama de grande poeta. De volta ao Maranhão, tentou se manter como advogado entre São Luís e Caxias, enquanto produzia uma potente poesia romântica e escrevia as primeiras obras de inspiração indígena, um tema que logo iria virar moda, incentivada como política imperial.

A pubescente monarquia estava empenhada em construir uma imagem genuinamente nacional, que ajudasse os esforços de consolidação do país e pudesse afirmar a identidade brasileira no exterior. A escolha do indígena como símbolo da nacionalidade dessa ex-colônia portuguesa foi resultado da busca por um emblema não lusitano, puro, épico, comparável aos mitos fundadores europeus e tão pretérito quanto eles, do ponto de vista de quem morava no Rio. Afinal, na segunda metade do século XIX, os selvagens já haviam sido empurrados para bem longe da corte, ao contrário dos negros, que deixavam de ser um negócio apenas de fazendeiros para virarem mercadoria acessível à maior parte da população.[19]

A face tropical foi assumida até nos trajes do imperador. Em homenagem aos caciques da terra, um manto da aldeia tirió, feito com penas de papo do galo-da-serra (depois substituído por outro de penas de tucano), integrava a indumentária

---

19 "Proprietários de terras, profissionais liberais, o imperador, o grosso dos brasileiros, até ex-escravizados tinham cativos. Empregavam-se em negócios e ofícios, no mundo privado e no público, no comércio e no estado, nas ruas e nas casas. Embora sustentáculo da expansão agrícola, a escravidão não era só negócio de fazendeiro. Disseminada, esparramou-se pela vida social. Base do modo de vida, bom negócio em si e esteio de todos os rentáveis. [...] A nação toda era escravista, o que retardou a conversão do tema em problema na agenda pública." Angela Alonso, *Flores, votos e balas: O movimento abolicionista brasileiro (1868-88)*, São Paulo: Companhia das Letras, 2015.

oficial nas cerimônias palacianas. A onda indianista se consolidou ainda através dos títulos de nobreza que, com prodigalidade, a Casa Real distribuía a seus duques, marqueses, condes e barões. Daí a profusão de mauás, cairus, guararapes, bagés e até jarapatubas e muritibas da nobiliarquia nativa.

Dias levou o som das selvas à poesia nos anos em que a moda ainda engatinhava. Os *Últimos cantos*, que incluíam "I-Juca-Pirama", são de 1851, quando ele já havia se mudado para o Rio para trabalhar como jornalista e funcionário público. Foi só em 1856 que Pedro II patrocinou a publicação de *A confederação dos tamoios*, de Gonçalves Magalhães, e assim deu uma espécie de carimbo de validade nacional ao mote indígena nas artes. No ano seguinte, José de Alencar terminou de escrever *O guarani*, primeiro romance da trilogia indianista que se tornaria a marca da escola romântica brasileira. Pintores e escultores capricharam nas indígenas sensuais e nos guerreiros apolíneos e, na ópera, o selvagem ganhou voz de tenor com Carlos Gomes.

José de Alencar, muito mais que o poeta maranhense, tinha uma abordagem afinada com a mitologia indígena oficial e seus heróis com pinta de cavaleiros medievais. Dias cantava o que viu e sentiu. Era íntimo da natureza, parte dela. "Não era um paisagista, mas um recriador do ambiente no plano da poesia", definiu a biógrafa Lúcia Miguel Pereira. Já o escritor cearense, que passou quase toda a vida no Rio, próximo às matas da Tijuca, enalteceu uma selva que pouco conheceu,[20] onde Ceci e Peri juraram amores num Brasil que jamais existiu. Os personagens de Alencar pareciam pertencer a uma espécie extinta, sem qualquer relação com o presente. Dias conviveu com os indígenas e ainda conviveria muito mais.

---

20 No Ceará, quando ainda era um garoto de nove anos, José de Alencar fez uma curta visita à Serra Grande, passando pelas matas de Ipu, onde viviam os tabajaras, o povo de Iracema.

O lançamento da Comissão Científica se encaixou à perfeição nas políticas de promoção e reconhecimento do império de Pedro II. As conexões com a Sociedade de Aclimação parisiense e os contatos com cientistas internacionais eram garantia de visibilidade para a missão do IHGB, em especial quanto à expectativa por novas pesquisas etnográficas, de grande apelo na época.

Para um "inadaptado tristonho", Dias se moldou muito bem à corte. Escrevia para os jornais da capital e publicava novos livros, consolidando o posto de maior poeta em atividade no país. Desde os 26 anos tinha diploma de sócio do IHGB, onde apresentou alguns estudos sobre os indígenas brasileiros. Encarregado pelo imperador de aprofundar esses trabalhos, escreveu a memória *Brasil e Oceania*, onde identificou migrações tupis que seriam comprovadas muitos anos depois.

O poeta se mantinha confortavelmente como funcionário da Secretaria de Negócios Estrangeiros e professor do Colégio Pedro II. Afável e sedutor, tornou-se querido nos salões cariocas. Baixo (um metro e meio de altura), musculoso e bem-proporcionado, tinha um rosto difícil de esquecer e olhos felinos, castanho-claros. Sua turma de amigos animava a boemia da cidade. Eram jovens intelectuais cortesãos, críticos mordazes do provincianismo e de alguns tópicos da moralidade vigente. Na política, alinhavam-se aos liberais.

Quando a Comissão Científica foi formada, Dias estava morando na Europa, em missão oficial, e acabara de acertar com um editor alemão a publicação de seu dicionário de tupi. Além da chefia de seção, o IHGB aproveitou para lhe passar o encargo das compras de equipamentos para a aventura de exploração, o que ele aceitou de bom grado.

A mudança para a Europa tinha acontecido em 1854, num período atormentado de sua vida pessoal. Dias tentava, com a mudança de ares, recuperar o ânimo de escrever poesias e dar cabo a um casamento infeliz. Desposara a pálida e frágil Olímpia para superar o rompimento com a paixão maranhense de sua vida, Ana Amélia Ferreira do Vale. Quando a musa era uma mocinha, em São Luís, o poeta dedicava versos a seus olhos negros, "às vezes luzindo, serenos, tranquilos; às vezes vulcão". Mas a aristocrática família não aceitou unir Ana Amélia com um mestiço, ainda por cima filho natural. Para aplacar o desalento, Dias decidiu se casar com Olímpia. "Sem amor", como deixava claro para quem quisesse ouvir, mas supondo que poderia fazê-la feliz tornando-se um amigo, como era do sogro, o médico Cláudio Luís da Costa, colega no IHGB.

O casamento se revelou um desastre. Desprezada, insatisfeita com o papel de substituta, Olímpia "azedou-se de ciúmes", conforme o marido, e espionava até as "escravas estuporadas" da casa. O ânimo soturno do casal se agravava ainda mais com o estado de saúde de ambos: ela tuberculosa, ele sifilítico.

Dias era um aplicado namorador e mesmo com o matrimônio não mudou de estilo. Capanema estava sempre a seu lado, compartilhando o gosto por mulheres, charutos, bebida e ambientes suspeitos. O vate espalhava versos para a "viuvinha de minh'alma", a "moça dos olhos verdes", a "leviana", a "mimosa e bela", a "doce virgem" e outras tantas conquistas amorosas eternizadas nos poemas. Mas reclamava que em casa não tinha clima para trabalhar e, assim, planejou a mudança para a Europa como uma alforria.

Com a boa vontade de Pedro II, conseguiu uma licença, com vencimentos, da Secretaria de Negócios. Continuou recebendo os 1200 contos anuais, acrescidos de uma gratificação de 4800 contos por ano para estudar métodos de instrução pública em diversos países e pesquisar documentos sobre a história do Brasil. À sua disposição teve mais 1500 contos por semestre para contratar copistas. De início, Dias se estabeleceu em Portugal, sendo recebido por antigos colegas de faculdade. Olímpia viajou grávida e, devido ao histórico de doenças do casal, temia-se pela saúde do bebê.

Dois meses depois da chegada a Portugal, o poeta levou a família para Paris, onde dividiu casa com o sogro, que estava na capital francesa por uma temporada. A residência de Lisboa não foi desfeita, e Dias seguiu viajando entre as duas cidades. Agora — já com um pé para fora do casamento — tinha dois endereços.

Joana nasceu muito pequena, com dificuldades respiratórias e suspeita de hidrocefalia. Dias ficou ao lado da menina e sempre mostrou carinho por Bibi, como a chamava. Em pouco mais de um ano, com a saúde de Joana se deteriorando, enviou a família de volta ao Brasil, para que fugissem do frio europeu. O acerto, além das questões de saúde da criança, lhe pareceu conveniente por outra razão. A distância, segundo ele, era "o meio que a sociedade oferece de se romper um casamento sem escândalo". A partir daí, ele iria se considerar novamente solteiro, enquanto a romântica Olímpia permaneceria no Brasil alimentando sonhos de reconciliação. Em agosto de 1856, com menos de dois anos de idade, Joana morreu de pneumonia no Rio. Ele enviou à esposa uma carta tomada de comiseração, mas continuou em Paris.

Aos 33 anos, estável financeiramente, rodeado de gente interessante, Dias iniciou a quadra mais prazenteira de sua existência. Deixou de se queixar dos reumatismos, trabalhou nas pesquisas contratadas pelo imperador, estudou línguas, acertou com livreiros novas edições de sua obra e abriu uma temporada de compras de equipamentos científicos pela Europa. Não revelava a mesma saudade da terra, das palmeiras ou do sabiá que o amofinara tanto nos tempos de estudante em Coimbra.

7.
Temporada de compras

Ninguém demonstrava a menor pressa de partir para o Nordeste. A expedição levou catorze dias para ser aprovada, 124 para figurar na lei orçamentária e passou 972 dias se preparando para começar de fato. De maio de 1856 a janeiro de 1859, os expedicionários se organizaram, estudaram, perambularam pelo exterior e selecionaram à vontade os apetrechos que iriam carregar. Também se meteram em disputas políticas e atiçaram intrigas cortesãs.

Em meados de abril de 1857, a Legação Imperial de Londres informou a Dias que ele dispunha de 3200 libras[21] para ir às compras em nome da Comissão Científica. No início, as tarefas foram divididas com Gabaglia, que estava em Paris por uns meses. Dias se encarregou de uma extensa lista de encomendas: aparelhos para estudos geológicos, físicos, astronômicos e geodésicos, sondas para poços artesianos, microscópios, cronômetros, bocais de vidro, remédios, material fotográfico e papéis especiais para desenho — tudo das melhores firmas europeias,[22] pois Capanema exigia um padrão de excelência

---

21 A quantia equivalia a 3 mil contos de réis. Para dar uma ideia do que representava na época, o historiador Marco Antonio Villa compara a dotação para as compras da Comissão ao fundo de emancipação de escravos criado pela Lei Rio Branco. Entre 1871 e 1877, esse fundo aplicou 1295 contos para liberação de 3 mil cativos. 22 Os microscópios foram confiados a Georg Plössl, afamado especialista de Viena, que produzia verdadeiras joias de precisão mecânica e qualidade óptica, usando lentes de safira ou diamante. Os aparelhos

para os equipamentos da missão. Os vidros para a conservação de animais em líquidos foram mandados fabricar sob inspeção de diretores do Museu de Viena. Cada seção indicou centenas de livros que não eram encontrados no Brasil para enriquecer o acervo da Biblioteca Nacional.

Enquanto isso, no Rio, Lagos também fazia a feira. Encomendou barracas especiais, ferramentas, ingredientes para preparações zoológicas, remédios para atender a população e uma infinidade de outros artigos e utensílios. Dos Estados Unidos veio uma "canoa portátil de goma elástica" para ser usada nas travessias de rios e lagoas. O Ministério da Marinha forneceu o arsenal de espingardas, pistolas, revólveres, sabres, pólvora e munição "para caça ou defesa da expedição, no caso de ser assaltada nos sertões por qualquer aldeia indígena", como justificou a Comissão num documento. Os cientistas se comprometeram, porém, a só entrar em combate "em último recurso". Detalhes como esses acabavam servindo de chacota nos jornais, mostrando que já havia gente contrariada com a ideia da missão. Um articulista ironizou que os exploradores pareciam preparados para enfrentar "feras ou tribos de antropófagos, mas só devem recear as constipações, quedas e mosquitos nas montanhas e, no sertão, a falta d'água, o calor do sol, alguma cobrinha cascavel e algum novilho zangado".

Numa carta a Capanema, Dias se queixou de que, durante as negociações com os fornecedores europeus, precisou se esquivar de compatriotas achacadores tentando superfaturar as compras. Citou um atravessador identificado como "J.L." que combinou majorar os preços com a Editora Perthes, de Hamburgo. Uma enciclopédia científica de 2 mil volumes, pela

geodésicos eram dos sucessores do físico e inventor alemão Joseph von Fraunhofer. Instrumentos magnéticos, do mestre Meyerstein. Aparelhos de sondagem para a seção geológica, da marca De Goussé.

qual a Perthes cobrava 7500 francos, foi conseguida por 2700 francos com o editor-livreiro Friedrich Brockhaus, de Leipzig. Em outro caso, revelou "a patifaria desse tratante do C.M.", que, por conta de desconhecidas encomendas, lhe pedira para adiantar dinheiro a um filho "que tomou não sei que compromisso com a Casa Ancion", de Paris. Sempre meticuloso em questões de dinheiro, rebarbou essas e outras oportunidades de prevaricação que lhe apareceram pelo caminho.

E o caminho de Gonçalves Dias pela Europa era largo. Entre as "maçantes visitas" a escolas secundárias, pesquisas em arquivos históricos e compras para a Comissão, se deslocou por Inglaterra, França, Alemanha, Áustria, Bélgica, Portugal, Espanha e Itália. Hospedou-se em hotéis luxuosos, frequentou grandes restaurantes e se transformou num namorador transnacional. Teve mademoiselle Josephine, em Paris; Natalie, em Dresden; Nanette, em Viena; e uma série de outros amores fugazes e febris que se prometiam imortais. Em determinado momento, manteve três relacionamentos simultâneos e estáveis: com a emancipada e explosiva Eugénie N., em Bruxelas; a angelical Céline, de dezenove anos, na capital francesa; e Amélia R., filha de um diplomata brasileiro em Londres, com quem costumava se encontrar, sob a proteção da mãe da moça, em estações de banho pela Europa. Amélia sonhava em voltar ao Brasil casada com Dias e lhe escreveu que desejava providenciar logo um "nhonhozinho lindo como tu".

Sinais de que alguma coisa de ruim acontecia com a Comissão não demoraram a aparecer. Dias percebia certa má vontade e algumas vezes franca hostilidade de alguns diplomatas com seu trabalho. "É uma gente cheia de preconceitos e inveja", reclamou com Capanema. Logo, a liberação das verbas para as compras começou a atrasar. Em Paris, contou, ficara diante das encomendas "como boi olhando palácio", porque o dinheiro não chegava. Também percebeu que recebia já aberta a correspondência de Capanema com os pedidos de compra e suspeitou de sabotagem na Secretaria dos Negócios Estrangeiros.[23] "A não ser a esperança de apanhar cotias à unha, enquanto tu ajuntarás pedras e o Lagos embalsamará cobras, vinha-me um acesso de *spleen* que me rapava", escreveu.

Capanema era um liberal enfezado e mais uma vez andava metido em disputas políticas na corte. Ele explicou ao amigo que a onda de percalços tinha nome: Pedro de Araújo Lima, o marquês de Olinda. Líder da oligarquia rural do Nordeste, velho militante da independência e último regente de Pedro II, Olinda era um dos conservadores que haviam lutado contra "os males da democracia", mas se tornara chefe do gabinete imperial à frente de uma conciliação com os liberais.

As administrações do Segundo Reinado, compostas de uma maioria de donos de terra, reclamavam de orçamentos que julgavam minguados para seus interesses e, assim, era comum deixar para depois os investimentos na carente educação ou na saúde pública do país. Num ambiente desses, não passava de frugalidade falar-se em mais dinheiro, sem benefício nem rendimento imediato, para ciência e pesquisa. E havia uma questão ainda mais desfavorável para as pretensões da Comissão: Olinda e Capanema não se suportavam.

Assim que assumiu a chefia do governo, Olinda afastou de alguns cargos gente próxima àquele desafeto arrogante e impertinente. Na Câmara, aliados do marquês começaram

---

23 As suspeitas são plausíveis, segundo a historiadora Karoline Viana Teixeira: "Na coleção Marquês de Olinda, sob guarda do IHGB, encontra-se a cópia de cartas de Capanema a Gonçalves Dias, compreendidas entre 1858 e 1861, com comentários sobre a organização e os rumos da Comissão Científica. O manuscrito é atribuído pela instituição a um funcionário da Secretaria do Estado do Ministério do Império". Karoline Viana Teixeira, "Percepções e limites do fazer científico: O caso da Imperial Comissão Científica de Exploração, 1859-1861". *Oficina do Historiador*, v. 8, n. 2, pp. 43-59, 2015.

a fustigar as delongas da Comissão e seus gastos. Na imprensa carioca, apareceram artigos criticando a inatividade dos futuros expedicionários que já recebiam proventos do governo. Capanema topava os debates nos jornais e dava satisfações aos senadores, sempre alegando atraso de fornecedores. "Esta canalha insigne presume que nossa viagem é um pagode", lastimou-se. Enquanto reagia, porém, perdia poderes. Olinda limava suas incumbências nos preparativos da empreitada, entregando-as a Lagos, que aceitava tudo de bom grado. A Comissão rachou antes mesmo de viajar. Capanema passou a tramar com Dias a montagem de uma "comissãozinha" paralela, para percorrer caminhos diferentes, longe do desafeto Lagos e também do comando direto de Freire Alemão.

Empurrar o desfecho da fase de preparação era a única saída, na opinião de Capanema. "Digo-te em todo segredo que será uma imprudência da nossa parte partirmos para o sertão enquanto Olinda for ministro", escreveu a Dias. Temia que, isolados no Ceará, sofressem um boicote definitivo do marquês. A espera por novos ventos políticos, afinal, não deveria ser prolongada, dada a alta rotatividade do posto de chefia de governo. Entre 1840 e 1889 se revezaram 37 gabinetes ministeriais, numa média de pouco mais de um ano para cada um deles.

Para convencer Dias dos benefícios do adiamento da viagem, Capanema também o deixou a par das notícias de casa. "Ela (Olímpia) está morrendo de desejos de ir conosco e até entranhar-se pelo Ibiapaba! Prepara-te para a tormenta!"

A temporada europeia foi esticada até agosto de 1858. Dias aproveitou esse tempo para trabalhar em traduções de Schiller e Goethe e aprender novas habilidades que usaria no Ceará: especializou-se em revelar fotografias, moldar em gesso e a fazer galvanoplastia. Do ponto de vista da obra poética, os quatro anos de Europa foram um hiato estéril.

Em 3 de setembro, Dias desembarcou no Rio já com vontade de partir de novo. "Não suportarei mais de um mês", disse a Capanema. "Aqui não poderei aplicar nenhum trabalho sério. Quanto às porcarias oficiais da Secretaria de Negócios, há muitos que as escrevem melhor que eu, modéstia à parte." Prestou contas de cada libra gasta nas compras de equipamentos e se esforçou para não discutir o futuro com Olímpia. "Preciso subjugar a toda força o pensamento, e o Nordeste terá essa função."

O marquês de Olinda foi substituído na chefia do gabinete em 12 de dezembro.[24] Era, enfim, a mudança que Capanema e Dias tanto aguardavam. Depois de dois anos e meio de preparativos, a Comissão de Exploração das Províncias do Norte se considerou apta a partir. A canhoneira da Marinha prevista para o transporte, porém, não tinha condições de viajar. Pedro II, cansado das fofocas políticas sobre a demora, mandou que contratassem com urgência um vapor para conduzir os cientistas ao Ceará. O navio deixou o Rio de Janeiro às onze horas do dia 26 de janeiro de 1859 levando 26 expedicionários.[25] Dos chefes, só não estava presente Capanema, ainda concluindo trabalhos que realizava para a Estrada de Ferro Niterói-Campos.

---

24 O novo ministro do Império, o diplomata Antônio Paulino Limpo de Abreu, visconde de Abaeté, seria breve como a maioria dos antecessores: duraria oito meses no posto. **25** Embarcaram no vapor *Tocantins* quatro chefes de seção (Freire Alemão, Gonçalves Dias, Ferreira Lagos e Raja Gabaglia); dois assistentes (Coutinho e Freirinho); o pintor José dos Reis Carvalho; quatro tenentes, seis mecânicos e um artífice de metais da Marinha; os irmãos Vila-Real como preparadores; o caçador Bordalo; e um grupo de serventes (cozinheiros e tarefeiros) de provavelmente mais cinco homens.

Parte 2

As viagens

8.
O sobradão e a casa da Lagoa

O vapor *Tocantins* aportou em Fortaleza na manhã de 4 de fevereiro, com tempo feio e mar agitado. Eram as primeiras chuvas do ano, verdadeira bênção depois de sete meses de estio. No modesto porto, uma multidão se juntava à comitiva do presidente da província, João Silveira de Souza. Sob vivas e completamente encharcados pelo aguaceiro, os cientistas da corte[1] desembarcaram em pequenos botes e sacolejaram até o trapiche de estacas. Na praia, os chefes receberam cavalos para não terem de subir a pé a rua da Ponte, que conduzia ao centro da cidade.

Não mais que dois navios fundeavam por mês em Fortaleza. Naquela manhã, os estivadores da capatazia tiveram de se virar com água pelo pescoço para baixar as mais de duzentas caixas de bagagens e instrumentos. Às três da tarde, quando os equipamentos pesados da seção de Astronomia eram erguidos no trapiche, uma alavanca emperrou, e as amarras da barca de transbordo rebentaram — a carga quase acabou no mar. O desembarque foi interrompido por pouco tempo e, apesar da maré alta, seguiu até as duas da manhã. Só na tarde do dia seguinte, com o fim da ressaca, conseguiram transportar o resto

---

1 Os 26 expedicionários que chegaram a Fortaleza eram um grupo modesto, se comparado ao de outras expedições. A viagem do barão de Langsdorff, por exemplo, contou com quarenta homens.

das caixas do Tocantins para as salas do Liceu Cearense alugadas pelo governo.

Com 16 mil habitantes, a Fortaleza de 1859 ocupava apenas a faixa do litoral que vai da ponta do Mucuripe à barra do rio Ceará. A área urbana se limitava a oito ruas, calçadas com pedras toscas cor de ferrugem e iluminadas por lampiões a óleo de peixe. Eram alinhadas em xadrez, com oito praças e oito largos. A única viela sinuosa nesse tabuleiro acompanhava o Pajeú (hoje um canal subterrâneo da cidade), com casebres que davam fundo para o riacho. Um pouco mais distante, na região do Outeiro, se formara, depois da grande seca de 1845, uma zona de meretrício.

Havia na capital quatro fábricas (sabão, selas, chapéus e charutos), sete companhias exportadoras de algodão e quase uma centena de oficinas de serviços como alfaiataria, marcenaria e ferrarias. Os comerciantes vendiam seus produtos nas feiras, junto com os artesãos. A cidade contava com oito escolas primárias, quatro igrejas humildes, 7200 casas de palha e 960 de tijolos, cerca de oitenta delas assobradadas. O maior dos sobrados era o da esquina da rua da Palma com a travessa Municipal, do comendador José Antônio Machado, rico comerciante e futuro senador, que alugou a casa, com parte dos móveis, por 250 mil-réis por mês, para o governo da província acomodar os expedicionários nos vários salões e quartos de seus dois andares.

Segundo a descrição do historiador Renato Braga, principal estudioso da expedição científica brasileira, Fortaleza era "doce e amarga", ao mesmo tempo "aconchegante e maledicente" e "mais trêfega que séria". Desde aquele tempo, a capital cultivava a galhofa com um tempero que os visitantes não demorariam a provar. Foram acolhidos com pompas e carinhos. Nos primeiros dias, enquanto se terminava a pintura do sobradão, as refeições eram servidas na casa do governador. Choviam convites para jantares e grupos de debates sobre os problemas regionais. Ajudantes militares brilhavam em bailes e saraus. Dias era a estrela maior da Comissão; Freire Alemão, o mais requisitado para eventos oficiais; e, em pouco tempo, Lagos seria o mais enturmado com a elite local, graças à sua infinita capacidade de fazer amigos de infância com rapidez. O discurso dos expedicionários, que sempre enfatizavam a possibilidade de descobrirem tesouros pelo interior, adoçava a acolhida. Eles eram o grande assunto da cidade. Seu modo de se vestir, o jeito de se portar e falar, as relações que estabeleciam, tudo era alvo da curiosidade popular.

Thomás Pompeu de Souza Brasil, outro futuro senador do Império, organizou um banquete para homenagear Gonçalves Dias. O poeta discursou, declamou e, apesar de melancólico, encantou. A imprensa o batizou de "Canário da Comissão". Mas ele andava de maus bofes. Não era a falta de Paris que o atormentava, e sim a proximidade da terra natal para onde planejava partir assim que pudesse. Tinha acertado que ficaria no Ceará apenas o tempo que julgasse necessário e então seguiria em nome da Comissão para a Amazônia, a fim de fazer estudos de verdade num lugar onde houvesse indígenas, e não apenas sobreviventes. "O Ceará é, das nossas províncias, a que conta com menos escravos[2] e onde se encontra menos indivíduos da raça indígena pura." Dias preferia estudar as "matas onde batalharam timbiras e gamelas" — próximo aos amigos maranhenses e ainda mais distante de Olímpia. Rabugento, previa um futuro medíocre para os trabalhos no Nordeste, concedendo que, pelo menos, o povo ganharia uns trocados com algo vindo da corte.

---

2 Fortaleza tinha menos de 10% da população composta de escravizados. A maioria era de mulheres dedicadas a trabalhos domésticos. No Rio de Janeiro, os escravizados eram metade da população.

A Comissão estacionou por seis meses em Fortaleza, aconselhada a não partir para o interior até passar a época das chuvas, que costumava bloquear as "estradas", como chamavam aquela rede de caminhos de raras pontes e aterros. O inverno ainda estava seco, mas precisavam resolver complicações com a cavalhada, contratar ajudantes e aguardar reforços solicitados à corte.

O governo da província mostrava boa vontade em atender às demandas dos expedicionários, embora essa solicitude fosse muitas vezes embaraçosa, devido a idiossincrasias locais. A compra dos cavalos para a expedição se arrastou por quase cinco meses. A Tesouraria da Fazenda cearense contratou, no dia 16 de março, cem cavalgaduras, escolhendo como fornecedores o tenente-coronel Roberto Corrêa de Andrada e Silva e o fazendeiro Manoel Joaquim de Cavalcante. O primeiro entregaria 36 cavalos e quatro burros; o segundo, 54 cavalos e seis burros. Foi acertado o preço de 116 mil contos de réis por cabeça, com as devidas cangalhas e apetrechos de selaria. O presidente Silveira de Souza admitiu que os cavalos estavam caros, mas justificou a conta salgada em razão dos estragos da última seca e ainda "devido às circunstâncias", sem especificar quais eram.

Cavalcante e Andrada e Silva receberam adiantamentos, mas a tropa só apareceu em 28 de junho — e capenga. Dois peritos contratados pelo governo para examinar os animais não fizeram restrições aos burros, mas, dos 36 cavalos apresentados por Andrada e Silva, só 26 foram aceitos; e dos 54 cavalos de Cavalcante, recusaram-se dois. O contrato previa que os animais deviam ter entre seis e doze anos e que fossem "mansos, gordos e fortes, sem defeitos nem achaques". Intimados a completar a encomenda, os fornecedores prometeram entregar os cavalos substitutos em Quixeramobim e Icó, quando os viajantes passassem pelas duas cidades.

Com o governo imperial, a impressão é que nada havia mudado depois da saída do marquês de Olinda. A Comissão encaminhara ao Conselho dos Ministros a convocação de mais quatro adjuntos, além de suprimentos que faltavam. Gabaglia insistiu na reivindicação da canhoneira da Marinha para os levantamentos do litoral e solicitou também a substituição de cinco dos seis mecânicos, mandados de volta do Rio por mau comportamento. Sem explicações e depois de uma longa espera, a Comissão recebeu alguns mantimentos e, como reforço de pessoal, apenas dois mecânicos, além de Francisco de Assis Azevedo Guimarães como médico de batalhão. A canhoneira jamais chegou ao Ceará.

À espera do verão, os cientistas se dedicaram a estudos em torno de Fortaleza. Freire Alemão conseguiu colher uma grande variedade de espécies numa viagem a Pacatuba. Da serra da Aratanha, Lagos voltou com dezenas de animais para a coleção zoológica e um tamanduá-bandeira vivo. Gabaglia construiu uma casinha de madeira com teto de zinco móvel no morro do Croatá e ali instalou um telescópio, três lunetas, barômetros, fotômetro, teodolitos e outros equipamentos de pesquisa. Criou a primeira estação meteorológica do Nordeste. Em maio, pôs em funcionamento também as estações astronômica e magnética. Na ausência de Capanema, o major Coutinho, adjunto da Seção Geológica, estudou as dunas litorâneas. Dias passava a maior parte do tempo traduzindo do alemão a tragédia de Schiller *A noiva de Messina* e retocava textos de sua *História dos jesuítas*. Cultivava também longas conversações com autoridades, simples moradores ou caboclas que encontrava nas caminhadas pela praia. Apresentaria algumas delas ao amigo Capanema.

A chegada do futuro barão, quatro meses depois dos outros, foi um vendaval. Quando a Comissão ainda navegava para o Ceará, em 2 de fevereiro, ele escrevera uma carta a Dias:

"Prepara-te para nossa viagem ao Jaguaribe", referindo-se ao primeiro destino da viagem que pretendia fazer em caravana paralela. "E mui especialmente vê se arrumas com dois marrecos aos Vila Real para aprenderem a caçar e preparar bichos *comme il faut*, para levarmos conosco." Capanema pediu segredo sobre "nossa expedição à parte". Semanas depois, encarregou Gabaglia de arrumar uma casa nos arrabaldes para se instalar com Dias, Coutinho e os ajudantes. Queria que a "comissãozinha" tivesse um endereço afastado, um lugar onde, além das pesquisas de sua seção, pudesse estudar o que bem entendesse, inclusive as propriedades das plantas nativas, área de Freire Alemão. Ele era bom nisso também. No futuro, ganharia dinheiro fabricando defensivos agrícolas.

Aos 35 anos, Capanema estava em pico alto de animação. Chegou a Fortaleza em 3 de julho, exatos vinte dias antes do aguardado desembarque dos camelos argelinos. Bronzeado, cheio de ideias e disposto a muita aventura. Nos dois meses de viagem cumprindo pesquisas encomendadas pelo governo, fizera estudos pelo Recôncavo Baiano, Itaparica, Recife, Fernando de Noronha e João Pessoa. Tinha identificado, na Bahia, a seis léguas da cidade de Nazaré, depósitos de manganês à flor da terra. O trabalho fortaleceu a esperança de encontrar minérios no Ceará.

Logo após o desembarque, tratou de pôr em prática o plano de rachar o grupo em dois. Do porto, foi direto para o prédio alugado perto da Lagoa Funda, a dois quilômetros do sobradão dos "científicos", como os expedicionários estavam sendo chamados pelo povo. A casa da Lagoa se tornou famosa rapidamente. A construção grande e quadrada abrigara o antigo lazareto da capital, construído para receber doentes de bexiga. Desativado, mas em bom estado, era um belo recanto. A frente dava para um terreno descampado que ia até a Lagoa Funda, cercada por matas de cajueiro. Na direção do mar, uma enorme duna isolava o lazareto. Tudo perfeito para manter distância dos controles de Freire Alemão e da companhia de Lagos.

Capanema visitava com frequência os companheiros do sobradão e participava de almoços e jantares promovidos por Tomás Pompeu e outros liberais. Compareceu a alguns bailes e festejos juninos patrocinados por figurões locais, mas, se não tinha paciência com deferências cortesãs no Rio, muito menos estava disposto a perder tempo com elas no Ceará. Evitava tanto os chás de fim de tarde nas casas de famílias importantes, apreciados por Lagos, quanto as cerimônias provincianas do malquisto presidente Silveira de Souza,[3] apelidado pelo povo de "Cabeça de Cabaça". A preferência pelos trabalhos e diversões da "comissãozinha" era evidente. A turma de Capanema usava calças largas enfiadas para dentro de botas altas, camisas para fora das calças e chapéus de palha. Ficavam mais parecidos com a gente comum, que preferia simplesmente ceroulas e camisolão. Freire Alemão anotou em seu diário que a roupa era "indecente". Capanema preferiu batizá-la de "uniforme científico".

Mesmo quando resolveu promover alguma coisa mais solene para a sociedade de Fortaleza, a turma da casa da Lagoa causou embaraços. Capanema e Dias, auxiliados por Gabaglia,

---

3 João Silveira de Souza era catarinense, nascido no Desterro (hoje Florianópolis). Formado em direito em São Paulo, fez carreira como funcionário no Norte e Nordeste. Os adversários políticos zombavam de sua aparente pouca inteligência e o apelidaram de "Cabeça de Cabaça". O jornal *O Sol*, de Fortaleza, publicou versinhos sobre isso: "Há homens que têm cabeça/ Há outros que têm cabaça/ Afirmam que João de Souza/ É desta última raça". No dia da chegada da Comissão, o mesmo jornal saudou os cientistas e disse que a maior raridade da ocasião tinha sido "essa cabeça de cabaça da última raça dos tremeliques". Este último qualificativo se referia a outro apelido do presidente: "João Tremeliques", devido a seu afamado apreço pela bebida. Renato Braga, *História da Comissão Científica de Exploração*. Fortaleza: Imprensa Universitária do Ceará, 1962.

distribuíram convites para a festa da noite de 29 de junho, data de São Pedro, em homenagem ao imperador. Ao pé do morro do Croatá, onde ficava a casinha da estação meteorológica, o trio mandou instalar um tablado circular, iluminado por centenas de lanternas multicores. Os convidados foram recebidos a partir das oito horas da noite com muita dança, comida e bebida. O folguedo durou até as duas da manhã. No dia seguinte, a cidade fervilhava de fofocas maliciosas sobre o que aconteceu na festa e na casinha do Croatá.

Freire Alemão, que tinha se retirado cedo, censurou os companheiros por estarem abalando a reputação da comitiva imperial. Capanema, Dias e Gabaglia resolveram, então, mandar uma carta ao jornal *O Sol* assumindo pessoalmente a organização da noitada. "Aquele divertimento, que lhe não sabemos dar outro nome", escreveram, era de "exclusiva responsabilidade" dos que assinaram o convite. Ressaltaram que, se a Comissão Científica tivesse organizado o evento, "certamente teria arrumado um modo muito mais digno de manifestar seu agradecimento aos habitantes dessa cidade".

Acostumada a adormecer cedo, Fortaleza começou a se incomodar com a movimentação noturna desses "científicos" extravagantes e com a barulheira que vinha da casa da Lagoa. A Comissão estava a um passo de se converter num escândalo. E ainda faltavam os camelos.

9.
Caravana transatlântica

Às quatro e meia da manhã de 18 de junho de 1859, o capitão François Pandrigue de Maisonseul, diretor do porto de Argel, chegou ao cais. A cidade já despertava e, pelas ruelas em torno da enseada, via-se gente descendo na direção do ancoradouro. Era um dia cercado de certa solenidade, e Maisonseul estava bem preparado. Semanas antes, inventara até um novo sistema de correias para erguer os catorze camelos, recém-chegados de Boghar, que deveria pôr a bordo do *Splendide*. O embarque dos animais recomendava precauções não apenas pelas peculiaridades da carga, mas também pelo caráter diplomático e científico que o envolvia. Em poucas horas, estaria no cais o governador, monsieur Géry, para demonstrar o empenho oficial da França em atender à encomenda do imperador do Brasil. Maisonseul e Géry eram representantes da Sociedade de Aclimatação na Argélia.

Por volta das nove horas, o *Splendide* se aproximou lentamente, ficando um metro e meio paralelo à muralha do cais. Géry já estava a postos para conferir a operação de perto. Na entrada do porto, os camelos dispararam sobre um grupo de curiosos, mas os condutores os contiveram sem muito trabalho. O mais dócil deles, um macho de sete anos, foi puxado para perto do navio, abaixo do enorme gancho de ferro que pendia da corda amarrada nas vergas do mastro principal. Um tratador cutucou as costelas do camelo, comandando que se deitasse, e lhe atou os joelhos. Por debaixo da barriga, os ajudantes da estiva passaram a correia projetada por Maisonseul e prenderam cada ponta da cinta no gancho suspenso do veleiro. O difícil foi posicionar exatamente debaixo do guindaste aquela meia tonelada de músculos tentando se libertar das amarras. Era preciso que as cintas de sustentação estivessem no ponto e ângulo apropriados para que o animal fosse puxado na vertical. Não deu certo. No primeiro esforço de tração, em vez de ser erguido, o bicho foi arrastado pelo cais, blaterando desesperado. Quando saiu do chão, a situação piorou. As pernas penderam pelas extremidades da correia que suportava todo o peso do dromedário. A barriga começou a ser pressionada pela cinta e as costas vergaram perigosamente. Uma das fêmeas prenhes não teria resistido àquilo. O camelo ia sendo içado aos poucos, com a cabeça dirigida por outra corda comprida que ficava nas mãos do tratador argelino. Recolhido a bordo, ofegava, todo esfolado.

Diante do evidente fracasso, a operação acabou suspensa e o próprio governador assumiu os trabalhos. O sistema de correias inventado por Maisonseul[4] não teve uma segunda chance. Géry anunciou que embarcaria os demais camelos como se embarcavam os cavalos: em baias de madeira, só que maiores e mais resistentes. Construíram, então, dois caixotes móveis para serem usados alternadamente. Um camelo por vez era

---

4 O capitão de fragata François Pandrigue de Maisonseul se fixou definitivamente na Argélia e chegou a comandante da Marinha no país. Sua família carregou o designativo pejorativo de *"pied noir"*, como eram chamados os argelinos descendentes dos colonos europeus. Um neto do capitão, o consagrado arquiteto e pintor Jean de Maisonseul, se envolveu com o movimento nacionalista da Argélia, que acabou expulsando os colonizadores franceses. Em 1956, foi preso, acusado de "atentar contra a segurança do Estado". Formado pelo Instituto de Urbanismo de Paris, Jean trabalhou com o mestre Le Corbusier e foi criador do Museu de Belas-Artes de Argel. Os escritores Albert Camus e André Malraux, seus amigos, comandaram uma campanha por sua libertação.

empurrado à força para dentro deles e erguido ao navio. Por volta das três horas da tarde, Géry conseguiu encaixotar o último. Uma das baias foi levada a bordo para ajudar o desembarque em Fortaleza.

O *Splendide* permaneceu em procedimentos no porto de Argel por mais dois dias. Cada detalhe do embarque e da travessia do Atlântico foi registrado pelo veterinário francês Félix Vogeli,[5] contratado pelo governo brasileiro por 1500 francos para acompanhar a viagem. Vogeli escreveu relatórios minuciosos, publicados no Anuário de 1859 da Sociedade de Aclimatação.[6] Responsável por atestar a sanidade da tropa, ainda no final da tarde ele tratou os ferimentos do primeiro macho embarcado. Anotou que, além de várias escoriações, ele tinha uma fístula antiga na base da orelha esquerda. Batizou-o de Orelhonno, o macho número 1.

No dia da partida, outra cinta para camelos ainda intrigava Vogeli. Ela tinha sido inventada pelos norte-americanos que levaram camelos para a Califórnia e fazia parte do manual de instruções da Sociedade de Aclimatação. Os americanos recomendavam, em caso de emergência, o uso de uma geringonça de couro para imobilizar os bichos pela cabeça e garupa, enrolando-os e amarrando-os como imensos pacotes. Vogeli achou aquilo um pouco esquisito. Havia dividido os dromedários em dois grupos no *Splendide*. Na estrebaria à direita do convés dispôs Orelhonno, o macho número 1, com mais três

---

[5] Nascido em Lyon, Vogeli tinha 48 anos e era autor de obras publicadas sobre hipiatria, o ramo da veterinária especializado em cavalos. Militar, serviu ao regime de Luís Filipe II, derrubado em 1848 na onda das revoltas populares que varreram a Europa. Desde então, radicara-se em Nova Jersey, nos Estados Unidos, onde seguiu a prática de veterinário.   [6] O Relatório da Sociedade de Aclimatação, nunca publicado no Brasil, está na internet. O material usado para a pesquisa deste livro se encontra no site da Universidade da Califórnia em Davis.

machos e três fêmeas prenhes. Na da esquerda, as demais sete fêmeas. Os animais estavam calmos, e ele decidira deixá-los desatrelados para que pudessem fazer algum exercício. "O camelo não tem a fogosidade do cavalo", justificou no diário da viagem. "Não é de se temer que ele enraiveça em movimentos desordenados como o cavalo, que procura pular as barreiras que o prendem. Também não é como o boi, que tem receio de receber uma chifrada de um vizinho barulhento." A soltura dos camelos, acreditava, no máximo resultaria em algumas dentadas entre eles, pois o espaço nas estrebarias era estreito demais para um coice forte. Por encomenda do governo brasileiro, também foram embarcados treze cavalos árabes, instalados em baias individuais fechadas.

Às cinco da manhã de 21 de junho, o *Splendide* começou a avançar, a cinco milhas náuticas, dando início à travessia atlântica. Os camelos seguiram calmos, o que era um bom sinal. Talvez estranhassem ainda menos o ar do sertão, as dunas de Aquiraz ou o solo raso e pedregoso das veredas. Dia e noite seriam vigiados pelos quatro tratadores argelinos, ajeitados no corredor que dividia as estrebarias. A cabine de Vogeli ficava no piso superior, com janela para o cercado.

O veterinário estava determinado a cuidar dos dromedários como se estivesse preparando-os para uma exposição da raça. Pretendia entregar animais saudáveis, gordos, com couro hidratado e pelos escovados. Ordenou que os argelinos começassem, então, o tratamento previsto no manual: guarnecer as manjedouras de feno, retirar os estrumes, limpar as cercas, escovar os dromedários e dispor para cada um deles três litros de um mingau grosso de farinhas de cevada e milho diluídas em água. Os tratadores estranharam a gororoba e disseram que os camelos não aceitariam comer aquilo. Mas, como o chefe insistiu, despejaram o mingau nas manjedouras. Às três da tarde, Vogeli mandou executar o artigo 12 das instruções: dar uma cuba de 25 litros de água para cada bicho. Dessa vez, os argelinos não se contiveram. Exaltados, argumentaram que os camelos haviam bebido na véspera e, portanto, era preciso deixar passar pelo menos sete dias. Vogeli recriminou a "arruaça", mas, ao fim, cedeu um tanto. Que fossem deixados dez litros de água por cabeça.

A primeira noite no mar transcorreu sem incidentes, exceto sintomas de uma contundente flatulência constatados em Sidi, a fêmea número 6 (identificar os camelos com nome e número era outra recomendação do manual). A ocorrência não foi grave, mas fez Vogeli, insone, remoer os protestos dos tratadores. Em Argel, várias vezes ouvira falar do perigo de dar de beber aos camelos com muita frequência, mas sempre encarou aquilo como uma lenda utilitária esperta. Pela manhã, surpreendeu-se com a água e a comida intocadas. Mesmo assim, ainda teimou. Decidido a acostumar os animais à nova dieta, prescreveu que, nos próximos dias, a mistura de farinhas fosse transformada em "pílulas do tamanho de uma noz". Os argelinos não entendiam direito o que o veterinário falava e, ao contrário dos camelos, sofriam com o balanço do navio. Atenderam às ordens do chefe com a displicência dos mareados.

Mesmo forçados pelo próprio Vogeli, os camelos só engoliram umas poucas bolotas da comida. Ele insistiu com a prescrição por mais quatro dias, trocando água regularmente e empurrando suas pílulas farinhentas goela abaixo dos animais. Sem obter o menor resultado, rendeu-se. "No dia 25, renunciei ao programa de alimentação", relatou. A partir daí, que mascassem feno e bebessem a cada seis dias.

Depois da temporada de mar sereno pelo Mediterrâneo, o *Splendide* chegou ao estreito de Gibraltar em plena calmaria. Domingo, dia 26, bem cedo, os camelos entornaram cinquenta litros de água cada um. Os argelinos os escovaram e esfregaram óleo nas calosidades dos joelhos e das patas, o que era feito a cada dois dias. Às nove da manhã, quando o navio cruzou o estreito de Gibraltar, entrando no golfo de Cádiz, uma brisa soprava à popa. De repente, tudo mudou no Atlântico. "A sensação é de estarmos voando", descreveu Vogeli. "O mar está muito agitado, o navio cansa muito, o balanço é muito forte e é impossível andar sobre a ponte sem se apoiar sobre um objeto solidamente fixado." Preocupado, mandou que os camelos fossem deitados e atados pelos joelhos, conforme o artigo 15 das instruções, que tratava das tempestades. Os argelinos, então, calçaram com grossos rolos de feno os animais amarrados. Tentavam imobilizá-los ao máximo, deixando só a cabeça livre.

Três horas depois, o mar piorou. O *Splendide* bamboleava entre as ondas, e os camelos, apesar de ensanduichados no feno, eram jogados de um lado para outro, escorregando sobre o vizinho e arrastando-o. Vogeli cogitou aplicar o artigo de emergência das instruções: reproduzir rapidamente a cinta de estabilidade inventada pelos americanos. Ele carregava as orientações numa brochura, mas bastou pôr os olhos nos croquis para desistir da ideia. "Atada como um pacote, a besta se tornaria uma parte do navio, recebendo todos os choques, golpes e abalos que produzem a oscilação", justificou. Mandou às favas o manual e resolveu improvisar, apostando no sinuoso gingado dromedário que vinha observando desde o início da viagem. Desamarrou os animais e espalhou uma camada grossa de feno pelo chão para fazer forragem e impedir escorregões. Os camelos se levantaram e, com as pernas bem afastadas, passaram a acompanhar as oscilações do veleiro. Balançavam o corpo no sentido contrário do vaivém. Nem as pancadas fortes no casco conseguiam tirá-los do lugar. Por instinto, todos tinham se posicionado sobre o eixo da embarcação, com a cabeça virada em direção à proa ou à popa. Alguns preferiram deitar, mas no mesmo sentido, com os longos pescoços esticados e seguros na horizontal. Durante cinco dias seguidos de turbulência, os camelos se revezaram nas duas posições. Não houve quedas nem contusões nas estrebarias. Já nas baias fechadas, os cavalos sofreram. "Davam a mim e ao capitão uma infinita compaixão", comentou Vogeli.

Na quinta-feira, 30 de junho, o mar se amainou e, no sábado, a instabilidade cessou por completo. Os camelos tinham emagrecido um pouco. Pareciam cansados e permaneceram um longo tempo deitados. Uma semana depois, já recuperados, circulavam pelas estrebarias, brincavam e se mordiam como se jamais tivessem saído de Boghar. Vogeli não anotou mais nome e número de nenhum deles. Atestou apenas que estavam em perfeita saúde, com pelos crescidos e brilhantes e ganhando peso. "Agora, comparando com os cavalos, nada me parece mais fácil e simples que o transporte dos camelos. Tantos aborrecimentos com os primeiros quanto poucos com os segundos."

Na noite de 18 de julho, a tripulação percebeu os cavalos outra vez inquietos, relinchando e escoiceando as paredes. Descobriram a razão quando raiou a manhã e avistaram a terra. A paisagem, entretanto, não foi reconhecida de imediato. "Hesitamos em chegar", relatou Vogeli. O *Splendide* foi se aproximando até cerca de três milhas da costa, sem saber exatamente onde se encontrava. Só no dia seguinte toparam com pescadores que esclareceram a confusão. "O capitão descobriu que uma alteração no cronômetro marítimo nos fez desviar a 25 léguas oeste do Ceará."

Sob um vento morno, no sábado, 23, descortinaram a longa praia de areia, que em poucos minutos ficou apinhada de gente. "Para chegar lá era preciso passar por três ondas violentas e uma barreira de recifes situada a cerca de quinhentos metros da beira do mar", descreveu Vogeli. "Ultrapassando essa barreira, poucos botes não viram, e os habitantes quase só chegam em jangadas, balsas frágeis feitas de cinco ou seis vigas não cortadas, fixadas por cordas." Ele se espantou com a "destreza incrível" dos nativos para conduzir as embarcações. "Na água até a metade da perna, um remando, o outro segurando a vela." Numa cena inédita e jamais repetida, um camelo por vez foi amarrado na baia construída em Argel e içado pelos jangadeiros.

Depois de pisarem em solo brasileiro, Orelhonno e Sida jamais seriam novamente distinguidos do resto da tropa. Passaram a ser vistos como parte de um estranho e incômodo rebanho, dividido apenas entre machos e fêmeas. Por aqui, não houve ninguém como Félix Vogeli, disposto a documentar o passo a passo da experiência. O veterinário francês partiu em poucos dias para o Rio, aceitando uma oferta de emprego para assessorar o exército imperial.[7]

O registro histórico do desembarque é impreciso — como quase tudo que se refere à experiência nacional com os camelos. É certo que Freire Alemão, Dias e Capanema estavam presentes no meio da comitiva do presidente da província, toda garbosa, protegida do sol por uma cobertura. É bem provável

---

[7] Vogeli morou no Brasil por dois anos, trabalhando como mestre de equitação e hipiatria na Escola Militar da Praia Vermelha, no Rio. Em 1861, voltou aos Estados Unidos para lutar na Guerra Civil Americana, nomeado capitão de cavalaria pelo general John C. Fremont, que tinha predileção por oficiais formados na Europa. O general acabou destituído por insubordinação pelo presidente Abraham Lincoln, e Vogeli também perdeu o posto. Contudo, em março de 1862, saindo disfarçadamente da frente de batalha, se juntou à Companhia G do Batalhão Independente de Infantaria de Nova York, como primeiro-sargento, apesar de seus 51 anos de idade. A carreira militar americana, porém, foi logo encerrada por questões de saúde. Em 12 de agosto de 1862, Vogeli foi diagnosticado com "aneurisma sifilítico", uma insuficiência cardíaca decorrente da sífilis. Seguiu morando nos Estados Unidos, mas não deixou de assessorar o Exército brasileiro, produzindo documentos e orientações. Em 1868, traduziu para o francês a grande obra de Jean Louis Agassiz e Elizabeth Cary Agassiz, *Viagem ao Brasil: 1865-1866*. Vogeli morreu em Nova Jersey em 1870.

também que o poeta tivesse fotografado os camelos com o equipamento comprado na Europa e que já vinha usando em Fortaleza. O acervo fotográfico da Comissão, porém, perdeu-se num naufrágio que abalaria a expedição um ano depois.

A reconstituição daquele sábado feita pelo historiador Renato Braga, e repetida na maioria dos estudos acadêmicos sobre o tema, conta que primeiro desembarcaram os "mouros", de turbantes escuros, "envoltos em sujos albornozes". Havia uma antipatia preventiva do povo contra eles, "acirrados inimigos da fé cristã". Depois apareceram os camelos — "lentos, sobranceiros, com largas passadas e pescoço gingando". A multidão abriu alas e os acompanhou em procissão até um terreno baldio ao lado do Depósito Municipal. Dali um animal fugiu, causando alvoroço. Só foi encontrado no dia seguinte na vila de Arronches, onde, segundo Capanema, por pouco escapou dos "bacamartes que estavam carregados para dar cabo do anticristo".

O governo da província decidira que os dromedários seriam mandados para as terras de dois fazendeiros encarregados da aclimatação. Um grupo para o cônego Antônio Pinto de Mendonça, em Quixeramobim; outro para o senador Francisco de Paula Pessoa, em Granja. Capanema convenceu Silveira de Souza de que isso não era conveniente no momento. Os camelos estavam cansados, e sete fêmeas dariam cria em pouco tempo. Concordaram, então, que os fazendeiros enviassem empregados a Fortaleza para serem treinados durante alguns meses pelos argelinos, e que o governo provincial pagasse as despesas com alimentação. Na verdade, Capanema não concordava com a decisão de entregar os camelos a particulares e ainda tentaria revertê-la.

A comunicação com os tratadores não era fácil, e o problema vinha de longe. Richard Du Chantal, o comprador dos camelos, contou ter contratado "quatro árabes" para lidar com os animais e que dois deles entendiam e falavam francês. No anuário da Sociedade de Aclimatação, o presidente Saint-Hilaire foi mais comedido: "[...] dois falam um pouco da nossa língua e a compreendem bem". No Brasil, foram chamados apenas de "mouros", a designação genérica para árabes e berberes do Norte da África, embora Capanema cismasse que três eram beduínos e um, árabe. "Mas só um sabe um francês tal ou qual." E justo esse, reclamava, não entendia nada de camelos. "Serve apenas para traduzir as ordens para os demais que não falam língua cristã." Os condutores ficaram por cinco meses na cidade. O Tesouro Nacional registrou o pagamento mensal de duzentos francos (75 mil-réis) a cada um, ou seja, menos de um quarto do preço de um camelo.

O povo de Fortaleza espalhava histórias pitorescas, verdadeiras ou inventadas, sobre a novidade dos camelos no terreno do depósito: velhinhas que choravam à aparição das bestas; a cavalgadura de um prócer local que jogou cargas e cavaleiro para o alto ao cruzar com eles; vira-latas assustados e sumidos do centro. Aos poucos, a cidade foi se acostumando com os catorze camelos, embora achasse cada vez mais estranhos os "científicos".

10.
Borboletas em festa

O primeiro apelido que deu má fama à Comissão surgiu quando os cientistas ainda nem haviam saído do Rio de Janeiro. O caso começou com um artigo do historiador Mello Moraes criticando o orçamento da expedição. "Como se gasta tanto para apanhar borboletas?", questionava. Moraes era desafeto de Capanema, Dias e Lagos, que haviam desancado sua obra histórica[8] em sessões no IHGB, ajudando a relegá-la à irrelevância. Mais tarde, com a Comissão já em Fortaleza, o senador alagoano Antônio Dantas de Barros Leite, parente de Moraes, discursou no plenário contra os devaneios da "Comissão das Borboletas" e assim consolidou de vez a zombaria. A partir daí, o epíteto apareceria fartamente em discursos no Senado e artigos na imprensa, ridicularizando os expedicionários como entomologistas de fim de semana a caçar insetos com suas redes esvoaçantes — às custas do Império. A maioria das críticas vinha dos políticos conservadores mais empedernidos, que jamais afastariam Capanema e Dias da alça de mira.

Na lista dos problemas que atrapalharam a missão, a incessante fuzilaria política não pode ser ignorada, pela letalidade costumeira desse tipo de má vontade institucionalizada. Mas,

---

8 Alexandre José de Mello Moraes, além de livros sobre medicina, publicou *Crônica geral do Brasil*, *História do Brasil-Reino e do Brasil-Império* e biografias do senador Diogo Antônio Feijó e de José Patrocínio.

para o outro histórico apelido, Comissão de Defloramento, não há dúvidas de que os expedicionários colaboraram a valer.

Em Fortaleza, Capanema, mais de uma vez, foi encontrado pela ronda noturna caído na rua, embriagado. Na primeira ocorrência, os soldados o carregaram para o Corpo de Guarda, onde foi reconhecido e levado à casa da Lagoa. Nas demais, depositavam direto o cientista no sobradão, economizando a caminhada até os arrabaldes. Freire Alemão escreveu em seu diário que o povo andava indignado com Capanema e seus "companheiros de orgia". Eles passeavam pelas ruas com "bombachas indecorosas" e, se "alguma moça encontravam na janela, dirigiam-lhe ditérios e gracejos tão atrevidos quanto impudicos". Segundo o conselheiro, tinham se tornado "detestáveis" para a sociedade local. "A tal ponto que as senhoras, quando os avistavam, recolhiam-se e fechavam as janelas."

A farra correu solta. Um grupo foi visto tomando banho num final de tarde na praia — todos pelados. O pintor José dos Reis Carvalho, sempre com uma garrafa de pinga à mão, desfilou pela cidade com uma rameira na garupa do cavalo. Um adjunto da seção Astronômica contou a Dias sobre uma moçoila que viera se queixar porque "um doutor da Comissão a desgraçou".

Da vida sexual dos exploradores estrangeiros em terras brasileiras quase nada se soube, por mais movimentada que houvesse sido. No caso da Comissão, os relatos de alcova foram fartos, inconvenientes e, o mais incrível, de próprio punho. Estavam nas copiosas cartas que costumavam escrever, falando mal de um colega, ou vangloriando-se de conquistas amorosas. Todos os escândalos conhecidos só chegaram aos dias de hoje graças à pena de algum expedicionário. Coutinho, orgulhoso, anunciou aos amigos a troca da antiga namorada por uma mais nova. "Abandonei lírios orvalhados por botões de rosa." Dias lamentou a vacilação ingênua num caso promissor. Não percebera que existiam "moças honestas com saída pelo quintal" também em Fortaleza. "Fui um pedaço d'asno." O poeta relembrou também uma sonhadora meretriz do Outeiro, pouco afeita ao valor do dinheiro, que lhe pedira para trazer da próxima viagem à Europa um "vestido de gaze de Nápoles", com as devidas instruções: "Preto, de boa qualidade, com três babados e preço de até 50 mil-réis", ou seja, mais de cinco salários de um chefe expedicionário.[9]

Os moradores do sobradão não passaram incólumes. Lagos, sabido conquistador no Rio, teria levado uma surra de um advogado, ao encontrá-lo em sua casa assediando a mulher e as filhas. Os rumores sobre o caso chegaram à corte, e o imperador cobrou explicações de Freire Alemão. O conselheiro garantiu que tudo não passava de bisbilhotice do povo, embora, meses mais tarde, admitisse que Lagos "desonrara-se" com um certo "dr. Ovídeo".

A repercussão da série de escândalos em artigos dos jornais cariocas levou Dias a sair em defesa do grupo. A alcunha Comissão de Defloramento, sustentou, era fruto de um estranho equívoco. Certo trabalhador da missão, letrado apesar de operário, o que era raro, enviara uma carta ao pai escrevendo, na área do endereço, "Comissão Desfloradora", em vez de Exploradora. Então, segundo Dias, uma autoridade local interessada em prejudicar a missão teria aproveitado a confusão para difamar os cientistas com o título desabonador. A novidade nessas explicações meio esfarrapadas é que a Comissão, em pouco tempo, já tinha arranjado encrenca com um figurão da cidade.

Capanema acusava o comandante da Guarda Nacional, João Antônio Machado, de ser "o pai da inveja e intrigante-mor da província". O oficial era também escrivão da Alfândega e irmão

---

9 Para entender o valor da encomenda em relação ao custo de vida local e aos ganhos de um expedicionário: um boi custava 40 mil-réis; um operário que trabalhava de sol a sol ganhava seiscentos réis por dia; um quilo de carne custava oitenta réis; e o salário mensal dos chefes da Comissão era de 7200 réis.

do poderoso comendador José Antônio Machado, o dono do sobradão. A pinimba entre eles se originou de um caso banal, quando Capanema e Dias tomaram as dores de um alferes que se tornaria um grande poeta cearense.

Uma vez por semana, o baixinho e enfezado comandante Machado passava em revista o pelotão do Terceiro Batalhão de Fortaleza. Essa era praticamente a única função exigida dos alferes, em geral rapazes de boa condição social, capazes de pagarem as próprias fardas e com tempo livre para as apresentações semanais. Na praça da Matriz embandeirada, eles marchavam, davam uns tiros para o alto e faziam evoluções dirigidas por Machado. A plateia costumava se divertir com o desempenho teatral do comandante e os constantes erros dos soldados.

O jovem poeta Juvenal Galeno, filho de usineiros da serra da Aratanha, era um dos alferes do batalhão e ficara amigo dos cientistas. Certo dia, gazeteou o desfile da guarda para dividir um peru com Dias, Coutinho e Tomás Pompeu na casa da Lagoa. Machado deu pela falta e, quando soube o motivo da ausência, mandou prender Galeno por seis dias. Os novos parceiros se solidarizaram e resolveram fazer barulho. Capanema transformou o oficial num dos personagens satirizados na coluna "Os Ziguezagues", que enviava para o *Diário do Rio de Janeiro*. Dias ajudou Galeno a publicar o poema "A machadada", de três cantos, em dezesseis páginas, ridicularizando um "ilustre animal" cearense. As relações da Comissão com o poder da província azedaram de vez. Dias acreditava que o próprio presidente Silveira de Souza estava intrigando-os com o governo no Rio.

Antes de partirem para o sertão, os expedicionários provocaram ainda outro alvoroço em Fortaleza. Capanema e Dias acharam que era hora de testarem os "navios do deserto". Queriam dar alguma atividade àqueles camelos gorduchos que seguiam no terreno do Depósito Municipal como atrações únicas de um zoológico mambembe.

II.
Orelhonno pelas veredas

O povaréu reunido em torno de Dias e Capanema — devidamente apetrechados com seus "uniformes científicos" — aplaudiu os dois argelinos de turbante escuro que chegaram à praça com quatro camelos. O mais velho dos condutores caminhava ao lado de um animal forte com uma sela que parecia uma barraca pequena, ou "uma casa de joão-de-barro com abertura para um lado", segundo Capanema. Ele conduziu o camelo até os expedicionários e, com uma reverência, indicou que subissem a bordo.

É provável que o dromedário escolhido para a primeira prova de aclimatação ao Ceará fosse Orelhonno, o macho número 1, o mais velho da tropa, sempre preferido pela docilidade. Bastou um toque nas costelas para que ficasse de joelhos até encostar a barriga no chão. Dias e Capanema saltaram para a cabaninha, acomodando os pés nos sacos de carga pendurados na sela. Então o argelino, que Capanema dizia chamar-se "Aschr" (possivelmente se tratava do nome árabe Hashir), deu um novo comando. Como fazem os camelos, Orelhonno ergueu primeiro as pernas traseiras com um forte impulso, jogando Capanema e Dias para a frente num solavanco inesperado; em seguida, espichou as dianteiras — e agora a guinada atirou os cientistas para trás. "Só não caímos porque não houve movimento lateral", calculou o engenheiro Capanema.

Um bando de meninos em algazarra acompanhou a caravana até a saída da cidade. Hashir, a pé, conduzia Orelhonno com Dias e Capanema sacolejando na casa de joão-de-barro; atrás seguia o segundo argelino, o jovenzinho Said, montado num camelo e puxando os outros dois, atulhados de mantimentos. Ainda integrava o grupo um garoto de Fortaleza, identificado apenas como O Moleque, que às vezes dividia a sela de Said, em outras preferia caminhar ao lado de Hashir. A expedição previa um percurso de cem quilômetros até Baturité, passando pela vila de Pacatuba. Nos primeiros metros da marcha, os galhos dos cajueiros que avançavam sobre a estrada desmontaram a vistosa tenda dos cientistas. Seguiram adiante com o rosto ao vento.

Capanema simpatizou com Hashir, que arranhava o francês. Gostava de vê-lo "ajoelhar-se com graça e boa vontade" sempre que se dirigia aos patrões. "É o único civilizado dos mouros. Parece até cristão." Hashir lhe contou que os argelinos se sentiam à vontade naquela paisagem e repetiu uma frase que ouvira em Argel: "O Siara é o Saara do Brasil". Garantiu que os doutores estavam se saindo bem com o camelo e que em oito dias se tornariam perfeitos beduínos. Capanema e Dias se animaram e pediram para que ele os ensinasse a conduzir Orelhonno sozinhos. Hashir mostrou como comandava o animal "com uma bengalinha e alguns monossílabos" e, por conta própria, arriscaram galopar. Na coluna "Os Ziguezagues", Capanema narrou a experiência:

> O camelo parecia mover-se lentamente, porém, um homem só correndo o podia acompanhar. Vencia-se muito caminho, mas, com as passadas largas, o camelo baixeava e alteava alternadamente o corpo, e isso com sofrível rapidez, de modo que as tripas dos cavalheiros, ou antes, cameleiros, eram sacudidas de um modo insuportável. Só tripa de mouro aguentaria impunemente tais choques.

O passo lento foi providencialmente retomado. Às vezes, os camelos cargueiros, mais ariscos, davam disparadas para o mato e precisavam ser recuperados. Numa dessas, Hashir saltou para segurar um fujão e caiu desequilibrado sobre uma moita de espinhos, machucando feio um dos pés. Como não tinha mais condições de andar, precisou improvisar um novo arranjo para a caravana. Passou a montar o camelo de Said, e o rapaz seguiu a pé, ladeando Orelhonno com seus cameleiros de primeira viagem e cuidando ainda dos outros animais. Capanema reclamou que O Moleque de Fortaleza mostrava mais talento para comboieiro de camelos que "este filho do deserto", além de mais jeito para arrumar as cargas mal-ajambradas e ajustar arreios.

A infelicidade de Hashir, a atrapalhação de Said e a incompatibilidade dos cientistas com o andar ondulante de Orelhonno desmantelaram o experimento planejado. Pouco antes de Pacatuba, quando ainda faltavam sete quilômetros para camelar, Dias e Capanema se declararam enjoados. Decidiram seguir a pé, comendo poeira até a vila, onde arranjaram cavalos para fazer o resto do percurso para Baturité.

O comboio parou na cidade por alguns dias para que Hashir tratasse o ferimento. Os camelos foram recolhidos num pátio, onde ganharam capim verde, mas preferiram comer a cobertura do galpão ao lado, feita de folhas secas de bananeira, destroçando-a por completo. Capanema admirava o paladar dos dromedários. Notava que eles gostavam da rama ressecada, saboreavam as pontas dos galhos onde não houvesse verde, traçavam mesmo as folhas velhas e crestadas da oiticica, rejeitadas até por gado magro. Mas trocavam qualquer dessas coisas por uma boa ramagem de ervanço ou de erva quebra-panela. Provaram até um punhado de milho, embora Hashir insistisse que, de grãos, só cevada.

No segundo dia em Baturité, Capanema anunciou que não estava mais suportando o fedor daqueles bichos. Precisavam de um bom banho. Dias retrucou que "a catinga era natural", e Hashir argumentou que no mundo de Alá ninguém banhava camelos. Mas Capanema insistiu na faxina e depois ainda comemorou que não tinha ocorrido nenhum acidente. Ao contrário, agora dava para ver melhor as feridas nos animais. Um deles tinha uma bicheira que os mouros trataram puxando os vermes com pauzinhos. Capanema custou a convencê-los a usar mercúrio para evitar nova contaminação. Em outro, foi possível enxergar um início de sarna. Hashir pediu para aplicar alcatrão, que não havia, e Capanema receitou água de fumo. Um terceiro camelo tinha uma ferida na orelha (sinal de Orelhonno de novo?), e Capanema preparou um curativo com sulfato de ferro. O argelino reconheceu o produto e exclamou que, enfim, lhe apresentavam um "remédio infalível".

Depois que o comboio voltou a Fortaleza, Capanema planejou uma segunda rodada de testes. Recomendou que os tratadores, acompanhados por um ajudante da Comissão já treinado, deveriam preparar — sem ele nem Dias, que já se davam por satisfeitos — uma nova viagem para avaliar a capacidade de carga dos animais.

12.
Ao sertão!

Em agosto, quando a cavalhada estava pronta e os peões e guias haviam sido contratados, a Comissão se reuniu para conferir os roteiros da expedição ao interior cearense. Pelo que acontecera até então, não havia dúvida de que cada chefe de seção mandava em seu próprio território. Freire Alemão não era o tipo apropriado para domesticar uma turma daquelas, nem faria força para isso. Ele não apreciava situações hierarquicamente obscuras, mas, no futuro, acertaria a questão com o próprio imperador. Além das animosidades e afinidades, no entanto, havia questões objetivas a considerar. Os variados interesses de pesquisa, as conveniências de abastecimento e as diferenças de tamanho das seções aconselhavam alguma divisão. A expedição foi separada em três comboios, com roteiros distintos. Cada um escolheu seu caminho e combinaram de se reunir, em dezembro, no Crato, para fazer um balanço da primeira fase dos trabalhos.

O primeiro comboio, com Freire Alemão, Lagos e o pintor Reis Carvalho, planejou a viagem inicial pelo vale do rio Jaguaribe. O segundo comboio, que era na verdade a comissãozinha paralela de Capanema, Dias e Coutinho, mirou o centro-sul da província. Os marinheiros da seção Astrológica e Geológica de Gabaglia, o comboio mais numeroso, seguiriam com os estudos do litoral e os levantamentos de alguns rios pelo interior.

Documentos, artigos e cartas enviadas pelos expedicionários permitem reconstituir grande parte da aventura. Freire

Alemão deixou também um detalhado diário sobre a viagem de Fortaleza ao Crato, recuperado pela historiadora Sylvia Porto Alegre em 2003.

Às cinco da tarde de 16 de agosto de 1859, pontual como se deve, Freire Alemão deixou o sobradão.[10] Ao lado de Lagos e Reis Carvalho, cavalgou para sudoeste. O verão estava apenas começando a desfolhar árvores e gretar o chão, mas já fazia muito calor. A tropa de trinta cavalos, com as carroças de roda de madeira cheias de bagagens e equipamentos, foi acompanhada até o rio Cocó, na saída da cidade, pelo presidente Silveira de Souza e por Gabaglia, que levou cinco de seus ajudantes para se despedir do chefe. Naquela terça-feira, as seções Botânica e Zoológica inauguraram a fase exploratória do sertão nordestino. Previam chegar em oito dias à cidade de Aracati, onde fariam uma estada mais demorada para as pesquisas.

Em uma hora e meia de cavalgada, o primeiro comboio chegou ao distrito de Messejana, hoje um bairro de classe média de Fortaleza. Freire Alemão procurou o subdelegado para levá-los a um local de pouso, conforme o combinado. Esperava alguma solenidade, mas encontrou-o, de camisa e ceroula, atrás do balcão da taberna, padrão de vestimenta que veria repetido em quase toda a viagem. Na maioria das paradas, a autoridade máxima do local seria um subdelegado, proprietário da birosca do povoado e invariavelmente estaria de ceroulas, alternando

---

10 O sobradão foi devolvido ao comendador José Antônio Machado, que recebeu 1750 contos de réis pelos sete meses de aluguel. Pouco depois, o proprietário apresentou uma conta de 17900 contos de réis pelos consertos dos móveis da casa. Era mais do que o governo central pagara pelo fretamento do Tocantins (15 mil contos de réis). "Se não houve compadrio nessa reparação, somos obrigados a convir que os inquilinos se portaram desleixadamente", conclui o historiador Renato Braga, que examinou as contas da Comissão.

a combinação com camiseta ou camisolão. O conselheiro se sentia um tanto insultado com esses trajes e jamais deixaria de registrá-los no diário.

O comboio foi acomodado na modesta casa da Câmara de Messejana, onde os expedicionários armaram as redes e prepararam uma frigideira de carnes e chá. No dia seguinte, às onze horas, sob um sol desumano, pegaram a estradinha de areia em direção à cidade de Aquiraz. Evitaram as passagens do rio Catu, que ainda estava muito cheio para as carroças pesadas. Numa volta um pouco maior, cruzaram dois rios rasos, atravessaram terras negras e arenosas que produziam mandioca e, à uma da tarde, vislumbraram o vale do rio Pacoti. Uma légua de largura coberta de carnaúbas e, em frente, sobre a esplanada da vasta duna de areias, Aquiraz, o histórico reduto dos jesuítas, conhecido como a primeira capital do Ceará.

O roteiro teve o início de costume. O subdelegado de Aquiraz, trabalhando em seu acanhado armazém, recebeu-os de ceroulas e camisa folgada. Os homens se acomodaram na casa da Câmara, mas Freire Alemão preferiu cavalgar com Reis Carvalho para a fazenda da Monguba, endereço do histórico colégio dos jesuítas. O que encontraram foi desanimador. As ruínas conservavam as paredes de cal da igreja central, construída em 1753,[11] sem teto nem telhas. As imagens e os adornos em relevo tinham sido arrancados, e os dois sinos originais, carregados com os esteios de sustentação para a matriz de Aquiraz. De um lado da igreja havia um claustro inacabado e, do outro, a casa dos padres, bastante destruída. O chão estava esburacado como um campo de garimpo. Nas duas construções, o solo fora revolvido à cata dos tesouros

---

11 Num parque bem cuidado em Aquiraz, hoje está preservada uma das paredes da igreja.

supostamente deixados pelos religiosos expulsos do Brasil.[12] "Vandalismo", lamentou Freire Alemão. Reis Carvalho passou a tarde desenhando as ruínas. Nascido em Niterói, magro, baixinho e orelhudo, ele tinha o rosto um tanto cômico, pontuado pelos bigodes bem retorcidos. Era apreciado na corte como pintor de flores, com um ateliê bem frequentado perto do largo do Rocio. O mestre Debret lhe ensinara os fundamentos para trabalhar as paisagens, que preferia às figuras humanas.

Depois da noite maldormida no pardieiro da Câmara, a tropa com as carroças partiu na frente, pois precisava evitar alguns rios no trajeto para Cascavel, a próxima parada. Freire Alemão e Lagos aproveitaram a manhã para visitar o prédio do arquivo da municipalidade de Aquiraz, que havia se comprometido a lhes franquear os livros. Para espanto, constataram que os arquivos não passavam de um armário bastante bem conservado. Afinal, não guardava os documentos mais antigos, já devidamente queimados.

Desde a saída de Fortaleza, Freire Alemão notara que Lagos andava irritado, mais abrasivo que de costume. Respondia com rispidez, os olhos negros chispando. Negligenciava o trabalho e ainda tinha acessos de fúria por motivos ordinários.

---

12 A expulsão dos jesuítas das colônias portuguesas foi decidida na esteira da reforma feita pelo marquês de Pombal, em 1759, que assegurou o direito divino do rei e, consequentemente, a possibilidade de intervenção nos assuntos da Igreja católica e a nomeação de bispos. Os jesuítas eram o ponto agudo das divergências, pois mostravam independência ao Estado e até à Igreja. A Companhia de Jesus estava no Brasil desde 1549. Com o decreto de Pombal, acabaram expulsos 670 religiosos que trabalhavam em colégios espalhados do Ceará a Santa Catarina. Todos foram presos, acusados de traição. O padre italiano Gabriel Malagrida, líder dos jesuítas, foi queimado em praça pública no Rossio, em Lisboa.

Praticamente não falara durante toda a cavalgada até a localidade chamada de Cajueiro do Ministro,[13] onde pernoitaram.

O dono do sítio que os hospedou era major da Guarda Nacional, casado com uma morena bonita, a quem lhes permitira ver uma única vez. Foram recepcionados na casa da farinha com um jantar. O major estendeu as redes e ajudou a acomodá-los, mas, como anotou Freire Alemão, não ofereceu água para banho e para os pés. "É coisa quase desconhecida pelas roças do Ceará."

O engenho produzia açúcar mascavo e não contava com escravaria. "Tenho apenas uns dois escravinhos", disse o major. "Trabalho com livres do país, pagando-lhes 320 réis por dia com alimentação, ou 640 a seco." Era um homem afável e convidou os visitantes para, dessa vez, almoçarem em sua casa. As mulheres da família não apareceram. Passavam rapidamente pelo corredor, dando espiadelas curiosas para a sala. O dono do engenho nunca se sentava à mesa. Ficava sempre em pé, servindo, conversando e dando ordens aos empregados.

Depois da jornada de coletas e caçadas no Cajueiro do Ministro, rumaram para o Alto das Cajazeiras pelas margens do rio Choró, que corria manso dois metros abaixo deles. Era o quinto dia da expedição, e Freire Alemão tinha o rosto vermelho de sol. Cavalgava ao lado do ordenança chamado José do Ó — "nosso factótum" — e de Lagos, que mantinha a cara amarrada e o mutismo. A raiva profunda que o parceiro parecia guardar desde o início da viagem explodiu num incidente corriqueiro, quando testavam a travessia do Choró num ponto conhecido como Passagem da Casa Forte. A ribanceira era alta, mas ali o braço de água quase negra não tinha mais que uns dez metros de largura. Mesmo assim, Lagos achou arriscado

---

13 O nome vinha de um rancho antigo, em frente a um vasto cajueiro. Seu dono hospedava ali ministros e ouvidores que visitavam a localidade.

para as carroças do comboio que vinham um pouco atrás, rangendo as grandes rodas. Então, sem dar tempo para ouvir outra opinião, começou a gritar que ninguém mais se importava com as cargas, os instrumentos imprescindíveis e as preciosidades da coleção zoológica. Reclamou da sorte, da lentidão da tropa, do trajeto infeliz; amaldiçoou Raimundo, o chefe dos condutores, e o fim do mundo do sertão. Quando os impropérios cessaram, o impasse foi resolvido de forma simples. José do Ó fez seu cavalo descer a ribanceira sem dificuldade, tocando-o para o rio. A água não chegou nem às abas do selim do animal.

No Alto das Cajazeiras, os expedicionários se ajeitaram numa casa de farinha que ainda estava movimentada ao entardecer. Os cavalos dos chefes foram dispostos num cercado e alimentados com jerimuns; os da tropa, apeados no campo. Sob o grande telheiro cercado de pau a pique apenas de um lado, várias mulheres espremiam e lavavam a massa para tirar goma, enquanto outras faziam tapiocas e beijus. Armaram as redes e comeram fatias de presunto assado com beijus e tapiocas que vinham lhes oferecer. Ficaram de conversa até tarde com as farinheiras e outros empregados. Depois, o grupo resolveu ir para uma casa vizinha e, ao som da rabeca e da viola, dançaram até de madrugada. Freire Alemão preferiu continuar na rede e dormiu ouvindo canções populares que, genericamente, chamava de "samba".

O vale do rio Pirangi foi o destino seguinte. O primeiro comboio se apresentou por volta das onze horas a um engenho localizado na Vargem da Serra, onde o dono os recepcionou com muita gentileza. Freire Alemão facilitava as coisas, amável e disposto a ouvir tudo o que cada um tinha a dizer. O fazendeiro ajudou a armar três redes para os comandantes na casa de farinha e mandou aprontar o almoço. Dois pratos de fritadas de carne-seca, farofa, beijus, meia dúzia de ovos duros e água suja de café. O conselheiro achou a bebida morna intragável, mas entornou duas canecas para não desfeitar o anfitrião.

Nas redes, depois do almoço, o fazendeiro começou a puxar conversa de um modo sempre objetivo, mas muito peculiar. Em vez de "redondeza", por exemplo, dizia "por esse redontório". Trocava "muito trabalho" por "muito labório". Entendia que o Ceará era o Brasil; Rio ou Europa, o estrangeiro. "Tenho visto na sua terra tantos meios de abreviar o labório, coisas vendidas por um preço tal que aqui no Brasil seria impossível fazer. Somos ainda muito brutos." Depois de um longo preâmbulo, encaminhou a prosa para a questão fundamental: o que, afinal, vosmecês estão fazendo aqui entre nós? Ouvira falar que os cientistas buscavam tesouros minerais "percorrendo todo o nosso Brasil". Porém, estava mais interessado numa suposta segunda missão dos hóspedes que abrigava e alimentava. "Eu aqui tenho tanto esforço para plantar, limpar e fazer a mandioca, desejava ver algum meio de fazer esse serviço mais depressa." Freire Alemão explicou que ensinar técnicas e modos de facilitar o trabalho não era uma especialidade nem a função deles. Então discorreu sobre os objetivos das seções Botânica e Zoológica. O fazendeiro ouviu atentamente a explanação até o final e, então, sentenciou: "Já vejo que com os senhores não ganho nada".

A Comissão Científica havia se preparado para encontrar minas, colecionar animais e plantas raras e demarcar as posições do Ceará no planeta. Mas não planejara nenhuma intervenção na realidade do sertão. Sobre a *manihot utilissima* de Pohl, a vulga mandioca, Freire Alemão só podia falar da incrível variedade que estava estudando. Da sutinga, que madura em seis meses, ou da manipeba, capaz de durar até dezesseis anos espalhando suas longas raízes pelo chão. Reconhecia não entender nada de agricultura, mas tinha a impressão de que "dava para plantar mais naquelas terras". A opinião bateu como uma ofensa no fazendeiro.

A diferente visão de mundo dos cientistas e dos sertanejos causava constrangimentos sucessivos. O dono do engenho na Vargem da Serra tinha doze filhos. Deixou as meninas com a mãe na porta da cozinha e os seis meninos foram apresentados aos visitantes. Freire Alemão perguntou se estudavam. O mais velho, de dezesseis anos, contou que fazia seis meses que eles tinham um mestre, mas que ainda não conseguiam sequer soletrar seus nomes. Com apoio dos irmãos, reclamou que costumavam levar surras por não aprenderem direito as lições. O conselheiro, como mestre compreensivo, recomendou que o pai tivesse mais paciência, pois os pequenos "não eram culpados da pouca inteligência". Sugeriu que, em vez de "bolos de palmatória", lhes aplicasse "bolos de aveia ou de milho", cada vez que acertassem as lições. O dono do engenho olhou para os matutos da fazenda que acompanhavam a conversa, soltou uma risada gaiata e retrucou: "Então vou mandar vir uma carga de rapadura para dar aos meninos!".

Ao anoitecer, os visitantes esperavam ser chamados para o jantar, mas o fazendeiro voltou à casa da farinha de um jeito diferente, mais seco e distante. Perguntou, pela primeira vez, se eles traziam comida. Polido, Freire Alemão respondeu que sim. O hospedeiro aquiesceu, voltou para casa e lhes mandou um bule de água suja de café. Definitivamente, as conversas sobre as necessidades do engenho e a educação dos filhos tinham abalado o senso de hospitalidade na Vargem Grande. Freire Alemão misturou rapadura no café para melhorar o gosto. No dia seguinte, o primeiro comboio tomou o rumo de Aracati.

13.
Peso da fama

Desde o início, o segundo comboio revelou um estilo oposto ao da turma de Freire Alemão e Lagos. Na partida, em Fortaleza, ao contrário dos companheiros que haviam viajado um dia antes, Capanema e Dias não contaram com uma comitiva oficial para acompanhá-los aos limites da cidade. Mas mereceram a despedida calorosa das amantes, a quem prometeram voltar logo e dar um jeito de arrumar uma casa melhor para elas morarem.

As seções de Mineralogia e Etnografia sofreram um pouco no princípio da jornada, com os animais se ajeitando às cargas, os arreios carecendo ajustes e guias atrapalhados com as veredas. Gastaram o dia inteiro para percorrer os trinta quilômetros até o distrito de Pacatuba, já visitado antes com os camelos. Ao pé da serra da Aratanha, o vilarejo não passava de duas ruas compridas e algumas transversais, com quatro singelos sobrados se destacando sobre o casario rústico. Havia algumas lojinhas de tecidos e bares estropiados que vendiam cachaça, fumo, queijo duro e rapadura.

Quem recebeu Capanema e Dias não foi um subdelegado de ceroulas, mas o capitão Henrique Gonçalves da Justa, fazendeiro rico, jovem e solteiro, que transformou sua residência numa república para os visitantes. Eles elegeram a casa como base de operações. Fariam incursões pelas redondezas sem precisar arranjar um local para pouso ou ter de montar acampamento. As noites de Pacatuba seriam sempre passadas naquele lar alegre e de mesa farta.

Itatinga, Jatobá, Jiboia foram alguns dos lugares explorados. Capanema estudou o vasto penedo de granito do Aratanha e colheu amostras do solo. Dias o ajudava nos trabalhos geológicos, pois, como era sabido, não existia mais nenhum sinal dos potiguaras naquelas paragens. A notícia de que havia doutores em andanças pelas redondezas se espalhara. Em cada povoado se reunia gente pedindo favores, tentando vender caro um serviço ou, sobretudo, querendo "consultar". Dias, cansado de explicar que eles eram doutores, mas não eram médicos, concedeu consultas e receitou mais de uma vez. Outra grande atração para o povo era a mágica câmera fotográfica de Dias. O encantamento dos sertanejos com a novidade inspirou o escritor Domingos Olímpio a criar no romance *Luzia-Homem* um personagem que relembra a passagem de Dias e Capanema pela região:

> Andavam encourados como nós vaqueiros; davam muita esmola e tiravam, de graça, o retrato da gente, com uma geringonça, que parecia arte do demônio. Apontavam para a gente o óculo de uma caixinha parecida gaita de foles e a cara da gente, o corpo e a vestimenta saíam pintados, escarrados e cuspidos, num vidro esbranquiçado como coalhada.[14]

A estadia em Pacatuba acabou se prolongando porque Capanema teve uma crise de erisipela numa das pernas. Recuperado, fizeram mais cinco léguas na direção de Aracape e contornaram a serra da Aratanha para chegar a Baturité. Ao entrar na cidade, dessa vez sem camelos nem argelinos, não estavam encourados como os vaqueiros de Luzia-Homem. Na estrada de terra que desembocava na modesta vila de 350 casas,

---

14 Os exploradores usavam como emulsão para negativos o colódio úmido, um fluido viscoso e transparente, que era aplicado sobre chapas de vidro.

via-se bem outra coisa. Na comissão de frente dos expedicionários vinha um moreno baixinho, com a camisa para fora das calças, caminhando ao lado de um louro comprido e barbudo, descalço, com as botas penduradas numa das mãos e as calças arregaçadas até acima do joelho. Não havia autoridade de Baturité para recebê-los. As notícias da esbórnia em Fortaleza já haviam pousado por ali, o que explicaria ainda outras tantas janelas fechadas, delegados esquivos e juízes inacessíveis que encontrariam pelo caminho.

O povoado tinha um comércio movimentado pelos produtos que chegavam da serra, onde havia 314 fazendas de café. Permaneceram até novembro fazendo jornadas pela região. Em Baturité, Capanema recebeu uma carta de Tomás Pompeu contando que vinham do Rio boatos sobre a iminente dissolução da Comissão Científica. Ele reagiu furioso. Respondeu que, se isso acontecesse, enviaria uma carta-protesto ao presidente da Academia de Ciências de Paris, cuja leitura seria feita em sessão solene. Escreveria ainda missivas em alemão para seus colegas em Berlim a fim de denunciar ao mundo científico internacional o "crime de lesa-ciência". "Serei mais acreditado que qualquer agente governamental", vangloriou-se. Na mesma semana, os rumores sobre a dissolução chegaram também a Freire Alemão, que andava por Icó, a 370 quilômetros de Fortaleza. A campanha de difamação da dupla Dantas-Moraes contra eles não cessava.

Na rota para Canindé, baixou uma onda de azar sobre o segundo comboio, e quase todos adoeceram. Por falta de guia, não puderam ir até a serra das Guaribas, como pretendiam. Depois se perderam em alguns roteiros e acabou faltando água. "Foi de mau agouro essa viagem", reclamou Dias. Seguiram para a localidade de Barbada, com o objetivo de examinarem uma mina de ferro que, no início do século, havia sido descoberta pelo naturalista João da Silva Feijó. A visita foi acompanhada por um agrupamento de curiosos procurando xeretar como os cientistas iriam extrair ouro e prata daqueles buracos — embora eles procurassem indícios ferrosos. Nada foi encontrado, mas o povo não arredou pé, desconfiado de que era pura dissimulação dos estrangeiros para não dividirem a riqueza.

A maré não melhorou quando tentaram explorar a localidade de Cangati, mas esbarraram em guias que pediam 20 mil-réis para conduzi-los. Capanema não topou o preço e lamentou "a falta que faz um regime russo" (na época, o regime tsarista) para pôr na linha essa gente que, "para andar três léguas num cavalo alheio, pede o que não ganha num mês".

Pelo sertão mais profundo, Dias e Capanema ficaram chocados com a tristeza das caatingas, a quietude das imensas várzeas, os povoados com casebres fechados e cheirando mal. Numa cidade miserável (*não revelaram o nome*), visitaram o presidente da Câmara Municipal, e o edil se apresentou com o que julgava ser um traje de gala: por cima da tradicional combinação camisa-ceroula, vestia um chambre multicolorido, usava cartola alta lustrosa e chinelos. Quixeramobim foi uma exceção. Capanema gostou tanto que comprou uma fazenda nos arredores. Pouco mais adiante, em Canindé, descobriu indícios de ferro suficientes para recomendar mineração. "Poderiam, pelo menos, produzir as próprias ferramentas para lavoura, em vez de usarem o ferro inglês de má qualidade que chega à província", anotou.

Em Icó, o comboio se estabeleceu por quarenta dias e, um tanto entediados, Dias e Capanema começaram a tramar o regresso a Fortaleza. Depois do encontro marcado com a Comissão no Crato, em dezembro, dariam um jeito de voltar à capital para passar algumas semanas descansando e namorando por lá. Capanema escreveu para Tomás Pompeu pedindo que alugasse uma casa fora da cidade, "para os lados de Jacarecanga", perto da Lagoa Funda. No sossego do arrabalde, o endereço seria ocupado pelas namoradas que aguardavam ansiosas a volta dos amantes expedicionários.

No caminho para o Crato, Dias conseguiu, afinal, encontrar selvagens. Ou quase, pois as aldeias estavam oficialmente invisíveis no Nordeste desde 1850, quando a nova Lei das Terras do Império considerou que os indígenas da região "se confundem com a massa da população" — e não precisavam de tratamentos especiais. Suas terras foram declaradas devolutas e, a partir daí, muitos grupos passaram a vagar pelo sertão, dependentes da boa vontade de autoridades locais ou da guarida de fazendeiros interessados em mão de obra semiescrava. Dias se animou com a notícia de que mais de cem indígenas do povo xokó estavam sendo aldeados por um coronel na serra do Salgadinho e rumou para lá, carregando os equipamentos de pesquisa que usaria pela primeira vez. Conforme as instruções da seção Etnológica, iria estudar os indígenas "em seus aspectos físico, moral e social", antes que desaparecessem. Pretendia fotografar guerreiros, medir crânios com os instrumentos antropométricos, documentar costumes e até realizar entrevistas para apurar o que os selvagens pensavam do homem branco e quais suas principais reclamações. Os xokós eram originários do Sergipe, de onde haviam sido expulsos no início do século pelos jesuítas e se espalharam por Alagoas, Pernambuco e Ceará.

Cachorra Morta era o nome do novo aldeamento dos xokós no Salgadinho. E ali não havia nada parecido com as idealizações de Ceci e Peri, mas também nada que lembrasse os mansos timbiras[15] que o poeta conhecera tão bem em Caxias, sur-

---

15 Os domesticados timbiras haviam sido aliados dos franceses e, desde então, mantinham contato amigável com os brancos. Outros povos indígenas, também da região do Itapecuru e Mearim, tinham grande tradição de violência, ao contrário dos timbiras. Padre João Vilar, um dos primeiros brancos a entrar em contato com os indígenas urubus, foi trucidado a pauladas (1719). Os fazendeiros da região aumentaram a importação de escravizados para suas terras e usavam os cativos para combater os indígenas. Em 1873, quinze anos antes da abolição da escravatura, havia 6550 escravizados só na vila de Codó, perto de Caxias.

gindo das matas para negociar plumagens, artefatos e grandes bolas de cera na cidade dos brancos. Dias se deparou com uma cena desoladora. O grupo xokó não passava de quarenta e poucos indivíduos, alguns visivelmente doentes. Viviam em extrema necessidade, sem comida e água. Cobertos de farrapos, já haviam decidido abandonar Cachorra Morta e se preparavam para iniciar mais uma andança sem destino. Não quiseram conversa com o forasteiro.

Dias deixou a serra do Salgadinho abatido. Tinha de partir logo para os confins da Amazônia, onde ainda havia selvagens para estudar.

14.
A voz dos donos

Ainda era cedo quando Freire Alemão escutou os gritos. Mais uma vez, a vizinha, filha do boticário da cidade, estava batendo nos escravizados. A mulher, que tinha fama de ter matado a pancadas uma cativa, desancava sem dó uma jovem negra. Contava-se que a crueldade era uma tradição de família. Ela crescera vendo a mãe castigar as negras metendo-lhes tições acesos no rosto. Agora também martirizava sua escravizada na frente dos filhos. E os meninos davam risadas, se divertiam. Do quarto, Freire Alemão ouvia até os gemidos da moça. Foi para a sala pensando em fazer alguma coisa, mas ficou andando de um lado para outro, sem ação. Enquanto hesitava, Lagos, que ocupava o dormitório de cima, abriu a janela e gritou para a vizinha parar com a malvadeza. A filha do boticário correu para a rua:

— Quem diabos fala aí?

— Diabo é essa mulher bárbara! — devolveu Lagos.

A vizinha esbravejou, mandou que ninguém se intrometesse, e Lagos a chamou de desumana. "Se fosse na minha terra, a senhora estaria na cadeia." Aproveitando a confusão, a escravizada escapou pelo quintal e correu para a casa dos cientistas. Rogava que comprassem sua alforria antes que a dona a matasse. Vestia roupa suja, tinha o corpo cheio de feridas e um corte largo sangrando na cabeça. Lagos cogitou levar a moça para o juiz de Aracati, mas achou melhor uma solução familiar. Foi à casa do boticário, o sr. Teixeira, e contou a situação. Teixeira chamou a filha, ralhou com ela e prometeu que, se o genro não tomasse pulso, ele mesmo garantiria "o fim daquelas coisas".

À noite, no quarto, Freire Alemão remoeu o episódio no diário. Escreveu que não tinha reagido à violência por achar que a polícia nada faria para punir a mulher, pois "algo haveria depois". Ele assistira a cenas semelhantes desde a infância. Recentemente, em Fortaleza, tivera como vizinha uma fera que surrava a criadagem com hora marcada e depois chamava a criançada para terminar o serviço. E também não reagira. O fato de famílias proeminentes em suas comunidades ensinarem os filhos a torturar seres humanos era ordinário no Brasil inteiro. Os nhonhozinhos ganhavam muito cedo seu "leva-pancadas", um negrinho para ser "apertado, maltratado e judiado como se fosse todo de pó de serra por dentro; de pó de serra e de pano, como os judas do Sábado de Aleluia, e não de carne e osso como os meninos brancos", descreveu o antropólogo Gilberto Freyre. Esse hábito da terra, denunciado no início do século XIX pelo viajante inglês Henry Koster, faria estragos duradouros na alma brasileira, como Freyre mostrou em *Casa-grande & senzala*.[16]

16 "É de supor a repercussão psíquica sobre os adultos de semelhante tipo de relações infantis — favorável ao desenvolvimento de tendências sadistas e masoquistas. Sobre a criança do sexo feminino, principalmente, se aguçava o sadismo, pela maior fixidez e monotonia nas relações da senhora com a escrava, sendo até para admirar, escrevia-o o mesmo Koster em princípios do século XIX, que 'encontrem-se tantas senhoras excelentes, quando tão pouco seria de surpreender que o caráter de muitas se ressentisse da desgraçada direção que lhes dão na infância'. Sem contatos com o mundo que modificassem nelas, cómo nos rapazes, o senso pervertido de relações humanas; sem outra perspectiva que a da senzala vista da varanda da casa-grande, conservaram muitas vezes as senhoras o mesmo domínio malvado sobre as mucamas que tinham na infância sobre as neguinhas suas companheiras de brinquedo. 'Nascem, criam-se e continuam a viver rodeadas de escravos, sem experimentarem a mais ligeira contrariedade, concebendo exaltada opinião de sua superioridade sobre as outras criaturas humanas, e nunca imaginando que possam estar em erro', escreveu Koster das senhoras brasileiras." Gilberto Freyre, *Casa-grande & senzala*. Rio de Janeiro: Schmidt, 1933.

Em Aracati, assim como as esmolas e as consultas médicas, a todo momento os cientistas recebiam pedidos para comprar alforrias. Certa vez, uma negra que lhes servia o jantar toda noite pediu ajuda para libertar a filha. O proprietário cobraria só quatrocentos réis pela criança, menos do que um peão ganhava pelo dia de trabalho. Freire Alemão e Lagos foram conhecer Martinha, como se chamava a linda menina de seis anos, e decidiram rachar a alforria. Na hora do acerto, o dono exigiu seiscentos réis. No diário do conselheiro, não fica claro se eles fecharam o negócio.

O primeiro comboio permaneceu quase um mês trabalhando em torno de Aracati, centro comercial do vale do Jaguaribe, a dez quilômetros da foz do rio. A política cearense se refletia de forma extremada na cidade. Em determinada rua só moravam "caranguejos", como eram chamados os conservadores; em outra, apenas os "chimangos" liberais. Nem sequer se cumprimentavam. Viviam desconfiados e alertas uns contra os outros e não admitiam dissidentes. Conversando com gente das duas facções, Freire Alemão concluiu que os separavam, na verdade, históricas divergências entre as famílias Pacheco e Caminha. A política era só um pretexto, o que não tornava as disputas menos violentas nem as eleições menos fraudulentas. O aracatiense tinha reputação de ser tão encardido nas lutas políticas que recebia convocações para reforçar disputas em povoados vizinhos. Pelo que Freire Alemão ouviu de um fazendeiro, o clima para a eleição do próximo ano prometia: "Essa aqui é a bengala das eleições", disse o homem enquanto acariciava um bastão de aroeira pesado. "Ainda é virgem, mas pode ser que sirva em 1860." A Comissão Científica estaria ali para confirmar.

Depois de duas semanas na cidade, Freire Alemão, Lagos e Reis Carvalho foram convidados para um almoço no casarão do líder dos chimangos, o dr. Pacheco, considerado o homem mais rico do lugar. "Um almoço asseado, bem-feito e com boa louça", anotou o conselheiro, com sua elegante caligrafia. O cardápio: galinha ao molho pardo, bifes, torta de ostras, ovos estrelados, ovas de camurupim, queijo na frigideira, pão e um "sofrível" vinho branco. À tarde, quando já estava de volta à casa, Freire Alemão recebeu a visita de um filho do coronel Caminha, o chefe dos caranguejos, solicitando que fosse ver o pai adoentado. Uma charrete nova, conduzida por um cocheiro negro de libré reluzente, levou o conselheiro até a casa de campo de Caminha, que não possuía tanto dinheiro quanto Pacheco, mas era de família mais aristocrática e antiga. Freire Alemão constatou que o patriarca tinha um tumor sobre a clavícula e recomendou que se tratasse em Paris.

Num mesmo dia, os dois chefes políticos da apartada Aracati tinham dado um jeito de se encontrar com a Comissão Científica. As famílias ricas viviam num mundo particular. Só frequentavam a igreja da Matriz, deixando a de Nossa Senhora dos Prazeres para os mulatos, e a pequena capela do Rosário, para os negros.

Freire Alemão foi convidado certa noite para uma apresentação amadora de teatro na residência de uma senhora proeminente. Fazia um calor insuportável e estava adoentado. Mesmo assim, suportou assistir a duas peças, uma farsa e uma comédia. Considerou razoável o desempenho dos atores, exceto os rapazes que representavam damas, excessivamente constrangidos nos papéis.

Em saraus como esse, o conselheiro percebeu que, mesmo rachada entre caranguejos e chimangos, a elite local tinha outra coisa em comum além da posse de terras e da produção de gado e algodão: o baixo apreço pela população em geral. Queixavam-se da indolência da gente de Aracati, pouco afeita ao trabalho, inconfiável na época das safras. Diziam que o povo costumava "furtar", verbo usado para o golpe de pedir dinheiro adiantado e dar no pé. Freire Alemão anotou: "Todos se queixam da falha da polícia, isto é, querem que o governo obrigue esses homens a trabalhar!". As opiniões definitivamente não batiam com as impressões do visitante. De início, ele achara que, "em geral, os homens aqui, como na capital, são mesquinhos e um tanto ciganos". Mas logo ficou impressionado. "É gente industriosa." Via as mulheres trabalhando em bordados, traçando belos desenhos que chamavam de "labirinto"; e homens dando duro na fabricação dos produtos da carnaúba. "É notável que, por toda a parte por onde tenho andado, se vejam sempre aracatienses empregados em vários serviços e em negócios." Havia só duas indústrias, ambas tocadas por estrangeiros: o curtume de um francês, cuja produção era exportada; e a fábrica de sabão, velas e licores de um espanhol. Pelas ruas, passavam carros de bois cheios de fardos de algodão levantando poeira e espantando as galinhas e os porcos que viviam soltos. O comércio era farto e barato. "Ontem à noite compramos quatro cumurins de três palmos cada um por duas patacas", contou, feliz como um turista.

Para homens da corte, outro fato intrigante era a tíbia noção de nacionalidade que constataram. Os cearenses encaravam até os vizinhos com algo além de estranheza provinciana. Chamavam o desprezado e temido Piauí de "Terra dos Sertões". Os pernambucanos e maranhenses eram sempre referidos como inferiores em inteligência, costumes e correção de linguagem. "O sonho dourado dessa gente é a independência", concluiu Freire Alemão. O ressentimento quanto ao descaso do Rio de Janeiro se ampliava com a alta conta conferida à grandeza do Ceará. "Seu estribilho é sempre: 'Deem-nos chuvas, dois meses só, todos os anos, que o Ceará não precisa de nada e pode fartar todo o Império'."

O primeiro comboio deixou Aracati em 15 de setembro, ao raiar do sol. Reis Carvalho levava dali uma série de aquarelas alaranjadas, com paisagens tristes e igrejinhas no meio do nada, e desenhos de tipos populares que encontrou. Os expedicionários atravessaram novamente o Jaguaribe numa viagem de vinte e poucos dias até Icó. Freire Alemão ia a ritmo mais lento que os demais, acompanhado por Bordalo, um dos caçadores de Lagos. Parava para atender doentes, pesquisar plantas, observar as vazantes, descrever as vaquejadas ou dividir um prato de comida com gente simples.

No caminho, visitou um sítio conhecido como Jatobá, perto de Russas, onde havia sido encontrada a ossada petrificada de um grande animal não identificado. A descoberta acontecera quando trabalhadores escavaram um terreno para fazer uma cacimba. Mas tinha sobrado pouca coisa. A ossada fora despedaçada na tentativa de separarem uma costela de quatro palmos de comprimento e quatro dedos de largura. O padre Manoel, que atendia uma capela nas redondezas, ficara com um pedaço do pé (o astrágalo) do animal e o deu de presente a Freire Alemão. O botânico repassou o osso para Lagos, que já havia comprado para o Museu Nacional uma cabeça de fêmur e uma vértebra.

15.
Miséria e penitências

Um meteoro riscou o céu a nordeste numa noite de domingo. "Deu um grande clarão e arrebentou, produzindo um som como de trovoada", registrou Freire Alemão. Outro dia, o deslumbramento foram as pombas, centenas delas em fila, num cordão de mais de meia légua. De vez em quando também havia os vaqueiros para apreciar — na caatinga, correndo atrás dos bois, ou nas festas, levantando o animal bravio pelo rabo, fazendo-o dar duas voltas no ar. O conselheiro escreveu no diário que a vida daqueles homens de couro ainda daria um grande romance brasileiro.

Qualquer acontecimento que servisse para aliviar a alma na andança pelos "territórios monstruosos do sertão" devia ser aproveitado ao máximo. As jornadas debaixo de sol a pino e a sucessão de noites maldormidas em rincões lamentáveis, onde só havia água leitosa e fétida para beber, testavam os limites do ânimo e dos nervos.

Freire Alemão adoeceu culpando a água da vila de Catinga do Góes. Estava deitado na rede depois da ceia quando começou a sentir dores no ventre e enjoo. Por volta da meia-noite, não conseguiu conter as necessidades e chegou a desmaiar. Enquanto baldes de limpeza e bacias de banho iam sendo trocados durante a madrugada, o médico formado na Sorbonne se tratou bebericando goles de cachaça. Acordou moído e decidiu seguir viagem para se livrar da Catinga do Góes. Mandou buscar meia garrafa de cidra, tomou e se sentiu bem. Daí para a frente passaria algum tempo sem água, entornando garrafinhas de cidra o dia inteiro.

Não havia noção de privacidade que resistisse a uma expedição como aquela. Por mais que fosse reservado e cioso dos bons modos, o conselheiro precisou ir se adaptando às circunstâncias. No início, ficava constrangido até com a nudez das crianças que, mesmo de famílias de maior posse, andavam sem roupas pelas ruas e praças. Em algumas casas onde pernoitavam, era comum homens e meninos entrarem sem cerimônia, "com chapéu na cabeça", curiosos de tudo. "Mesmo para mudar de roupa e não os desagradar, nos despíamos e vestíamos à vista deles, que achavam coisa muito natural." Em Jaguaribe-Mirim, certa manhã, Freire Alemão se levantou e foi ao rio tomar banho. Na margem havia muita gente, negros apanhando água para cacimbas, negras lavando crianças. Andou um pouco mais, sem achar lugar isolado, até um ponto onde pescadores estendiam as redes e uma mulher solitária os aguardava na praia. "Não havia mais a escolher, despi-me e banhei-me à vista de Deus e de todo mundo." Ninguém prestou atenção nele. Ficou um longo tempo descansando ali no rio, olhando a paisagem e observando as aves ribeirinhas que mariscavam por perto. "Eram tetéus, socós, garças, jaçanãs, piaçocas e narcejas", anotou no diário.

Depois de dois meses de cavalgadas, o conselheiro andava cansado e melancólico. Passava noites tristonhas, com saudades da família, relembrando os amigos do Rio. Sentia falta dos sobrinhos, filhos de Freirinho. Achava que Lagos, cada vez mais intratável, amarrava a viagem com pescarias, namoricos ou outras bobagens. Tinha pressa em chegar logo ao Crato, e cada vez que o comboio demorava em alguma paragem, lamentava estar perdendo "tantas árvores que já floriram por lá".

A miséria ao redor também não ajudava. Os sábados eram reservados para prestar consultas — além dos chamados de urgência que atendia o tempo inteiro. Formavam fila à sua porta. Medicava em localidades onde havia um número enorme de gente cega. Poucas crianças não tinham moléstias nos olhos. Outra doença que considerou singularmente comum era o estreitamento agudo de esôfago. Morria-se muito de "congestão", de "derramamento cerebral" ou apenas de "estupor", como diziam. Por trás de tudo, a banalidade da fome. Crianças e adultos penavam para almoçar farinha de mandioca e jantar cuscuz de milho. Quando alguém ganhava um raro dinheirinho, comia um mamão que custava só um vintém ou corria à venda para comprar vísceras. "Peço dois vinténs de coração, quatro vinténs de fígado e mais uns dois vinténs de não me lembro o quê e com isso fazemos um cozido com pirão", contou-lhe uma mulher durante a consulta. Freire Alemão anotava esses casos e informações para o relatório de viagem que os expedicionários planejavam publicar junto com as pesquisas.

No povoado de Lavras, conheceu os penitentes que andavam assombrando o sertão. Já passava de meia-noite quando começou a ouvir um canto grave vindo da igreja. A melodia monótona lhe infundiu um intenso sentimento religioso. Então ouviu o tinido metálico das "disciplinas", as lâminas de ferro afiado usadas pelos penitentes para se martirizar. Sentiu um arrepio de horror. Lagos e Reis Carvalho, que também tinham despertado, resolveram se esgueirar em silêncio até o templo. Freire Alemão, os Vila Real e Freirinho seguiram atrás. Atentos aos barulhos, pararam na porta, sem coragem de entrar. Sinal da cruz, genuflexões rápidas, e correram de volta para casa como moleques em fuga.

Mal haviam deitado, perceberam a procissão passando pela calçada. O canto se transformara num gemido fundo e uníssono, puxado por um negro atlético de torso nu, com as ceroulas arregaçadas até o meio das coxas. Carregava uma grande pedra na cabeça e, na mão, um tijolo que batia forte no peito enquanto pedia esmolas.

Pela manhã, foram conferir a igreja. As paredes estavam respingadas de vermelho até a altura de um homem. O ambiente cheirava mal e no chão ainda se viam poças de sangue. Segundo Freire Alemão apurou, as penitências tinham sido introduzidas em Lavras havia dois ou três anos por um fanático religioso, o padre Agostinho. Ele pregava pelo interior, deixando por onde passava um rastro de igrejas, casas e matos ocupados por bandos de penitentes dispostos até a morrer de abstinência. Em algumas localidades, esses crentes já não cabiam nos templos e tomavam as praças para se "disciplinar". As famílias em geral tinham pavor deles, que acusavam de facínoras e ladrões de cabras e galinhas. Freire Alemão concordava que "muitos podem ser levados a isso por remorsos de grandes crimes", mas também achava possível a "exaltação e o fanatismo religioso" influenciarem gente boa e humilde. "Seja como for, o negócio não deixa de ser grave."

No sertão, o botânico cruzou os leitos secos dos rios e se dedicou a estudar as teimosas árvores — oiticica, marizeira e juazeiro — que, apesar de toda aridez, "não se despojam de suas folhas". Pelo chão gretado, catou para o Museu Nacional plantas sem folha, mas com flores notáveis, e mostras de carnaúba, pereiros e mulungus. Colheu madeiras, resinas e óleos suficientes para doar a outros museus do mundo, como pretendia.

O rigor da marcha, que já marcava o sexagenário Freire Alemão, em Lagos, provocava mudanças abrasivas. Nervos em pane, ele temperava com mesquinhez e prepotência suas brigas por trocados, comida ou sexo. Num sítio em Cachoeira, enfureceu-se pechinchando uma galinha-d'angola que custava uma pataca. No dia seguinte, comprou de uma menina um lencinho por dois réis e se vangloriou de que valia mais de cinco. Outra vez, acusou os donos da casa onde se hospedavam de terem roubado arreios — que mais tarde encontrou, sem se desculpar com ninguém.

Em Boa Vista, Lagos entrou faminto, intimando em voz alta qualquer um que via pela frente. Queria comprar uma galinha e ameaçou dar tiros nas aves de um caboclo desinteressado em vender a criação. "Com a galinha morta, abrem os preços." Depois cobiçou os perus ciscando perto da casa do vigário, que acabou convencido a receber os chefes dos exploradores. Como não tinha comida pronta para oferecer, o padre Rabelo, um pernambucano de pouca instrução, mas muito jeito, pediu para as vizinhas prepararem um dos perus. Cobrou dois réis e comeu junto com as visitas, oferecendo queijo e vinho. O vigário morava numa casa ampla e fresca com vista para o rio e para a serra do Pereiro. Depois da ceia, muitos moradores se aprochegaram para conhecer os cientistas. Entre eles veio o ferreiro da vila, acompanhado das filhas, duas moças muito bonitas. Lagos vidrou numa delas e foi petulante com o pai, que reclamou da aproximação. O padre Rabelo precisou intervir, decretando que a reunião tinha acabado.

Ao relembrar no diário os incidentes de Boa Vista, Freire Alemão ressaltou que Lagos passava dos limites quando se "apaixonava" e "podia ser cruel com quem julgasse rival". Lembrou que, alguns dias antes, havia destratado e ameaçado um pobre homem por não lhe entregar a filha desejada.

Nem mesmo nas brigas entre chimangos e caranguejos Freire Alemão costumava se meter. Como conselheiro do imperador, via-se acima dos politiqueiros. Achava que conflitos pessoais em geral decorrem da derrota da razão ou da incompreensão do lugar de cada um nessa terra de Deus. Era insuperável seu incômodo sempre que alguém iniciava uma discussão em frente a subalternos. Apenas calava, com as mãos cruzadas no peito e os olhos baixos. Agiu assim nas várias vezes que Lagos o desautorizou com os ajudantes e só protestou (mas apenas no diário) depois de engolir muito desaforo. O desabafo veio na noite de 6 de novembro: "Que homem singular! Que gênio desabrido!". Anotou que os trabalhos da seção Zoológica estavam abandonados, enquanto o responsável andava "à matroca, apenas enchendo alguns pássaros já muito cediços", ou correndo atrás de "coisas inteiramente estranhas e que só poderiam ser assunto secundário". Freirinho e os irmãos Vila Real, segundo ele, protestavam pelos trabalhos incompletos ou absurdos repassados por Lagos. "Acha-se senhor de si e de seu tempo." Os atrasos do primeiro comboio aconteciam porque se entretinha bisbilhotando os livros das Câmaras e percorria distâncias desnecessárias atrás de meras curiosidades. "Ocupa-se em relações com a gente mais ínfima, frequentando as alcovas e entretendo alcoviteiros e faladores para obter deles segredos de família. As noites são todas entregues à devassidão — esta é para ele sua primeira ocupação."

Para os padrões de Lagos, era pouca ocupação. Ele reclamava de monotonia. Pouco antes do reencontro com o restante da Comissão no Crato, chegou a promover, na falta de divertimento melhor, uma cerimônia cívica na tristonha vila de Lavras, envolvendo as duas escolas, a guarda municipal e as autoridades locais. No dia 2 de dezembro, data da comemoração do nascimento de Pedro II, Lagos avisou Freire Alemão que se preparasse no final da tarde, "em grande fardamento", para a cerimônia da arriação da bandeira na praça central. Depois haveria baile na Casa da Câmara.

Freire Alemão vestiu a casaca, Lagos enfeitou a sua com um monte de condecorações e Reis Carvalho botou a sobrecasaca militar. Na praça lotada, três oficiais comandavam a banda e a guarnição fardadas. Levavam também um canhãozinho para reforçar a salva de tiros. Depois do hino, o conselheiro deu vivas ao imperador, à bandeira, à nação brasileira, à província do Ceará e aos habitantes de Lavras.

À noite, Lagos se refestelou na Casa da Câmara, um pobre galpão de telha-vã, mobiliado com bancos toscos. Dançou quadrilhas com as damas, cantou-lhes fados e se embriagou.

16.
Cariri, antes do pau de arara

O terceiro comboio dos expedicionários, apesar de numeroso e pesado, andou rápido nos primeiros seis meses de pesquisas pelo interior, percorrendo mais de duzentas léguas. O plano inicial da seção de Astronomia e Geografia estava praticamente cumprido no final do ano. Gabaglia dividira os assistentes, todos primeiros-tenentes da Marinha, em quatro grupos. Borja de Castro seguiu na direção da vila de Imperatriz; Santos de Souza foi pelo centro do Ceará; Lassance Cunha palmilhou o rio Jaguaribe no rumo de Russas; e ele se encarregou da Serra Grande até o Piauí, junto com os oficiais Soares Pinto e Barbedo. Além de determinar a posição geográfica dos pontos mais importantes, estudaram a natureza dos leitos dos rios, medindo os volumes de água e a velocidade das correntes. Em várias localidades pelo caminho, furaram poços artesianos.

Em dezembro, os oficiais de Gabaglia trabalhavam ao norte, longe da região do Cariri, e foram dispensados de comparecer ao reencontro da Comissão, programado ainda em Fortaleza. O chefe era o único membro do comboio aguardado no Crato, mas Gabaglia não compareceu. Estava em Sobral, onde praticamente morava. Apaixonara-se por uma beldade local, Maria da Natividade, e andava envolvido com os preparativos do casamento. De uma família de fazendeiros descendentes dos primeiros colonos portugueses que chegaram à sesmaria do Ceará, a moça era irmã do futuro barão de Sobral, José Júlio de Albuquerque Barros. Gabaglia voltou ao Rio, no fim da viagem, casado com Maria da Natividade.

Freire Alemão e Lagos foram os primeiros a chegar ao Crato, no dia 8 de dezembro. No meio daqueles sertões ardentes, a cidade lhes pareceu um oásis. Instalaram-se numa casa espaçosa, junto com Freirinho e os Vila Real. O Cariri era um campo propício para as pesquisas botânicas e zoológicas, e eles planejaram ficar uns três meses por ali, perto das divisas com Pernambuco, Paraíba e Piauí. Contrataram uma baiana miúda, com fama de boa cozinheira, para cuidar da comida.

No diário do conselheiro, a primeira observação sobre o Crato registra seu espanto por não ver bêbados pelas ruas, como ocorria em outras cidades. Em seguida, reclamou do assédio e da dificuldade para driblar uma enormidade de pedidos de consulta, dinheiro ou "presentes a vender", costume local que tratou de explicar: "[…] trazem-nos um presente (são ovos, mangas, animais, galinhas etc.) e pedem uma esmola que deve ser superior ao valor do presente". A indigência era descomunal e penosa de encarar. "Uma das coisas que mais nos atormentam aqui é a quantidade de pobres, de órfãos, de aleijados, de cegos e de presos da cadeia. É uma miséria terrível, e não podemos satisfazer a todos e nos achamos em grande embaraço." Pelas redondezas, topavam com meninas e meninos levando vida selvagem, sozinhos em cabanas, alimentando-se das marangabas e dos jatobás da mata. Em contraste com a penúria, a natureza riquíssima da região. A seca não era suficiente para explicar tanta miséria.

Freire Alemão constatou que só o monte do Araripe, coberto de uma vegetação única, já merecia mais tempo de pesquisas do que previam. Do alto, ele vislumbrou, a perder de vista, as montanhas do Cariri. O Crato, abaixo, pareceu-lhe "mais um montão de pedras que uma cidade". Ficou maravilhado com as encostas, cheias de talhados de onde jorrava água límpida e perene. Estudou maçarandubas e bálsamos corpulentos e, nas matas ao pé da serra, cedros e angicos. Juntou frutos de mandacaru nas sementeiras destinadas ao Jardim Botânico do Rio. Em herborizações, que levavam até uma semana de trabalho, colheu partes ativas de muitas plantas para teste em uso medicinal e industrial. Muitas vezes era ajudado por turmas de meninos dispostos a subir até os galhos mais altos para alcançar as flores.

Para amenizar a longa estada e a rígida rotina que impôs para as pesquisas, Freire Alemão tratou de fazer amizades no lugar. Cultivava uma roda de conversa, nos finais de tarde, em frente à casa do juiz, o dr. Antônio Sucupira, homem cego e "muito noticioso". Em cadeiras na calçada se reuniam o promotor, o delegado, o boticário, fazendeiros ou apenas gente simples com histórias misteriosas para contar ao cientista da corte. Uma, muito repetida e das que mais o divertiam, era a dos "morcegos embocetados". Em Aracati já ouvira falar desse tipo de morcego que, atirado contra o chão, se partia, saindo um outro vivo de dentro dele. Logo descobriu a razão de tantos relatos sobre o "embocetado". Espalhara-se na cidade o boato de que os visitantes ofereciam dinheiro a quem provasse a existência do bicho. Outros casos falavam de lugares onde, cavando-se uma cacimba, juntava água e de imediato apareciam os peixes brotando da terra. A roda de conversas ia tecendo a crônica do Crato: um comandante da polícia espancado numa briga entre soldados na praça; o valentão que perdeu um olho num acidente com o bacamarte e repetia que para viver basta uma vista — ter duas é vício; ou os rumores de que a seca vinha matando gado para os lados de Pernambuco.

Com os novos ares, o azedume de Lagos tinha amainado. Ele andava em intensa atividade, sempre impecavelmente trajado, com as reluzentes botas negras de couro macio até acima do joelho, caçando pássaros, lagartos, cobras e besouros. O tamanduá-bandeira já havia morrido. Reuniu mais de cem animais e entupiu os Vila Real com peles e Freirinho com plantas que tinha interesse em classificar. Durante vários dias, Lagos e Freire Alemão dividiram trabalhos sem desavenças. O conselheiro também começou a revelar mudanças de comportamento. Desde quando iniciou o diário, quase um ano antes, ainda na capital, jamais se referira a uma mulher de modo a indicar qualquer atração ou intenções sensuais. Sempre falava de senhoras respeitáveis a quem atendia como médico ou entretinha em conversas fúteis. De repente, no Cariri, passou a fazer apontamentos claramente maliciosos. "Tomamos chá no quarto de Lagos bem (*sublinhado*) acompanhados", escreveu um dia. Em outras páginas, foi mais específico: "Hoje às oito horas tomamos chá no quarto do Lagos em boa companhia, eram quatro negrinhas do Crato". Também para um chá, registrou a recepção em seus aposentos da "bela Maria". Depois disse ter se esquivado da irmã da moça, que o convidou para uma visita: "Creio que havia segunda intenção na menina". Pouco mais adiante, escreveu sobre três "formosas mulatas", sobrinhas de uma paciente. "Na despedida, aproveitei apertando-as bem."

No dia 20, o conselheiro acordou com dor de garganta e febre e decidiu trabalhar em casa. Tratou-se com doses de sulfato de quinino até que, na véspera do Natal, já não se levantava da cama. Passou o dia no quarto, suado e tossindo, imaginando a família reunida no Rio. Por volta da meia-noite, ouviu o barulho do povo chegando para a missa. "Há um grande rumor e gritos e rezas de rapazes, crianças e estalos de fogos da China atirados no meio do povo." Naquele Natal, o devoto Freire Alemão não saiu de casa nem para ir à igreja. Só voltou a experimentar o que era acordar bem-disposto no primeiro dia do ano de 1860.

Discretamente, o segundo comboio chegou ao Crato em 25 de janeiro, mais de um mês depois do combinado. Dias e Capanema entraram na cidade de manhã bem cedo pela rua do Vale, que passava nos fundos da casa de Freire Alemão e sua turma. De longe, acenaram para os companheiros nas janelas e tocaram para a residência do advogado Leandro Ratisbona, futuro deputado federal, que conheciam de Fortaleza. Freire Alemão enviou um ordenança oferecendo para se instalarem juntos, mas eles responderam que "já tinham casa". O chefe não gostou. Achou que merecia a cortesia de uma visita de apresentação e combinou com Lagos que ambos deveriam esperar até a noitinha para, só então, tomar a iniciativa de ir procurá-los, sem espichar picuinhas e gerar mal-entendidos. Lagos concordou, acrescentando que, melhor ainda, fossem separados, para evitar "solenidade". E saiu dali direto para a casa do dr. Ratisbona. Mais tarde, quando Freire Alemão apareceu junto com os Vila Real para visitar os companheiros, todos estavam sentados à vontade na frente da casa do advogado. "Receberam-me *mui* friamente."

É difícil avaliar o clima percebido pelo conselheiro no primeiro encontro depois das desavenças e os escândalos de Fortaleza. Levando-se em conta os escritos deixados por Dias e Capanema, não há dúvidas de que ambos o respeitavam, embora reclamassem dele em questões burocráticas. Até nas cartas mais pessoais que trocavam, repletas de farpas contra Lagos e outros, ele escapava quase ileso, merecendo apenas resmungos sobre suas manias monásticas. O botânico, porém, seguiu colecionando episódios sobre o distanciamento imposto pelos recém-chegados. No dia seguinte, relatou que Capanema foi à sua casa: "[...] esteve com Manoel (*Freirinho*) e Vila Real por mais de uma hora e retirou-se sem me falar, estando eu na sala!".

No terceiro dia, enfim, Capanema, Dias e Coutinho fizeram uma visita formal ao chefe. Discutiram roteiros e comentaram as crises políticas e os mexericos da corte. Capanema previu que o novo gabinete ministerial seria ainda mais antagônico à Comissão. O substituto de Olinda na presidência era o ministro da Fazenda Ângelo Moniz da Silva Ferraz, o barão de Uruguaiana, um dos mais importantes políticos do Império. Fina flor do conservadorismo baiano, Uruguaiana fizera carreira em cargos provinciais importantes, chegando a deputado e senador pela Bahia. Em 1857, como sinal de que era um nome em ascensão para o imperador, fora nomeado presidente da província do Rio Grande do Sul. Uruguaiana assumiu a chefia do governo com fama de ferrabrás do controle das despesas públicas. Que se preparassem para complicações, advertiu Capanema.

As duas casas dos expedicionários no Crato eram frequentadas pelo jornalista João Brígido, um estudioso da história e das tradições da região que passou a servi-los como cicerone. Brígido publicou n'*O Araripe* e enviou para *O Cearense*, da capital, algumas coberturas jornalísticas das excursões. Estava impressionado com o fato de os cientistas serem, apesar das posições, "tão fora de aparatos e etiquetas" comuns às autoridades que conhecia:

> Qualquer um mequetrefe, oficial da G.N. (Guarda Nacional), subdelegado ou outra entidade desta ordem, traz um lacaio, não lava os próprios pés, quer que se lhe tire o chapéu, anda pausado e com a cabeça derreada para trás. O dr. Capanema, ou qualquer um de seus companheiros, leva sol, chuva e sereno, anda a pé, quando é preciso, quebra pedra, ri-se com todo mundo e não se mostra superior a ninguém.

Brígido contou que Dias "enamorou-se bastante" da região e cogitou comprar um sítio à beira de um riacho, para retirar-se quando quisesse se esconder do mundo.

Os quatro chefes da Comissão aguardavam no Crato a liberação de mais verbas pelo governo cearense para seguirem em frente, numa arrancada que deveria durar seis meses. No início de fevereiro, porém, foram surpreendidos por um ofício do novo presidente da província, Antônio Marcelino, sucessor do impopular Cabeça de Cabaça. O documento informava não haver dinheiro para os pedidos de adiantamento recebidos, pois o crédito para essas despesas havia caducado no fim do exercício financeiro, em 13 de novembro. Tratava-se de uma questão administrativa, para ser superada sem dificuldades, segundo Freire Alemão. Mas Capanema afirmou que aquilo era a primeira rasteira de Uruguaiana.

Caso a suspeita se confirmasse, aí estava um inimigo peso pesado. Quase vinte anos mais novo que o marquês de Olinda, Uruguaiana era destemido e costumava atropelar adversários. Uma prova desse estilo desabrido ficaria evidente em poucos meses, quando baixou um imposto que ficou célebre com seu nome. A "Tarifa Silva Ferraz", de inspiração liberal, mas apoiada pela elite rural e pelos credores ingleses, reduziu as taxas de importação de navios, máquinas e ferramentas. Com a penada, Uruguaiana provocou a falência da primeira grande indústria brasileira, a Fundição e Estaleiro Niterói, do barão de Mauá, o mais audaz empresário do Império.

Capanema e Dias alegaram não ter condições de aguardar o fim do impasse porque as sobras de seus orçamentos "não ofereciam margem para demoras". Sem dinheiro, partiriam imediatamente para resolver, cara a cara, as pendengas em Fortaleza. Partiriam "escoteiros", ou seja, sem as cargas e em marcha forçada, deixando o comboio sob o comando do major Coutinho, que estava adoentado.

O historiador Renato Braga cismou com essa pressa toda. Ele resgatou uma carta enviada por Dias a Tomás Pompeu, um mês antes. Nela, o poeta já previa deixar o Crato em meados de fevereiro para passar o inverno na capital, na discreta casinha suburbana alugada para as namoradas. Além disso, a pretensão de discutir pessoalmente os entraves da burocracia se revelou inócua: no dia 17 de fevereiro, antes de Capanema e Dias chegarem a Fortaleza, o presidente Antônio Marcelino já tinha liberado o dinheiro.

17.
Entre a glória e o fracasso

Enquanto cavalgava ao lado de Capanema rumo ao aconchego de Fortaleza, Dias não sabia que um fantasma de camelo assombrava sua reputação no Rio. Comentava-se na capital que ele cometera um "camelicídio". Por imperícia, coisa de borboleteiro da corte bancando explorador, teria despencado numa ribanceira montando um dromedário importado. O animal quebrou uma perna e precisou ser sacrificado, dizia o boato.

A origem do caso havia sido um documento oficial que chegou à imprensa carioca e virou motivo de troça no Senado, com direito a discursos mordazes dos inimigos de sempre. Para quem já levara as pechas de perdulário e deflorador, agora vinha mais essa. "Eu suporto tudo, exceto o que cheira a desaforo", reagiu o poeta quando soube da mais recente onda de intrigas.

O episódio do finado dromedário não tinha nada a ver com ele. Aconteceu no final de outubro, em Fortaleza, quando o comboio de Dias e Capanema, longe dali, ainda se enrolava para alcançar o Crato. A equipe que cuidava dos animais fora autorizada pela nova administração da província a fazer outra viagem experimental a Baturité, dessa vez para testar a resistência das cobaias argelinas com cargas de açúcar e café de particulares (os fazendeiros colaboraram com o experimento em troca do transporte de graça). No trajeto, um dos camelos cargueiros se acidentou e, devido a cuidados inadequados, acabou morrendo, segundo o ofício que o presidente Antônio Marcelino enviou ao governo central a título de balanço do programa de aclimatação. No entanto, alguém do gabinete de Uruguaiana teve a malícia de repassar uma cópia truncada do documento aos jornais, de maneira que as duas caravanas — aquela em que Capanema e Dias sacolejaram na corcova de Orelhonno e a segunda, a fatídica — se confundissem.

Dias só se inteirou da maldade quando começou a receber cartas de amigos preocupados com sua saúde. Ficou sabendo também que, numa sessão da Câmara, o diplomata Sérgio Teixeira de Macedo, ministro dos Negócios do Império, citara seu nome no caso, dando ar oficial aos mexericos que o dispunham na garupa da besta acidentada. Numa correspondência com o sogro Cláudio Luís da Costa, a quem tratava de "meu bom pai e amigo", Dias contou: "O negócio dos camelos não o soube somente pela sua carta, meia dúzia de pessoas me escreveram a esse respeito". Queixou-se que o ministro havia sido leviano e que demonstrava "tanto desaforo como covardia".

O barulho em torno do "camelicídio" deixou Dias tão agastado que, meses mais tarde, ele ainda não tinha tirado os detratores da cabeça. Inspirado em Teixeira de Macedo, escreveu o poema satírico "Que cousa é um ministro" e, já na primeira estrofe, chamou o desafeto de "sandeu", ou seja, "pateta", como se diria hoje em dia:

O ministro é a fênix que renasce
Das cinzas de outro, que lhe a vez cedeu:
Nasce um dia como o sol que nasce,
Morre numa hora como vil sandeu.

Depois do incidente fabricado — mas popularizado nos chás dos palácios cariocas —, os camelos viraram uma praga. Aproximar-se do caso ou levantar discussões sobre o plano de aclimatação era flertar com o escândalo. Não houve cientista que passasse por perto deles outra vez. Não se conhece uma ilustração sequer dos camelos no Ceará, o que é intrigante, dada a variada produção de Reis Carvalho, com mais de cem trabalhos preservados. Que desenhista resistiria a ter um camelo como modelo?

Na viagem de regresso à capital, Capanema e Dias passaram por Sousa, na Paraíba, e Pau de Ferros, no Rio Grande do Norte. Em Limoeiro (CE), reencontraram a tropa com as cargas, mas sem Coutinho, retido no Crato para cuidar da saúde. Os cavalos do segundo comboio estavam bastante estropiados depois do duro caminho percorrido. O de Dias já tinha os cascos metidos em botas de sola. Em Russas, conseguiram trocar as montarias e descansar por uns dias antes de tomarem a direção do litoral, pelo vale do Jaguaribe.

Dias teve febre alta e andava fraco e sem ânimo, preocupando os companheiros com os primeiros sintomas de uma crise mórbida que, em menos de um ano, o abateria no Amazonas. Capanema não via mais no poeta nenhuma estilha daquele parceiro com quem convivera no Rio e em Paris, "que frequentava quanto teatro havia, não perdia baile, namorava por dez, como se fora Cupido armado e munido de asas, e aguentava como um granadeiro da Velha Guarda as bestialíssimas discussões dos salvadores da pátria". Agora, em vez de versos, observava Dias escrever com "a mão pesada e o espírito bastante indolente que só de quando em quando acordava".

A Comissão regressava a Fortaleza bem menos altaneira. O sertão fora malvado com eles. Os expedicionários sentiam a diferença no próprio corpo. Capanema sofria crises de erisipela e febre, Lagos e Freirinho tiveram problemas cardíacos e Freire Alemão e Coutinho ainda padeciam com as terças. No final de janeiro, o médico de batalhão Francisco de Assis Azevedo Guimarães morreu enquanto trabalhava com a seção de Astronomia em Pacatuba. Em abril, adoentado, o engenheiro militar Borja de Castro, assistente de Gabaglia, teve de abandonar a missão.

Nas capitais do império ou da província, a imagem da expedição também não exibia o viço de outrora. O ponto crucial para essa virada — acima dos escândalos — eram as arcas vazias. A Comissão tinha gastado dois anos em compras na Europa, já estava havia mais de ano no Ceará e não encontrara ainda nenhum tesouro para anunciar. Os opositores no Rio faziam chacota. Por mais bem desenhada que fosse uma folha de aroeira ou descrito um pé de *Auxemma oncocalyx*,[17] esses trabalhos não compensavam a decepção pelo fracasso na busca das riquezas tão esperadas. Esperadas e prometidas: os cientistas pagavam agora pela imprudência de anteciparem resultados para uma pesquisa ainda não realizada. Tinham abusado de apregoar a importância da missão na expectativa superestimada das descobertas minerais. De que adiantava terem esquadrinhado o céu cearense, ou decifrado o movimento das dunas e das marés, se não havia mais nem minas nem baús holandeses com que sonhar? Depois de um ano de trabalho, traziam o de sempre: pobres sinais de ouro em Baturité, onde existiam terrenos já explorados com pouco proveito, e em Lavras, na área abandonada pelos portugueses um século antes. Os achados minerais de Capanema eram inconclusivos, nada além de indícios.

Sem o menor traço de culpa, Dias reagiu num texto furibundo que enviou para o *Jornal do Commercio*, no Rio, reclamando do descaso generalizado:

Na corte ou no Ceará não se compreende que se tenha feito alguma cousa, sem haver descoberto meia dúzia de minas

---

[17] Vulgo pau-branco, espécie endêmica da vegetação da caatinga, descrita e batizada por Freire Alemão e apresentada ao mundo na *Flora brasiliensis*.

de ouro ou prata, pelo menos. Os de lá ainda se contentariam com qualquer califórnia; os daqui, porém, mais ambiciosos ou mais exigentes, querem o ouro já pronto, em barra ou moeda, fechado em caixotes para não haver muito trabalho para ajuntá-lo.

Cada atraso no repasse das verbas era percebido pelos expedicionários como um passo a mais do gabinete de Uruguaiana para estrangular a Comissão. Gabaglia reclamou que, sem poder contratar ajudantes como o previsto, no máximo conseguiria entregar uma "carta-itinerário" e observações meteorológicas colhidas no percurso. Eles integravam uma missão científica sem dinheiro para gastar, situação impensável para as similares estrangeiras que haviam inspirado o IHGB. Martius e Spix andavam com uma tropa de cinquenta mulas, "tocadores negros", tropeiros e muitos indígenas para o trabalho pesado. Contavam com eficientes linhas de suprimento, utilizadas durante as viagens para despachar remessas de centenas de caixas de material para a Baviera.

A Comissão tinha agora uma percepção menos romântica de si mesma. Depois de comer poeira pela caatinga, ninguém mais acreditava em unidade, diretrizes compartilhadas, decisões conjuntas, ou na opulência iminente do Ceará. A cisão dos chefes era patente. De um lado, o comboio da seção Botânica, sempre aplicada, carregando junto o fardo da seção Zoológica — que Freire Alemão considerava inepta e Capanema acusava de estar pondo em risco a credibilidade de todos. De outro, o segundo comboio, prestes a ser dividido com a viagem de Dias para a Amazônia. E, sem conexão com nenhum dos pares, o terceiro comboio a medir o litoral de cima a baixo com os marinheiros de Gabaglia. A única responsabilidade coletiva acabava no colo de Freire Alemão: tratar de conseguir recursos para cada um seguir o caminho que bem entendesse.

Era um arranjo conveniente a todos. Todos, menos Freire Alemão, o sujeito que detestava arranjos e responsabilidades difusas. Antes de deixar o Crato, em 8 de março, o conselheiro enviou uma carta ao imperador, pedindo licença de três meses para cuidar de interesses pessoais no Rio. Então, ainda debilitado pelas febres, retornou a Fortaleza numa viagem arrastada que só acabou no dia 21 de abril. Lagos e Freirinho tinham se separado dele, abrindo expedição pelos chapadões do sertão pecuário cearense.

Durante dois meses, sem comentar com ninguém sobre o iminente regresso ao Rio, o conselheiro se dedicou a tarefas administrativas em Fortaleza. Ouviu os planos para novos roteiros que durariam até dez meses e tratou de assegurar os recursos para os companheiros, solicitando ao governo uma suplementação de 35 contos de réis. Acertou com o presidente da província as cotas mensais de cada seção e só então viajou.

Como invocara motivos particulares, recusou a passagem oferecida pelo governo. Assim, também se sentia mais à vontade para visitar o imperador e aclarar a situação pessoalmente. Soubera de uma declaração de Uruguaiana que, alegando necessidade de espremer despesas, punha a missão contra a parede: "Os membros da Comissão Científica tirariam a administração de um grande embaraço se pedissem todos a sua demissão". Freire Alemão queria conferir o quanto a pressão incomodava o Paço Imperial. No encontro com Pedro II, explicou os problemas objetivos que enfrentava com atrasos de verbas. Também mostrou a necessidade prática de autonomia das seções para tocar as pesquisas, o que não lhe permitia mais acompanhar o trabalho de cada chefe. Em seguida, fez simplesmente o que era de sua humilde alçada: pediu demissão.

Uma única notícia vazou da reunião no Paço e, em aparência, tratava-se apenas de um voto de boa sorte aos expedicionários: o imperador desejava que a missão científica exploratória prosseguisse com suas pesquisas até a data combinada. Pedro II havia recusado o pedido de demissão de seu velho conselheiro.

Para Freire Alemão, restabelecia-se o estado de clareza que tanto apreciava. Os trabalhos deveriam prosseguir e, se não havia reparos sobre a questão das responsabilidades nos comboios, também não havia mais dúvidas hierárquicas a dirimir. A postura de Pedro II impunha limites de fato às decisões do gabinete de Uruguaiana. Mesmo que fosse legal, a partir de agora nenhum ministro se atreveria a dissolver a Comissão sem tratar da questão no Paço Imperial. Freire Alemão acreditava que isso deveria aplacar por algum tempo o jogo de criar dificuldades da burocracia carioca. Só não contava com o notável poder que a pequena política tem de construir obstáculos no chão hirto das províncias.

18.
Processo Abel

Lagos e Freirinho, que haviam se separado de Freire Alemão no Crato, regressaram a Fortaleza depois de visitarem as terras de dois grandes pecuaristas. Tinham viajado em companhia de João Brígido, o jornalista crítico da arrogância elitista do poder no Cariri. Dessa vez, cavalgando com os cientistas, Brígido pudera experimentar o quanto os poderosos também eram capazes de bajular: "Temos sido tão obsequiados de Assaré até aqui [Tauá], que isso chega a nos vexar", escreveu. Aqueles chapadões, da serra do Inhamuns ao sopé da serra Grande, pertenciam a famílias rivais, os caranguejos Fernandes Vieira e os Feitosa, chimangos. Cada uma tentou superar a outra, acumulando de gentilezas os viajantes.

Na ausência do conselheiro, sem dinheiro para fazer os roteiros mais longos, os chefes das seções pouco se movimentaram. Capanema e Dias moravam novamente na casa da Lagoa, revezando-a com o refúgio suburbano das namoradas. Elas eram as irmãs Virgilina e Hipólita, solteiras, de bom conceito na cidade, filhas de um homem humilde chamado Rufo Tavares. Comentava-se que haviam sido seduzidas pelos "científicos". Virgilina, a namorada de Capanema, fugira de casa para poder se encontrar com ele. Quando Rufo descobriu os romances, Dias e Capanema prometeram casamento e começaram a tratar da mudança das moças para a casa de Jacarecanga. O pai foi morar junto, acomodado com a situação.

O poeta reclamava de fraqueza e vivia a maior parte do tempo envolvido com livros e arquivos municipais recolhidos pelo interior. Também trabalhava um texto com sugestões de melhorias para o ensino público do Ceará. O major Coutinho, recuperado das febres, pesquisava os solos da vizinhança, enquanto Capanema andava concentrado em testes com veneno de cascavel (os cachorros eram as vítimas) e, principalmente, estudos botânicos. Ao redor do fogo, lidava com grandes tachos onde fervia raízes de carnaúba, cavacos de angico, cascas de barriguda ou dos jucás[18] tão apreciados pelo povo para limpar feridas. Fazia macerações, infusões, filtragens e misturas, até cristalizar os materiais. E não cansava de amaldiçoar Fortaleza, cidade atrasada que não tinha à venda os reagentes de que necessitava.

A coluna satírica "Os Ziguezagues", no *Diário do Rio de Janeiro*, ganhou maior regularidade. Capanema usava o pseudônimo de Manoel Francisco de Carvalho, um cearense imaginário, servente da seção Geológica, corajoso, arredio com as autoridades e acostumado a pernoitar na cadeia. Numa das crônicas, Manoel Francisco se apresentava assim: "Cabra esbelto, escurinho e lustroso, com alguns rudimentos de barba espalhados pelo meu semblante, que é sempre risonho...". O narrador fictício atirou contra muitas reputações até o fim da aventura.

No início da estação das secas, Dias, Capanema e Coutinho juntaram o resto de recursos que tinham para fazer uma incursão rápida pelo interior. O destino foi Icó, já conhecida pelos exploradores, onde Capanema identificara uma formação de xisto silicoso que se estendia em direção à Paraíba.

Nessa viagem, um incidente policial fez os cientistas ganharem mais um poderoso inimigo. A origem de tudo foi uma lei que nenhum deles conhecia. O novo presidente da província,

---

18 Também conhecido como pau-ferro, é o ébano brasileiro. Árvore nativa da Mata Atlântica, tem amplo uso fitoterápico. As bagas são utilizadas em chás indicados para várias enfermidades. Hoje a indústria farmacêutica usa a essência da casca do jucá como base para sabonetes íntimos.

Antônio Marcelino, baixara um decreto que parecia bom, mas não era para valer. Não se destinava a funcionar de verdade — ou, pelo menos, não valia para qualquer um. Proibia, ao cidadão comum, o uso de armas nas cidades. Não havia risco de a lei pegar, pois seria impossível fazê-la cumprir. Presidentes da província havia tempos se preocupavam com questões criminais e de segurança pública, mas a precariedade da justiça e o descalabro das guardas municipais arruinavam qualquer projeto. Os batalhões, em muitas localidades, eram formados na base do recrutamento forçado de escravos forros e caboclos arrancados do trabalho nas roças. Para a maioria da soldadama, pertencer à guarda significava um prato de comida e a possibilidade de distribuir safanões sem problemas.

E assim, sem que ninguém tivesse sido punido por chegar a uma vila com espingarda no ombro ou revólver na cintura, a lei de Antônio Marcelino passou mais de meio ano ignorada pelos cearenses. Até um calorento finalzinho de tarde em Icó.

O alferes, postado no meio da rua, fez sinal para Abel parar o cavalo. Os dois se conheciam, mas não se cumprimentaram. Apesar da candura do nome, o vaqueano tinha ficha na polícia e fama de valentão. Todo encourado, entrara na cidade com uma lâmina vistosa pendendo ao lado da sela. O facão era presente do major Coutinho, que o contratara como guia para três jornadas. Haviam trabalhado o dia inteiro, abrindo picadas na serra do Pereiro para fazer medições. No caminho de volta, Coutinho resolveu visitar uma fazenda e Abel retornou sozinho a Icó.

"Não pode andar armado na cidade", disse o alferes, apontando para o facão. "É lei." Abel retrucou que aquilo era faca de mato, de trabalho, presente do patrão. E apertou as esporas, tomando rumo da casa dos cientistas sem nem olhar para trás.

Dias era o único dos chefes presentes quando, um pouco mais tarde, o alferes bateu à porta. Bastante jovem, jeito de matuto, vinha acompanhado de um oficial de justiça, três soldados armados, posicionados na retaguarda, e um monte de curiosos atraídos pelo tumulto. Queria dar voz de prisão ao vaqueano Abel. Dias achou que presenciava uma típica fanfarronada de novato. Argumentou, como advogado, que não cabia a detenção. O decreto presidencial, que desconhecia, não tinha efeito no caso, pois Abel, na condição de empregado da Comissão Imperial e por ordem de seu contratante, portava apenas um instrumento de trabalho. O facão, explicou, era como as espingardas dos caçadores, os "picadores dos marchands de gado", ou as foices dos roceiros. Abestalhado com tantas palavras, o alferes recuou. Mas o chefe de polícia de Icó não gostou quando se inteirou do ocorrido. Mandou uma carta ao presidente Antônio Marcelino denunciando que os cientistas desprezaram suas determinações e zombaram dos soldados.

É possível, como suspeitou Dias, que o governo da província soubesse que qualquer atitude antipática à Comissão seria vista com bons olhos por Uruguaiana. Exagerando muito nas tintas, Antônio Marcelino enviou um ofício de protesto ao Rio, pedindo providências. Sustentava que membros da missão se recusaram publicamente a se submeter à legislação cearense, desacataram autoridades locais e promoveram insubordinações. O documento chegou ao imperador, que liberou o Ministério para remeter uma nota de censura aos expedicionários. O ofício do governo recomendou que a Comissão procurasse "não dar mais motivos de queixa nos lugares onde demorasse ou pelos quais transitasse".

Antônio Marcelino se agigantou. Quando os cientistas voltaram a Fortaleza, abriu um inquérito para apurar as declarações de Dias em Icó, mandou deter Abel por três meses e repreendeu o alferes por não ter efetuado a prisão em flagrante. Dias ficou possesso. Primeiro, numa carta, reafirmou a Marcelino que o decreto do desarmamento não fazia sentido "numa terra em que afamados criminosos viviam soltos", acobertados por chefetes locais que não se importavam com a justiça. "Ignoro que essas máquinas eleitorais, chamadas Câmaras Municipais, que só dão sinal de vida quando acordam algum arranjo de compadres, tenham em tempo algum se ocupado a fazer a declaração recomendada pela lei." Redigiu, então, uma introdução ao assunto, anexou os ofícios de Marcelino, incluiu sua resposta atrevida e produziu o folheto intitulado "O processo Abel", que enviou para jornais e distribuiu à vontade. Para o sogro, explicou que o folheto se destinava a conter o presidente que "tem mandado publicar muita coisa", sem dar tempo para respostas. "Ele mente quando Deus quer e calunia miseravelmente", Dias se explicou numa longa carta ao próprio Pedro II. Em tom incisivo, mas respeitoso, disse que, talvez, sua presença no Ceará fosse "incompatível" durante a presidência de Antônio Marcelino. A desavença produzira, afinal, a oportunidade de apressar a sonhada viagem amazônica.

Capanema é que não ia perder uma briga dessas. "É coisa mesmo de admirar: há leis entre nós a modo que feitas para proteger os malfeitores e incomodar os inocentes." Antônio Marcelino virou personagem da coluna "Os Ziguezagues" até o fim da publicação. A "Lei Marcelina", como batizou a proibição de armas, apareceu associada ao sumiço de foices, machados ou de simples facas para trinchar peru. Uma coluna escrita em estilo de denúncia afirmou que a "Marcelina" fora escandalosamente desrespeitada num caso de assassinato em Fortaleza. Em outra crônica, o alter ego Manoel Francisco se espantava por um sujeito não ter pensado na lei "antes de empurrar uma faca de ponta nas tripas de outro". Capanema jamais daria folga ao "presidente Totônio". Contou aos leitores cariocas o caso de uma esposa que tentava libertar o marido, "preso porque não quis votar com a gente do poder". A mulher recorrera à soltura, negada pelo presidente Totônio com o seguinte despacho: "Não, porque não vivem juntos". Marcelino tinha "feito o favor" ao preso de dizer para sua mulher que ele vivia com outra. "Quem é que deu ao senhor administrador licença de divorciar essa pobre gente?"

No início de setembro, Freire Alemão regressou ao Ceará sem as soluções que os chefes esperavam. Relatou aos companheiros que o imperador desejava o cumprimento integral do programa, mas esclareceu que não podia assegurar um futuro de relações cordiais com o Conselho de Ministros. Como as seções só contavam com fundos até outubro, comprometeu-se a procurar o presidente da província para lhe mostrar que não havia meio de a expedição prosseguir sem crédito. Para surpresa de todos, Marcelino garantiu que ia mandar, por sua responsabilidade, liberar o dinheiro. Nem assim Capanema aliviou, escrevendo uma crônica zombeteira sobre a transformação radical do presidente Totônio em protetor da ciência.

Na hora de retirar a verba, constataram que no caixa só havia dois quintos da quantia solicitada. Precisaram fazer um rateio. Com recursos insuficientes, Capanema, Dias e Lagos estacionaram em Fortaleza por um mês esperando a complementação, enquanto os outros viajaram. Coutinho piorou de saúde. Veio-lhe uma moléstia nos olhos que teimava em não sarar, e os médicos recomendaram seu regresso ao Rio.

19.
Os donos dos votos

A turma de chimangos resolveu curar a ressaca da eleição tomando pinga. Tinham dormido em Telha[19] e, antes de voltarem às fazendas, ficaram no boteco da praça remoendo as feridas do Sete de Setembro. O dia da votação fora gasto na tentativa de furar o bloqueio dos caranguejos. A igreja de São José estivera cercada de capangas e soldados da guarda municipal, cedidos pelo delegado, notório correligionário dos conservadores. Guardavam a cobiçada mesa eleitoral,[20] cujos representantes, escolhidos a dedo, impunham uma listagem de aptos a votar preparada com bastante antecedência e expurgada de oposicionistas. Os líderes liberais protestaram, apresentaram recursos, levaram uns empurrões e acabaram expulsos da igreja.

---

19 Telha era um povoado da cidade de Icó. O distrito de Telha, em Aquiraz, que conserva o mesmo nome até hoje, fica mais de trezentos quilômetros distante de Icó, onde aconteceu a batalha.   **20** Nada despendeu mais energia dos partidos políticos no Segundo Reinado que a luta para controlar as seções de votação. O jurista e historiador Raymundo Faoro considera que a mesa eleitoral era o "fundamento de toda a vida partidária, o eixo maior da máquina de compressão", violenta e manipuladora: "Feita a mesa está feita a eleição, dizia-se há um século — fazer a mesa significava compô-la, fabricá-la e ocupá-la. Terminada a obra da violência, começava a fraude, com o voto manipulado, com as incompatibilidades de ocasião, com a contagem arbitrária. [...] A eleição, na verdade, está feita — a apuração, escoimadas as duplicatas, recursos do partido vencido, proclama os eleitos, escolhendo entre as atas falsas as mais consentâneas com a tendência dos escrutinadores. O órgão apurador, no ciclo final, faz a própria eleição, remotamente ligada à vontade do eleitorado".

Conseguiram deixar apenas dois fiscais que, cansados de não poderem fazer nada, abandonaram o posto.

O fracasso ainda doía nos ombros dos chimangos na manhã seguinte. No grupo dos cabras com copo na mão, quase todos armados, se destacava um homem forte e exaltado. Reclamava que uma penca de partidários tinha sido impedida de votar e xingava os caranguejos. Muita gente já circulava pela praça, e o prédio da São José não estava mais tão vigiado. Só uma meia dúzia de soldados protegia a entrada e não se viam os jagunços por perto.

Os chimangos ameaçaram invadir a igreja. Os sentinelas se posicionaram na entrada, apontando as armas. Não se sabe que lado disparou primeiro, mas um estampido deu início à batalha pela escadaria da São José. No meio do tiroteio, o delegado acudiu, trazendo mais guardas para rechaçar o assalto. O saldo foi sangrento: restaram mortos o líder dos liberais, o delegado, com o peito varado por um tiro, e outras doze pessoas. Mais de trinta feridos por bala.

"Hecatombe horrorosa!", gritou o título do artigo de João Brígido sobre o conflito. O jornal *O Cearense*, de linha oposicionista, culpou o governo pela carnificina e apresentou uma tabela — de precisão improvável — sobre a violência nas eleições em todo o país. A intenção era denunciar que os domínios do presidente Antônio Marcelino seriam os mais brutais do Brasil: Rio Grande do Sul, duas mortes; São Paulo, três; Bahia, um; Pernambuco, onze; Ceará, catorze. A eleição em Telha foi anulada e remarcada para dezembro.

Em "Os Ziguezagues", Capanema relatou a tragédia, dizendo que a cidade, "onde a caranguejaria tinha afiado as unhas e ufanava-se de que não consentia bico de chimango no buraco da urna", era a "menina dos olhos do presidente Totônio". Marcelino se defendeu declarando que os "tristes acontecimentos", decorriam de "causas inopinadas e acidentais".

A batalha de Telha não tinha razões nem inesperadas nem casuais. Os votos que se disputavam ali para três vagas na Câmara dos Deputados não chegavam a ser um manancial, embora a vila representasse o segundo maior colégio do distrito eleitoral com sede em Icó, a cidade do caso Abel. Ninguém desperdiçava votos, mas a relevância de Telha se explicava na verdade por sua localização, na região pecuária do centro-sul do estado. A vila ficava nos limites das terras dos Fernandes Vieira e dos Feitosa, potentados que começaram a brigar por sesmarias e jamais se reconciliaram. A família Feitosa reinava mais próxima de Inhamuns, e os conservadores do líder Miguel Fernandes Vieira eram donos de quase tudo em torno de Icó. Assim, se alguém em Telha, colégio do distrito de Icó, não estava feliz com os caranguejos exibidos na fieira dos Fernandes Vieira, que fosse procurar outro lugar para morar. Era como funcionava desde sempre.

O clima eriçado das eleições de 1860 testemunhadas pela Comissão Científica no Ceará não se explicava apenas pela geopolítica sertaneja. O país inteiro estava sob o impacto de um truque de última hora aplicado pela maioria conservadora.

Em setembro daquele ano bissexto, o *Correio Mercantil* do Rio informou que moradores da rua Monte Alegre andavam incomodados com os "batuques e sambas", que juntavam "grande número de pretos numa algazarra infernal". O jornal disse que também havia reclamações sobre "batuques que se fazem no morro do Livramento". As notícias vinham em meio a muitos anúncios de locação de imóveis e charlatanice. Um médico propalava a cura da lepra; outro, a importação de uma maquineta elétrica americana para "aplicar na cabeça para dores nervosas". A cidade ainda se acostumava às novidades dos bondes a tração animal e das ruas do centro recentemente pavimentadas e iluminadas a gás. As cariocas estavam usando saia-balão até em casa, e todo mundo reclamava do custo de vida e da alta assustadora dos aluguéis.

A correspondência da Europa levava dois meses para chegar ao Rio. A corte conhecia com atraso o que se passava no mundo e não sabia quase nada do que acontecia nas províncias, muito menos em cafundós como Telha. Em 1860, Garibaldi conquistou a Sicília; Napoleão III recuperou Nice e a Saboia; a Argentina escolheu seu quarto presidente republicano; Abraham Lincoln foi eleito presidente dos Estados Unidos; e Portugal seguiu morrendo de amores e esperanças pelo jovem Pedro V, sobrinho de Pedro II. A política brasileira não tinha a ver com nada disso.

Além da preocupação com a escassez de braços para a lavoura, a grande questão para o Partido Conservador era bloquear o avanço dos liberais. Nas eleições de 1852, tinham conseguido eleger todos os deputados, mas quatro anos depois os liberais conquistaram 20% da Câmara. As cartolas conservadoras produziram, então, uma mágica. Menos de um mês antes da eleição, promulgou-se a nova lei eleitoral, com 129 artigos. Reformas de emergência eram corriqueiras, e o alvo dessa vez foi a alteração (a terceira do Segundo Reinado) no tamanho dos distritos eleitorais[21] em cada província. O arranjo se destinava a tirar peso de alguns domínios municipais dos chimangos e parece ter funcionado, pois a representação liberal caiu para 17%.

Nada havia mudado, porém, na essência. O primeiro pleito sob o reinado de Pedro II, em 1840, entrou para a história como "Eleições do Cacete" e, desde então, as votações foram marcadas por violência, pelo poder absoluto dos coronéis, as adulterações de listas, por eleitores fantasmas e fraudes nas atas eleitorais proclamando "vitórias a bico de pena".

---

21 Em 2017, o Congresso Nacional discutiu a introdução de distritos eleitorais para as eleições do ano seguinte.

Desde a chegada ao sertão, os expedicionários perceberam o clima político agressivo. No Crato, terra dos Filgueiras, caranguejos ferrenhos, Freire Alemão ouviu falar de enfrentamentos a tiros. Testemunhou ali como os conservadores espalhavam o boato de que os liberais queriam acabar com a religião e pregavam a necessidade de "defender Nossa Senhora da Penha". Os coronéis convocavam gente para votar em nome de Jesus Cristo, anotou. Um fazendeiro se gabava de exigir que todos os moradores de suas terras apoiassem os conservadores. "E aqueles que quisessem votar pelo outro lado que saíssem do sítio, quando não mandaria lançar fogo nas suas palhoças." Outro latifundiário, adversário do primeiro, recolhia os expulsos, desde que lhe entregassem os votos. "Eis aqui a liberdade com que o povo vota!", comentou. "Calculam, sem cerimônia, o número de votos pelo dinheiro que podem gastar os diretores da eleição."

"Políticos são esses cujo programa reservado é — ganhemos nós, morra embora o povo", escreveu Capanema, tomado de espírito incendiário. Ele tinha programado passar a data da independência no sertão, mas, com os bolsos vazios, ficou em Fortaleza. Publicou o balanço da efeméride em sua coluna, iniciando o texto com uma conclamação: "Em 7 de setembro de 1860, raiou o dia de glória e regozijo para todas as gentes do vasto império que se estende além do Amazonas até alguma coisa aquém do Prata". Estava, de certo modo, decepcionado. A capital amanhecera silenciosa e ensolarada. Não ouvira sequer os tradicionais tiros de artilharia da comemoração, cerimônia suspensa pelo presidente Totonho como medida de economia. Saiu de casa e foi andar pela cidade para observar a grande festa da manifestação da vontade popular:

Vamos a essa soberania: logo de manhã cedo encontrei um grupo na rua, perguntei:

— Para onde vão?

— Empregar nossos votos — foi a resposta. — Já temos dois réis por cada um, isso é pouco, dizem que o Gustavo dá mais e vamos lá.

— Vocês são chimangos ou caranguejos?

— Quem tem mais dinheiro pra gastar?

— Não sei.

— Nem nós; e é o que decide nossa crença política.

Capanema caminhou até a igreja, ocupada pelos caranguejos. "Como são animais noturnos, puseram-se em marcha enquanto os outros dormiam." No templo de Jesus, segundo contou, noventa cidadãos se multiplicaram em 450 votos. Um representante dos liberais protestou e ouviu do cabra que tomava conta da urna: "Quando estiverem de cima façam o mesmo, e eu estarei com vocês então. Amém". Capanema conclui "Os Ziguezagues" de modo amargo:

> A única coisa em que ele (*o governo*) dá sinais de vida é quando manda intimar os matutos para votarem, ou quando os agrava com alguns novos impostos, contra os quais todo mundo protesta e com carradas de razão, pois o cidadão deve pagar impostos para ser governado, para viver em plena segurança em sua casa, e para ter meios de prosperar com o produto de seu trabalho, mas não ser desmoralizado, tratado como gado que se ajunta periodicamente para ser ferrado, vendido, e para dar o leite de que muita gente se sustenta. Para isso não deve pagar imposto.

Os primeiros exploradores europeus criaram imagens fantásticas do Novo Mundo. Descreveram terras habitadas por animais semi-humanos e insaciáveis canibais. As ilustrações são do teólogo Arnoldus Montanus (1625-83), que nunca saiu da Holanda.

No século XIX, o Rio de Janeiro parecia uma cidade africana encravada nas Américas. As ruas do centro apinhadas de escravizados (57% da população), num desenho de Rugendas.

A nobreza aproveitava a placidez de arrabaldes como Botafogo, retratado por Ender.

A bordo da fragata *Áustria*, que integrava a missão científica da imperatriz Leopoldina, o artista Thomas Ender mostrou a tripulação se divertindo com música.

Martius e Spix, os parceiros de Ender, em sessão de leitura.

Na chegada à baía de Guanabara, Ender desenhou com lápis e aquarela
um panorama de 360 graus. Na primeira folha, a partir de Niterói:
Santa Cruz, Boa Viagem, Praia Grande, Armação e Serra dos Órgãos.
Na segunda: as ilhas das Cobras e dos Ratos, Convento São Bento,
Conceição, Candelária, Carmo, Castelo, Corcovado, Arsenal e Glória.

A Lagoa dos Pássaros, próxima a Januária (MG), na gravura de Karl von Martius. Autor da *Flora brasiliensis*, ele viajou mais de 14 mil quilômetros pelo Brasil.

Travessia de rio, do pintor Johann Moritz Rugendas, que integrou a expedição de Langsdorff.

Selva com família de indígenas, de Rugendas.
O romantismo arrebatado do pintor alemão, de vinte
anos, impactado pela exuberância da natureza.

Bororos visitam o acampamento do barão Langsdorff. O jovem pintor francês Aimé-Adrien Taunay, que se retratou na cena (sentado na rede), morreu na expedição. De costas, madame Riedel, a esposa do botânico responsável pela entrega do acervo coletado ao tsar russo.

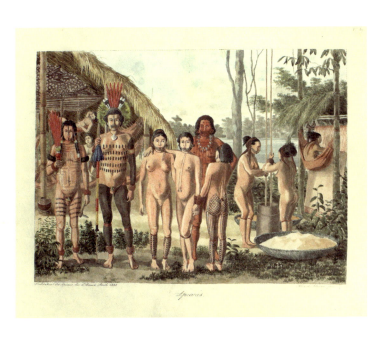

Os indígenas apiakás às margens do rio Arinos (MT), em aquarela de Hercule Florence. O pintor e naturalista francês deixou uma colcção de desenhos e manuscritos sobre as viagens de Langsdorff por São Paulo, Mato Grosso e Pará.

Pedro II (acima, à esq.) financiou a expedição brasileira chefiada pelo botânico Freire Alemão (acima, à dir.).

O poeta Gonçalves Dias, que fez os estudos etnológicos da missão, em retrato e na caricatura de Agostini.

Capanema (fotos acima), jovem e impetuoso amigo de Pedro II, desafiou os opositores e seguiu influente até a República.

O barão de Uruguaiana (à esq.) foi seu maior adversário. Ferreira Lagos (à dir.) chefiou a seção Zoológica.

A área urbana de Fortaleza, em 1859, se limitava a uma faixa de litoral entre a ponta do Mucuripe e a barra do rio Ceará.

Sob chuva, a missão do imperador desembarcou mais de duzentas caixas de carga no trapiche de estacas do porto.

As viagens pelo sertão começaram no distrito de Messejana, hoje um bairro da capital, onde os cientistas passaram a primeira noite na Casa da Câmara.

José dos Reis Carvalho, o pintor oficial da missão, é o autor das ilustrações das páginas 160 a 170.

Vista de Aracati, com a Casa da Câmara e da cadeia. Apartados pela política, os coronéis locais compartilhavam a violência contra os escravizados e desconfiavam do povo.

Serra do Ererê (identificada como "Arerê"), estudada por Freire Alemão no caminho para Aracati.

Acampamento do comboio de botânica e zoologia. Provavelmente Lagos é o expedicionário de roupa clara, ao centro, e Freire Alemão o que está de costas.

Redemoinho perto das carroças de roda de madeira que carregavam os equipamentos e coletas da missão.

Lagos, em pescaria no rio Madeira, em Fortaleza.

Seguindo as lições de Debret, seu mestre, Reis Carvalho desenhava os personagens que encontrava pelo caminho: um aguadeiro e uma autoridade em um suposto traje de gala.

Lagos em inspeção à escola que funcionava
junto à cadeia de Arronches.

Danças e canções populares eram descritas genericamente
como "samba" pelos expedicionários.

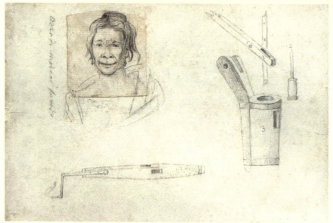

Vista da cidade de Icó, onde Capanema e Gonçalves
Dias se estabeleceram por quarenta dias.

Indígena do povo xocó, que deixara de ser reconhecido
ou amparado pelas leis do Império.

Pesca das piranhas, em Russas. Os cientistas
descreveram os costumes e as técnicas populares.

Cenas dos "territórios monstruosos do sertão", onde a miséria comoveu Freire Alemão.

No caminho entre Aracati e Icó, a igreja Nossa Senhora do Rosário, de Russas.

Desenho a lápis de Reis Carvalho sem identificação do local.

Serra da Barriga, ao leste de Sobral. Na visita à cidade, os expedicionários souberam dos cortes no orçamento da Comissão Científica.

O farol e a ponta do Mucuripe, onde Capanema
começou a se preparar para o fim da expedição.

Lagos entregou ao Museu Nacional uma coleção de mais de 12 mil insetos e 4 mil aves. Boa parte deteriorou-se, por má preparação ou conservação. O incêndio do museu, em 2018, destruiu o que restou dela. Poucas pranchas de zoologia haviam sido executadas (sem identificar os autores).

Freire Alemão coletou 14 mil amostras, guardadas em caixas de flandres. Foi a maior coleção botânica já recebida pelo Museu Nacional.

Reis Carvalho desenhou várias plantas, com preocupações mais artísticas do que científicas.

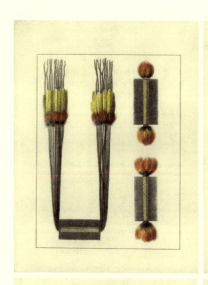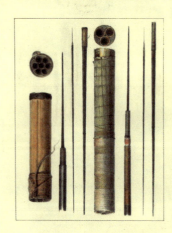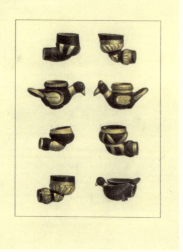

Estampas de armas e utensílios indígenas da coleção amazônica
de Gonçalves Dias. As litografias foram encomendadas ao
artista Henrique Fleiuss, colaborador de Martius.
Não há identificação dos objetos. Dias morreu
antes de concluir os estudos etnológicos.

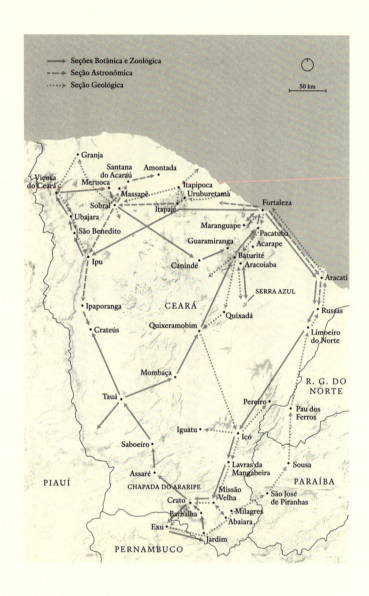

Rotas percorridas no Nordeste pela Comissão Científica Imperial, de fevereiro de 1859 a junho de 1861. Muitas vezes, as seções de Botânica, Zoologia, Mineralogia e Etnologia fizeram rotas em parceria. A seção de Astronomia não compartilhou comboios.

20.

No labirinto das águas

A canoa sim, essa é sua verdadeira propriedade; móvel, como ela, o índio continua o seu viver instável, errante, improvidente [...]

Gonçalves Dias, em relatório ao presidente da província amazonense

Enquanto as urnas sofriam embaraços e coações no Ceará, Dias navegava de volta à terrinha, que não visitava havia oito anos. Viajou com pouca bagagem, deixando arquivos e o equipamento fotográfico com Capanema. Depois das perambulações europeias e sertanejas, queria desesperadamente voltar ao lugar que considerava mais íntimo e onde acreditava ter sido feliz como nunca. Fora feliz também em várias outras paragens, mas só no Maranhão sentia o conforto do inequívoco pertencimento. Mirou, então, o ponto exato dessa sensação de alegria: o engenho do Pixanuçu, à beira do rio Mearim, rodeado pela família do amigo Alexandre Teófilo. Para estar completo, apenas faltaria a presença da cunhada de Teófilo, Ana Amélia, sua grande paixão, agora casada e vivendo em Lisboa. Os detalhes para a temporada de mergulho nas origens foram combinados numa série de cartas a antigos parceiros.

O abrigo maranhense oferecia a vantagem extra de mantê-lo ainda mais distante do Rio. Sentia aversão crescente à ideia de retomar a rotina na capital. Juntava no mesmo pacote o temor de reencontrar Olímpia, o ambiente sufocante e alcoviteiro da corte, as mesquinharias do Ministério ou cada mexida burocrática ocorrida na Secretaria de Negócios Estrangeiros, a *sua* repartição. Tomava qualquer coisa como desaforo pessoal.

Até queixas veladas da esposa, que imaginava decifrar nas cartas do sogro. Tudo era o Rio — o lugar ruim a ser evitado num mundo onde não faltam cantos queridos para viver nem aventuras para se abraçar.

Só lhe faltava saúde. No sertão cearense, começara a escarrar sangue, preocupando os companheiros.[22] Depois de meses varando uma terra de natureza avarenta, estava doente e abatido. A guarida familiar talvez servisse como temporada de descanso antes de se enfiar pela exuberância amazônica.

De fins de setembro a início de novembro, hospedou-se no engenho do Mearim e, por algumas semanas, em São Luís, acolhido pela família de Antônio Henriques Leal no mesmo sobrado de azulejos portugueses da rua de Santana, onde conhecera Ana Amélia. Estava indo fundo nas memórias e, no final de novembro, encontrou a mãe, a velha Vicência, que levava vida humilde em Caxias. Na cidade natal lhe apareceram escrófulas no pescoço, as terríveis feridas causadas pela inflamação de gânglios com bactérias da tuberculose.

Segundo as expectativas de Dias e Capanema, as pesquisas na selva tinham o potencial de representar o ponto alto da Comissão. Capanema, fazendo um balanço dos problemas que ocorriam no Ceará, apostata que o poeta "salvaria a honra" de todos. O novo braço da expedição científica se propunha a navegar o rio Amazonas — ainda fechado aos estrangeiros — até as nascentes, no Peru, e explorar alguns dos grandes afluentes. Em termos territoriais, pelo menos, era um crescimento e tanto. Dias aportou em Belém no início de fevereiro, acompanhado de Fileno, o escravizado emprestado pelos Leal para servi-lo.

A viagem pelo rio Amazonas começou no dia 17, a bordo de um confortável vapor de linha comercial, o *Cametá*, da

---

22 Alguns biógrafos atribuem o estado febril de Dias à malária, o que acrescentaria mais uma doença à sífilis e à tuberculose.

Companhia de Comércio e Navegação do Amazonas, empresa do barão de Mauá que, havia oito anos, tinha licença exclusiva para três viagens por mês entre Belém e Manaus. As embarcações do barão eram fabricadas no estaleiro Niterói.

O roteiro amazônico pode ser reconstituído graças ao trabalho da biógrafa Lúcia Miguel Pereira. De lente em punho, ela conseguiu decifrar os escritos a lápis deixados pelo poeta em cadernos de bolso carregados durante todo o caminho. Dias também escreveu relatórios encomendados pelo governo do Amazonas e cartas aos amigos que ajudam a entender a nova expedição.

"O que se vê de um lado e de outro são ilhas — e além destas ilhas outros canais tão volumosos como estes, e além destes, novas ilhas. A alma então se abisma, não podendo fazer uma ideia perfeita do que é essa imensidade."

A alma se abismou com a paisagem desmesurada, mas continuou sombria como um mato fechado. O passeio pelas recordações do Maranhão ressuscitou muitas perdas. Nas cartas aos amigos, três assuntos se repetiam como um mantra: o amor imperecível por Ana Amélia; reclamações, muitas vezes incompreensíveis, de Olímpia; e sofridas lembranças de Joana, a filha morta.

A saúde piorou. Nos primeiros dias em Manaus, precisou lancetar as feridas do pescoço, que lhe provocavam muita dor. A boa notícia foi a recepção que recebeu do governo do Amazonas. O presidente da província, Manoel Carneiro da Cunha, aproveitou a oportunidade da expedição de Dias e o contratou para fazer uma inspeção nas escolas ao longo do rio. Ele aceitou a tarefa, mas recusou a remuneração pelo cargo oficial de visitador das escolas do Solimões — apesar de se encontrar quase sem fundos, pendurado na lerdeza das decisões ministeriais.

O paquete *Rio Negro* fazia seis viagens por ano entre Manaus e a cidade peruana de Nauta. Dali em diante, era necessário o uso de canoas. Dias embarcou sem a companhia de Fileno, pois o Peru proibia a entrada de escravizados em seu território. Estava determinado a enfiar a cabeça nas pesquisas, sem dar tempo à melancolia. No caderno de bolso da excursão, que durou menos de um mês, não aparece, porém, toda essa disposição ao trabalho. Os registros se limitam a dados geográficos sobre os afluentes do Amazonas e latitudes e longitudes dos lugares por onde passou, de Baena, no Amazonas, a Mariná, no Peru. Não há observações etnográficas e nem uma página sequer revelando seu estado de espírito. O que aparece de mais inspirado nas anotações é a descrição do desconforto dos passageiros do vapor que, "inebriados pelos perfumes das matas", arriscavam pequenas incursões sempre que atracavam num porto:

> Logo os miruins, os micuins, os pinus, os mosquitos, as motucas e os carapanãs — as aranhas, os lacraus, as cobras, todo o arsenal do diabo em um número infinito de instrumentos — uns na terra, outros nos ares — uns que mordem pela manhã, outros à tarde, outros de noite, já estes que ferram cantando, já outros que mordem à surdina — com rostro ou mandíbulas, com a boca ou com o abdômen —, estes aqui, aqueles mais longe.

Com graça, Dias retratou o "inferno verde", que levaria à loucura a geração seguinte dos exploradores vitorianos, formados pela Real Sociedade Geográfica de Londres. "Aqui o reino animal é contra o homem como em nenhuma outra parte do mundo", escreveu o coronel inglês Percy Fawcett, desaparecido no Xingu em 1925 à procura de Z, como denominou a cidade perdida que sonhava encontrar. A Amazônia é um lugar onde os grandes predadores são muito menos temíveis que o voraz exército de insetos pestilentos atraídos pela incomum carne macia de mamíferos de pele suave e pouco pelo. "Os mosquitos constituem a principal razão pela qual esta é uma fronteira ainda a ser vencida", concluiu em 1952 o escritor e explorador americano Willard Price.

Como visitador do governo amazonense, Dias conferiu as condições de escolas precaríssimas, com material emprestado, mestres improvisados e frequência irregular de alunos. No relatório ao presidente da província, sugeriu a contratação de inspetores locais e considerou "aconselhada pela necessidade" a prática de transformar párocos em professores, pois, pelo menos, os padres eram capazes de ensinar português. "A vantagem é desabituarem da língua geral." Entre os indígenas com língua própria contatados na viagem, foi comum encontrar povos que entendiam apenas umas poucas palavras do idioma derivado dos tupinambás do litoral e imposto pelos jesuítas a diversas etnias.

A obrigatoriedade do ensino primário era quimera amazônica. De junho, julho, até o final de ano, os meninos sumiam das escolas para acompanhar os pais nas canoas. Peregrinavam sem parar pelas praias e igarapés durante toda a temporada das pescas — as canoas eram suas casas. Dias, o visitador oficial, explicou os costumes nativos ao presidente Carneiro da Cunha: "Os índios dão aos filhos a educação que tiveram, não compreendendo que careçam de mais nada. Dizer a um destes que mande os filhos à escola, que não os tire dali antes de aptos, é ordenar-lhe que mude radicalmente a sua norma de vida".

No regresso a Manaus, recebeu uma notícia inesperada: era pai novamente. Capanema contou a novidade numa carta, fazendo troça com a lembrança de uma namorada fugaz do poeta. "Houve aqui uma menina gorda, rechonchuda, com cara de goiaba, bunda larga, cor abaçanada, que estava se criando em casa de mestre Candinho…" Pois essa moça tivera um bebê e anunciava que Dias era o pai. A historiadora Maria Sylvia Porto

Alegre[23] apurou se tratar de uma tal Chica Piolha, de Russas (onde o segundo comboio trocara os cavalos e descansara por uns dias). Chica solicitou ao juiz municipal a guarda da filha na esperança de receber alguma ajuda financeira do pai. Capanema sugeriu que Dias não se preocupasse, pois todos sabiam que "ela faz os seus favores a quem lhe paga". Mas, para espanto do amigo, ele ficou eufórico e decidiu assumir a criança.

Pela segunda vez, repetindo o comportamento com Joana, festejava a paternidade sem a intenção de mudar sua "norma de vida", como os indígenas canoeiros. Soube que a mulher aceitava lhe entregar a menina, mas exigia amparo: "Se o pai fosse homem de educação, assim como sustenta a filha podia sustentar a mãe", disse Chica Piolha ao juiz. Dias convenceu a comadre Inês, mulher de Teófilo, a ficar com a criança e criá-la como filha no Maranhão: "Lá te irá essa rejeitada que já tem a fortuna de ter o que eu nunca tive, o que não hei de ter nunca — família". Na sequência, pediu que Tomás Pompeu tratasse com Chica Piolha, comprometendo-se a lhe enviar 20 mil-réis por mês. Queria ainda que arrumasse um portador seguro para levar a menina a São Luís. "Pede a Antônio Henriques [Leal] que se encarregue da despesa e a d. Inês, da trouxa." Pompeu preferiu agir de outro jeito. Foi até Russas, procurou o juiz e os familiares de Chica e saiu de lá com a notícia de que tudo se resolveu porque haviam descoberto o verdadeiro pai da menina. Dias lamentou.

Na correspondência trocada com os amigos sobre a suposta paternidade, revelou que voltara a escrever poesias, o que não acontecia desde o início da temporada europeia. Toda a nova safra se dedicava a chorar a morte da filha Joana, ocorrida havia

---

23 Autora de *Os ziguezagues do Dr. Capanema: Ciência, cultura e política no século XIX* (Fortaleza: Museu do Ceará; Secretaria da Cultura do Estado do Ceará, 2006), Maria Sylvia Porto Alegre organizou uma série de 32 artigos que o barão escreveu com o pseudônimo de Manoel Francisco de Carvalho.

cinco anos, quando ele estava em Paris. Eram versos desesperados sobre dor, culpa e solidão. Um dos poemas tinha um final estranho:

Mas qual teu jazigo? E onde
Jazem teus restos mortais?...
Esse lugar que te esconde,
Não vi: não verei jamais!

Dias não sabia qual era o jazigo porque, nos meses passados no Rio à espera do embarque para o Ceará, não fora visitá-lo. Joana estava enterrada no cemitério São João Batista, numa cova bem cuidada, cercada de flores, com um gradil de madeira em volta.

De uma hora para outra, a produção devotada a Joana foi substituída por uma torrencial série para Ana Amélia — onde se encontram, para muitos admiradores, os melhores poemas de amor que escreveu. Cantou a musa distante durante três meses. Enquanto escrevia, preparava uma expedição pelo rio Madeira em companhia do major Coutinho, que estava em missão na cidade. Encarregado pelo Corpo de Engenheiros do Exército de levantamentos geográficos na região, o major iniciava, aos 31 anos, sua graduação como um dos principais especialistas brasileiros na Amazônia.[24] Coutinho era um sujeito

24 Depois de acompanhar Gonçalves Dias, Coutinho realizou pesquisas pelo rio Purus. Em 1865, foi indicado por Pedro II para acompanhar a expedição Thayer, que o naturalista Louis Agassiz, junto com sua mulher Elizabeth, comandou pelo Amazonas. A viagem levava o nome de seu financiador, o banqueiro americano Nathaniel Thayer Jr., mecenas da Universidade de Harvard. Coutinho, formado em matemática e ciências físicas, além de estudioso de etnografia, tornou-se o braço direito de Agassiz. Elizabeth, que historiou a missão, escreveu: "Enquanto o sr. Agassiz se ocupava com as coleções zoológicas, o major Coutinho fazia investigações geológicas, meteorológicas e hidrográficas. Sua cooperação constante é inestimável, e o sr. Agassiz abençoa o dia em que, ao se encontrarem por acaso no palácio, sugeriu sereno e aplicado, jeitoso no trato com os caboclos. Dias se sentia seguro na companhia dele desde os tempos da casa da Lagoa.

A dupla partiu de Manaus em 6 de julho, a bordo do vapor de guerra *Pirajá*, comandado pelo engenheiro militar e tenente Souza Coelho. Também integravam a tripulação um chefe de polícia e o médico Antônio Canavarro, indicado para conferir o estado sanitário dos povoados. Logo na partida de Manaus, Coutinho se espantou com a evidência de que o Solimões era o mesmo rio Amazonas. "A razão de denominarem-se diversamente as partes de um rio provém de deferência do geógrafo, ou da falta de conhecimentos hidrográficos", escreveu.

A exploração previa chegar ao Peru, voltando pela Bolívia. No entanto, o *Pirajá* deu meia-volta antes de passar pelo Madeira Médio. Nos cadernos, Dias fez descrições da floresta tropical, mostrou-se preocupado com o "mal da devastação", mas não deu nenhuma explicação para a mudança de planos na metade da viagem, exceto alguns sinais de que não havia gostado da tripulação.

Novamente enfurnado no hotel de Manaus, retomou a sagração a Ana Amélia, trabalhando duro no acabamento dos poemas. No mesmo ritmo da antiga paixão, sentia crescer um ódio medonho contra Olímpia. Dizia aos amigos que a esposa tramava arrasar sua reputação no Rio, em conluio com um bando de inimigos do Ministério. As lamúrias culminaram numa improvável crise de ciúmes: começou a suspeitar que estava sendo traído. Consultado, Capanema achou a história

a ideia de adicioná-lo à expedição. Não apenas suas realizações científicas, mas seu conhecimento da língua indígena (língua geral) e sua familiaridade com os habitantes fazem dele um importante assistente. Com sua ajuda, o sr. Agassiz já iniciou uma espécie de diário científico, no qual, ao lado do nome científico de cada espécime inserida pelo professor, o major Coutinho registra o nome popular, obtido através dos indígenas, com tudo o que eles podem nos dizer sobre seus hábitos e habitats".

insólita. Buscou informações com sua mulher, comadre e confidente de Olímpia, e concluiu que Dias tinha endoidado de vez. O "cupido armado e munido de asas" acusando a esposa de infidelidade? Olímpia? Logo aquela desafortunada que atribuía até suas doenças e achaques às saudades do marido? Dias sugeriu ter percebido coisas, tempos atrás, num momento de cólera de Olímpia. Em situações assim, argumentou, era fácil entender a diferença que há entre uma esposa e uma quitandeira: "É que a última teme o chicote e a primeira sabe que o marido, apesar de vil, miserável, indigno, canalha e o mais que ela bem sabe, tem todavia educação bastante para a considerar como inviolável e sagrada".

As desconfianças se agravaram quando alguém lhe enviou um número da revista *A Semana Ilustrada*, que publicava a caricatura de um trovador com um copo na mão, em frente a um medalhão enquadrando o perfil de uma mulher magra, nariguda e feia. Cismou que a mulher era Olímpia, ele, o cantor de ópera bêbado e que a legenda da ilustração, em grego, insinuava traição. Capanema tentou convencê-lo a voltar ao Rio para descansar, mas o poeta disse que preferia morrer na selva.

Só Carneiro da Cunha conseguiu tirá-lo da letargia. O presidente o estimulou a fazer a expedição pelo rio Negro, que foi sua principal viagem amazônica. A aventura durou 55 dias, boa parte deles generosamente descrita nos cadernos de bolso.

21.
De volta às origens

A Amazônia infernizou seus conquistadores. No século XVI, a maioria das expedições que cobiçaram encontrar florestas de canela ou descobrir o império do cacique El Dorado sucumbiu. Poucos forasteiros sobreviveram para contar suas aventuras na selva brasileira.

Os espanhóis chegaram ao Amazonas vindos pelo oeste, depois do massacre da civilização inca. Em 1542, o conquistador Francisco de Orellana, primeiro europeu a navegar os 6992 quilômetros do rio, da nascente à foz, numa viagem de nove meses, passou fome sem conseguir tirar sustento de uma natureza tão exuberante quanto inacessível a principiantes. A tripulação comeu os cães e cavalos e, no final, precisou cozinhar os arreios de couro. Orellana e seus 57 soldados assaltaram aldeias para roubar mantimentos, matando e torturando indígenas.

Anos mais tarde, o basco Lope de Aguirre, "El Lobo", liderou um motim em outra expedição espanhola encalacrada nos confins da selva. Proclamou-se traidor-mor d'el-rei e, planejando tomar o governo do Peru, atacou fortificações e dominou algumas vilas brasileiras. Notabilizado como um dos mais cruéis e lunáticos conquistadores da história, Aguirre promoveu um banho de sangue pelas regiões que varejou como encarnação do mal absoluto. Acabou decapitado, esquartejado e salgado. Partes de seu corpo foram reivindicadas por várias cidades amazônicas para exibição em praça pública.

No século seguinte, enquanto Portugal se expandia pela costa brasileira, invasores de vários países europeus mantinham enclaves coloniais na foz e ao longo do "rio-mar". Franceses, ingleses, irlandeses e holandeses construíam fortificações, postos de comércio e se aliaram a aldeias indígenas para proteger plantações promissoras.

A imposição do Império português no Amazonas se deveu a um homem de quem se sabe muito pouco, o capitão Pedro Teixeira. Nascido num vilarejo da região das Beiras, ele lutou quase três décadas para enxotar do Norte do Brasil qualquer outro candidato a colonizador. Pedro Teixeira estava nas tropas portuguesas que expulsaram os franceses de São Luís em 1615. Um ano depois, comandou a frota de 150 homens que destruiu duas fortificações holandesas e afundou um navio inglês para dominar a foz do Amazonas e erguer o Forte do Presépio, marco fundador de Belém. A partir do forte, Teixeira fez outras investidas: acabou com um posto holandês no rio Xingu e afugentou ingleses de uma posição já próxima a Macapá. Para completar o controle rio acima, trabalhou por dois anos em Belém, organizando uma grande expedição militar. O percurso inverso ao dos espanhóis era evidentemente bem mais complicado. Os homens de Orellana remavam a confortáveis três nós, ganhando outros dois a seis nós de velocidade da correnteza favorável. Teixeira subiu o gigante que vaza 26 milhões de litros d'água por segundo, com 47 longas pirogas impulsionadas por 1200 indígenas flecheiros. Setenta soldados portugueses e um número não registrado de escravizados embarcaram nas canoas no final de outubro de 1637. Um ano depois, para surpresa dos espanhóis, chegaram a Quito e formalizaram num documento o "novo descobrimento do rio das Amazonas".

Os feitos desse conquistador não legaram registros de viagem, diários ou os costumeiros relatos dos escribas católicos que acompanhavam as expedições (Orellana e Aguirre contaram com simpáticos, ou temerosos, frades para lhes enaltecer as façanhas). Portugal, como forma de reconhecimento a Pedro Teixeira, promoveu-o a capitão-mor da província do Grão-Pará, mas ele morreu poucos meses depois.[25]

Os portugueses sempre preferiram os caminhos fluviais nas expedições pela colônia, evitando, assim, a selva desconhecida e o risco de cruzar com os numerosos[26] povos guerreiros isolados pelo interior depois do desastre sanitário causado pelo contato com as doenças dos europeus e a violência dos conquistadores. Como os portugueses, Dias viajou pelos rios — mas sem a missão de conquistar nada. Também não estava empenhado em descobrir nada, ao contrário dos naturalistas vitorianos que o sucederam, diferentes dele em tudo. Os ingleses, determinados a preencher os pontos obscuros do mapa-múndi,

---

25 "É curioso que os dois homens que mais fizeram para que o Brasil fosse agora um país de língua portuguesa — e tão vasto — sejam ambos tão desconhecidos. Pedro Álvares Cabral descobriu a terra por acaso, dando assim a Portugal uma ponta de lança no Novo Mundo. Pedro Teixeira navegou acima e abaixo pelo Amazonas para transformá-lo em português, embora a Espanha tivesse mais direito por tratado e descoberta. Os dois homens tiveram heroica influência para Portugal e o Brasil, porém não se sabe nem mesmo se foram altos ou baixos, gordos ou magros, simpáticos ou antipáticos. Desempenharam suas funções quase contra a vontade e depois desapareceram, um na obscuridade de uma quinta no campo, e o outro, na morte." Anthony Smith, *Os conquistadores do Amazonas*. São Paulo: Best Seller, 1990.
26 "Os antropólogos cometeram o engano, ao visitar a Amazônia no século XX, de estudar só pequenas aldeias e dizer: 'Bem, então é só isso'. O problema é que nessa época muitas populações indígenas já tinham sido extintas pelo holocausto que foi o contato com os europeus. É por essa razão que os primeiros europeus na Amazônia descreveram assentamentos tão grandes que ninguém nunca mais conseguiu encontrar" (Michael Heckenberger, antropólogo da Universidade da Flórida, no livro *Z, a cidade perdida*, de David Grann). Autor de *The Ecology of Power*, aclamado por geógrafos e antropólogos, Heckenberger sustenta que havia assentamentos pré-colombianos na região do Xingu com 2 mil a 5 mil habitantes, ligados por estradas.

viajavam em nome da ciência, mas alimentavam esperanças de encontrar por aqui cidades perdidas e um paraíso terreno com direito à fonte da juventude. Para Dias, caciques banhados a ouro protegidos por guerreiras amazonas, louras e assassinas, não passavam de mito.

A Real Sociedade Geográfica de Londres não ensinava antropologia a seus exploradores. Ensinava "ciência dos selvagens" e os treinava com um manual preconceituoso para tratar "bárbaros ou nações pouco civilizadas". Cinquenta anos antes deles, Dias fez estudos etnológicos, colecionou objetos, tentou decifrar novos idiomas, registrar costumes, pesquisar os movimentos migratórios e entender melhor aqueles brasileiros do mato e sua diversidade.

No início do século XX, os cientistas ingleses ainda consideravam que africanos e indígenas compartilhavam uma "quase gorilidade". Em 1861, na viagem de quase novecentos quilômetros pelo rio Negro, Dias voltou a se sentir indígena.

Dessa vez, o negro Fileno pôde acompanhar seu senhor, pois não pretendiam sair do Brasil, terra onde a escravidão era legítima. Sem Coutinho, envolvido com outro trabalho em Manaus, Dias embarcou no *Pirajá* na manhã de 5 de agosto. O engenheiro Souza Coelho e o dr. Canavarro integravam de novo a tripulação. O destino era Santa Isabel, vilarejo a 780 quilômetros da capital. Daí para a frente, com barcos menores, enfrentariam as corredeiras no rio Negro até a fronteira com a Venezuela.

Ao entardecer do primeiro dia, o prático que conduzia o vapor se atrapalhou com os labirintos escuros do rio, e só na manhã seguinte eles vislumbraram uma povoação: "Algumas casas de palha, no meio delas uma toda caiada, aparecendo como uma capela e risonha", descreveu. Sucederam-se outros povoados, ora com nomes indígenas, ora portugueses — Aipurucu, Inajatuba, Moreira, Tauapecaçu, Moura, Chibaru. Todos lastimosos.

O *Pirajá* venceu mais de quatrocentos quilômetros até Barcelos, onde começaram a procurar remadores para a segunda fase da expedição. Não havia aldeados no povoado, mas o diretor de indígenas mantinha contato com povos próximos, de línguas diferentes, os xirianás e os bafuanás, que desciam de tempos em tempos dois afluentes do rio Negro. Ao todo, eram 350 a quatrocentos indígenas, robustos e saudáveis, que cultivavam mandioca e teciam redes de fibra. O diretor forneceu quatro remadores para a expedição. "Como ele arranjou isso, ainda ignoro, porque essa gente nada faz senão forçada", rabiscou Dias no caderno, sem qualquer traço de empatia. Compraram uma igarité (embarcação feita de um tronco inteiriço de árvore) e uma canoa grande com toldo de lona para o resto do percurso.

"Acordamos de madrugada. Achamos todos os índios ao redor do fogo, à espera da ração de aguardente. Desfizemos o acampamento e largamos às cinco horas e poucos minutos da manhã, com um luar magnífico de lua cheia." No meio da manhã, um dos remadores flechou um tucunaré de bom tamanho, que almoçaram na foz de um igarapé. Quatro da tarde, numa magnífica curva do rio, avistaram Santa Isabel. A antiga povoação, construída sobre um rochedo na margem, estava abandonada. Nada mais que algumas habitações arruinadas e restos de uma igreja. Desembarcaram só para comer goiabas.

Atrás de mais braços para dar conta do resto do trajeto, pararam em vários povoados, pedindo ajuda aos "comandantes dos trabalhadores", sargentos e cabos de polícia encarregados de fornecer indígenas ao serviço público. Dias classificou esses oficiais de "senhores de faca e cutelo que se aproveitam do trabalho dos caboclos" [chamava assim tanto os mestiços quanto os indígenas].

Num sítio próximo a Santa Isabel, conseguiram dois novos remadores. Nove dias depois, na ilha de Abadá, encomendaram mais seis a um cabo que estava "bêbado como uma cabra", cambaleante antes das nove da manhã. O cabo se embrenhou no mato e só voltou às duas da madrugada com o pedido. Quando se preparavam para deixar a ilha, perceberam que dois dos indígenas de Barcelos haviam fugido.

Dias, Fileno, Coelho, Canavarro e um criado do médico viajavam na canoa grande. Levavam carne-seca e farinha, mas dependiam também da caça e da pesca. Os ovos de juraná, um cágado amazônico, e a carne do cojubim, espécie de jacu parrudo, eram suas iguarias. Em raros povoados, negociavam galinhas e leitões com os ribeirinhos. Dias sentia-se bem (havia parado de escarrar sangue) e fazia anotações sobre a geografia, as vilas e a gente que encontrava. Encarou até uma longa e cansativa caminhada pela mata virgem, observando galos da serra. Canavarro desembarcou algumas vezes "para arranjar fêmeas". Dormiam combatendo nuvens de insetos e ouvindo o cururu-pinima, um sapão rouco que, segundo Dias, coaxava gravemente "Mauá! Mauá!".

Pouco depois de cruzarem a ilha do Macaco, no dia 26, um vento forte começou a soprar para o leste. "Algumas rajadas anunciam a aproximação da tempestade. O rio se levanta em ondas...", escreveu Dias, equilibrando-se na igarité. O piloto procurava um lugar protegido para fundear, pouco acima do sítio onde Coelho, que não sabia nadar, e Canavarro estavam acampados. Antes de alcançarem abrigo, porém, o vento virou. "Saltou-nos de frente. Duas vezes nos entrou água pela proa, com pouco mais estávamos alagados." Tempestade amazônica em noite cerrada. À luz dos relâmpagos sobre a superfície negra do rio, tentavam proteger um lampião quando o toldo da igarité voou e a água varreu tudo. "Enfim, um dos remeiros conseguiu lançar mão a um galho e nos atracamos a um tronco. Nem sabíamos se estávamos em igapó ou terra firme. Estava tudo e todos molhados até os ossos, tiritando de frio. Em tais casos é a cachaça remédio soberano."

Enquanto Dias enfrentava a chuva, Coelho e Canavarro se divertiam no acampamento. A dupla jantou e tomou vinho com "uma súcia de mulheres com quem tinham se acamaradado". Às cinco da manhã, de volta ao trabalho, Dias marcou no caderninho: "O Canavarro já se vê que com as fadigas da noite não nos pôde, ou quis, acompanhar".

Àquela altura da viagem, a irritação com "o doutor" e "o engenheiro" era o único resquício do estado neurastênico do poeta. Quando queria falar mal deles, escrevia em francês. Acusava Coelho de preguiçoso e arrumou confusão disputando a compra de um barco com Canavarro ("ele anda embuçado em sua capa como um salteador espanhol, lenço na cabeça e chapéu de palha por cima..."). Suspeitou que ambos, em conluio com Fileno, andavam se fingindo de doentes.

Nosso engenheiro também se queixa de moléstia todo o dia, mas suponho que para não fazer nada. Nesse momento em que escrevo, às dez da noite, volta da casa da fêmea. Eles andam em romaria atrás de farinha para comer um peixe rançoso de latas. Amanhã ou depois se hão de queixar do clima, epidemias e outras semelhantes asneiras.

Ao mesmo tempo que evitava os tripulantes, implicando até com o que comiam, aproximava-se dos indígenas. Eles já o chamavam de *carinã écatú*, o branco bom mesmo. No caminho para a fronteira venezuelana, estudou a diversidade dos tapuias, com suas "gírias próprias" e seus artefatos característicos. Missionários carmelitas caçaram almas naquela região, anos antes, mas Dias ainda conseguiu registrar costumes e rituais que tinham sobrevivido aos padres. Presenciou mais de uma vez a festa do Tabacuri. Consistia no seguinte: determinado grupo anunciava uma visita aos vizinhos e o desafio era surpreendê-los com a quantidade e a qualidade das comidas e bebidas que levavam. Em troca, o tapuia visitado oferecia um banquete que durava três dias "numa borracheira infernal". Em cerimônia de iniciação exclusiva para homens, Dias assistiu à festança do Jurupari,[27] um demônio que teria acabado com o matriarcado na terra. "Um caboclo se esconde no mato e começa a tocar de lá o jurupari. É uma taboca de vara e meia de comprido, em forma de buzina, de onde tiram um som rouco e medonho. Os que estão na dança recebem-no no seu meio e dançam todos." Não há mulheres por perto. Elas são ameaçadas pela divindade com a morte se assistirem à festa.

O ponto-final da missão era São Gabriel, a 862 quilômetros de Manaus, último município brasileiro pelo rio Negro, no extremo noroeste do país. Cem anos antes, os portugueses haviam construído um forte sobre a elevação rochosa chamada Cabeça de Cachorro, à margem esquerda do rio. Agora restava um prédio em ruínas, com peças de artilharia encarquilhadas pelos cantos. Dias achou que era uma sorte o Brasil não ter razões para temer invasões da Venezuela. Ao lado do forte estropiado, via-se a casa modesta do comandante, uma igreja e o lar do vigário. Mais além, a desolação de 33 casebres e telheiros sem ninguém por perto. O povo tinha se mudado para Guia, num igarapé próximo dali. São Gabriel era apenas uma das tantas vilas amazonenses abandonadas por moradores que se moviam como se movem os rios.

A guarnição contava com oito soldados, todos transferidos como punição para aquele fim de mundo e rogando para

---

27 O Jurupari é um demônio singular, responsável pela mudança de algumas leis do mundo. Foi enviado pelo Sol à Terra para conseguir uma esposa ideal para ele. Jurupari não encontrou a mulher à altura de seu deus e também não gostou do reinado do matriarcado que viu por aqui. Passou, então, o poder para os homens, deu-lhes muitos benefícios e criou uma série de cerimônias só para eles. Mulheres que virem o Jurupari e homens que revelarem seus rituais aparecem mortos.

sentar praça em outro lugar. Eram comandados pelo alferes José Fernandes da Silva, substituto do alferes Pereira Lima, assassinado meses antes por soldados presos por roubo. A soldadama arrombara o calabouço e surpreendera o comandante, matando-o com quinze baionetadas e três tiros. Depois fugiram para a Venezuela. "Estou escrevendo no quarto e talvez na própria mesa em que estava o Pereira Lima. Ainda são visíveis os sinais da mão do homem ensanguentado que pretendia agarrar-se às paredes."

À noite, Canavarro tocava violão para divertir os companheiros no acampamento quando o comandante do forte apareceu com dezesseis indígenas. Escolheram onze. O alferes trazia também um cavaquinho e se ofereceu para acompanhar a cantoria do doutor. "E não há um só moleque para espreitar da janela a nossa filarmônica", lamentou Dias. "Mas assim passaremos a noite."

Deixaram São Gabriel às seis da manhã com novos remeiros, uma canoa extra e um equipamento a menos: "Filhos da puta, furtaram o meu termômetro por bonito, ou então quebraram-no e deitaram-no fora!", anotou no diário.

Quanto mais se metia pela selva amazônica, mais à vontade ficava. Estava entrosado especialmente com os indígenas do rio Uaupé, quatro rapazes de uma aldeia do ramo tukano fornecidos pelo vigário de São Gabriel. "Eles traziam nas partes um saco à semelhança de um suspensório de escrotos, chamado de cuêio", descreveu. Simpatizara com eles de saída e os convocou — sem Fileno — para atravessar a fronteira da Venezuela. Remaram pelo rio Negro até a vila de San Carlos, já próximo ao canal de Cassiquiare, onde Humboldt, sessenta anos antes, havia interrompido a viagem para não invadir o Brasil. Os barés, mesmo povo que habitava o lado de cá, receberam muito bem os visitantes.

Exatamente um mês depois da partida, a expedição iniciou a volta a Manaus. Dias estava mudado. Os cadernos de bolso agora transbordavam de registros telúricos. "Poucas vezes me tem Deus concedido presenciar um pôr do sol tão formoso", anotou diante de uma pequena praia de areia fina, cercada das palmeiras caranaí que cresciam de dentro da água. "Quem resiste a uma cena destas? Suicídio? Mas que importa! Quero tomar um banho neste lugar." Na rede, com um terçado ao alcance da mão, ficava a observar os selvagens: "Acabamos de jantar já noite. Em volta, os indígenas acomodados em esteiras de tucum conversavam e riam. Estavam de bom humor e tinham razões para isso. Depois de passarem o dia todo dentro d'água, um copinho de aguardente e um pouco de pirarucu assado os haviam feito esquecer todas as fadigas".

Era uma notável transformação para o filho de Vicência. Ele iniciara a viagem reclamando que aquele povo só trabalhava quando forçado. "Não há gente como a nossa. Marujos excelentes — remeiros incansáveis, e sempre falando, sempre alegres. E esses pobres já tão dizimados, ainda os recrutam, como se não devessem contemplar este Amazonas, para o qual não há colonos e se diz não poder haver."

Qualquer resquício de paciência com a tripulação branca tinha desaparecido. Para evitar incomodações, até passou o comando da expedição para Coelho. "Entreguei governo e alta e baixa jurisdição ao engenheiro." Com uma ubá de quatro remos comprada no forte de São Gabriel, saía só com os indígenas uaupés em jornadas de exploração. Almoçavam sob florestas de árvores finas e altíssimas, com a copada de varas embrenhadas de tal maneira que segurava no mato a fumaça da fogueira.

O momento supremo da comunhão com os indígenas do rio Negro não aparece, porém, nos cadernos, interrompidos quatro dias antes da chegada a Manaus. Está relatado como epifania numa carta a Antônio Henriques Leal. Dias contou que, certo dia, embarcou com os remadores uaupés, arregimentados em troca de um pouco de fumo "distribuído com parcimônia". Os rapazes trabalhavam felizes, comentando e rindo de suas proezas nos redemoinhos das cachoeiras.

"Ótima gente! Por fim, apaixono-me deles, ponho cuêio e vou para o mato, traduzir meus indignos versos em língua de caboclo!"

Que versos teria escolhido para declamar em voz alta, pelado no mato, em harmonia com os indígenas? Exaltações aos timbiras maranhenses? Certamente, não. Elegias à selva? Redundância. Mais provável um poema de amor a Ana Amélia.

22.
Rebaixados no front

Durante a manhã inteira, Capanema carregou nas costas a máquina fotográfica que Dias deixara com ele antes de viajar para a Amazônia. Na enseada ao pé do morro do Mucuripe, demorou-se fotografando as cabanas de palha, um canhão na beira do mar, batido pelas ondas, e as ruínas quase encobertas do velho forte. Nem a construção da muralha de pedras da fortaleza tinha conseguido domar aquelas areias. Estava convencido de que as dunas provinham da erosão original das chapadas do Araripe e buscava evidências analisando a composição da areia fina. Capanema inaugurou a derradeira expedição dos cientistas desfrutando, antes do sertão, de uma agradável temporada de visitas a vilas de pescadores perto de Fortaleza. Na ponta da praia, armou a máquina fotográfica ao lado do farol de luz fixa, uma coluna rotunda de três pisos e 39 palmos de altura que queimava toda noite onze garrafas de um catinguento azeite de carrapato. O equipamento moderno o fascinava. "Daqui a pouco tempo não haverá ninguém que não seja fotógrafo." No fim do dia, de volta ao barraco de folhas de coqueiro, tomou cachaça e jantou pirão, peixe cozido em água e sal e caju.

Na manhã seguinte, saiu para registrar as pescarias. Bem onde quebrava a onda, os homens se encarapitavam em cavaletes, observando as variações de verdes e azuis das águas para, então, lançarem as tarrafas. Com a maré cheia, era a vez dos tresmalhos, jangadas deitando no mar as grandes redes tingidas com a casca do mangue vermelho. Na puxada do arrastão, os pescadores ajeitavam atrás uma rede menor, a jangarela, de onde saltavam as tainhas mais lindas que já havia visto. O dono do tresmalho ficava com a metade da feira, os pescadores dividiam o resto, anotou.

De calças arregaçadas, joelhos e canelas rúbeos de tanto sol, gastou o resto do tempo colhendo algas para a coleção botânica. Separou caulerpas e valônias que julgou típicas do mar Vermelho. Absorto no trabalho, volta e meia uma mesma ideia lhe vinha à cabeça: o que pensariam os inimigos da Comissão, lá no Rio, se pudessem vê-lo nesse exato momento? "Algas, o que são nessa vida? Se Dantas e companhia soubessem que um cientista se ocupava em trazer para casa o que eles classificariam de monturo, então ordenariam ao governo, sob pena de ser assado no espeto, que mandasse enforcar sem demora a tal Comissão."

Era difícil esquecer Dantas, o senador alagoano que inventou o apelido Comissão das Borboletas, e o descaradamente antagônico gabinete de Uruguaiana. Capanema estava viajando com o dinheiro curto antecipado de má vontade por seu inolvidável presidente Totônio.

Setembro, em Fortaleza, logo depois das eleições, os cientistas haviam decidido rever os planos, já inexequíveis àquela altura. Faltavam apenas seis meses para o fim da expedição, e muito tempo fora desperdiçado à espera das verbas atrasadas sem que o Ministério se dignasse a dar qualquer satisfação. Muitos roteiros também tinham se arrastado além do previsto ou do necessário. Planejaram, então, uma jornada para o Norte, rumo ao maciço de Uruburetama e ao sertão de Cratéus, na divisa com o Piauí. Em dezembro, no máximo, previram se agrupar em Sobral.

Capanema e os ajudantes partiram em 1º de novembro para realizar pesquisas nas aldeias de pescadores do Mucuripe e de lá rumaram para a serra da Uruburetama. A intenção era estudar o sertão salitroso do Aracatiaçu, as águas termais de Pajeú e os serrotes vulcânicos do Barriga e Picão, na vizinhança de Sobral. As carroças da seção de Geologia e Mineralogia estavam abarrotadas com a carga extra deixada por Dias aos cuidados de Capanema. Muitas caixas com amostras, documentos, notas de estudo e equipamentos atulhavam o comboio.

No início da cavalgada, quando Capanema ainda se recuperava do cozimento solar sobre a pele alva sofrido nas praias, lhe sobreveio uma erisipela em ambas as pernas e muita febre. Ficou sem poder se movimentar por alguns dias e achou conveniente apressar a viagem. Chegou a Sobral antes dos outros chefes.

Freire Alemão e Lagos haviam partido de Fortaleza no dia 28 de novembro, em direção à serra de Ibiapaba. O conselheiro continuava "arrastando o peso" do companheiro que, com suas pesquisas erráticas, ainda não conseguira juntar material apropriado para fundamentar qualquer trabalho científico. As alegres caçadas e pescarias rendiam cada vez mais gaiolas e animais pendurados nas carroças, cada vez mais caixas de coleções e barricas de amostras para carregar, mas não havia uma ideia, achado original nem documentação suficiente para deixar em pé um estudo zoológico razoável. "Tem escrito resmas de papel, mas aí não se acha uma página de zoologia", criticou o conselheiro. Em compensação, Lagos tinha em mente um evento capaz de encantar a corte. Quando voltasse ao Rio, faria uma grande exposição sobre "o estado de civilização, indústria, usos e costumes" dos habitantes da província cearense. Tudo que catara até ali caberia nessa feira, até os lencinhos de cinco réis comprados por dois. E no caminho para Sobral ainda havia muito peixe para pescar e maracanãs para mirar. O jornal *O Cearense* comemorou o projeto de Lagos: "Para que na corte se conheça que não somos tão bárbaros como lá se acredita".

Nenhum dos expedicionários sabia, mas a Comissão que se reencontrou em Sobral no final de 1860 já não era a mesma instituída pelo imperador quatro anos antes. Eles haviam sido rebaixados, e a missão, aviltada. Um Aviso do Ministério do Império, atrasado em mais de dois meses, aguardava o conselheiro em Sobral. Com data de 10 de outubro, a correspondência informava que em 27 de setembro havia sido aprovada a previsão das despesas governamentais para 1861-2. Na nova lei orçamentária, por decisão do Ministério, a verba destinada à Comissão passava de 140 para 130 contos de réis, com corte total ou diminuição de valores para várias despesas. O vencimento anual dos chefes, de 7200 contos, fora barateado para 5400 contos. A tesourada tinha sido executada sem consulta prévia aos viajantes. Um simples comunicado: há menos dinheiro, virem-se como quiserem.

"Os Ziguezagues" zuniram nas páginas do *Diário do Rio de Janeiro*. Como sempre, o texto vinha assinado com o pseudônimo de Manoel Francisco, embora, dessa vez, não restasse sinal da voz gaiata do servente de semblante sorridente. No lugar das costumeiras sátiras de parca sutileza, o que a coluna expunha era o ferrão de Capanema, inconfundível, em briga aberta para quem quisesse ouvir. Acusava Uruguaiana de, "por incapacidade", descumprir a lei que criou a Comissão. "Um ministro que tivesse sentimento de dignidade e interesse pelo país não agiria assim." A guerra estava escancarada. Aos 36 anos, no pó da estrada, o futuro barão escrevia panfletos como se fosse um jovem rebelde:

A Comissão chega em contato com a grande massa do povo, vê as suas misérias, o seu estado; conhece as suas necessidades, vê de que melhoramentos o país carece para se tornar próspero, estuda seus recursos hoje totalmente abandonados. A Comissão tem o dever de representar isso tudo ao governo, e dessa representação nasce para o mesmo governo o imperioso dever de remediar o mal. É justamente isso que ele [o gabinete de Uruguaiana] procura evitar porque diz o velho ditado: em águas turvas pesca-se melhor. Até hoje o governo tinha uma desculpa bastante plausível para sua incúria: não conhecia as raízes do pólipo que rói o país e que o vai definhando. Contra mal que não se conhece não se pode aplicar remédio. Hoje as coisas mudam de figura, as raízes do pólipo podem ser postas à mostra e à suprema administração cumpre extirpá-las. Para que, porém, elas não sejam expostas à mostra, procura-se desgastar a Comissão.

O sobralense já era um povo vaidoso da sua terra antes mesmo de a cidade ter Arco do Triunfo, Cristo Redentor e um planetário bem na praça onde se confirmou que a teoria de Einstein estava correta.[28] Freire Alemão observou que, ao entardecer, as famílias gostavam de passear à poeirenta margem do Acaraú, como se ela fosse uma "espécie de boulevard". Havia certa fidalguia naquele lugar, diferente de todo o resto do Ceará. A Vila Distinta e Real de Sobral enriquecera com as charqueadas no século XVIII. Tinha forte comércio de couros, algodão e alimentos, suprindo boa parte dos sertões cearenses e até as

---

28 O arco em homenagem a Nossa Senhora de Fátima, inspirado no Arco do Triunfo de Paris, foi construído no Boulevard Pedro I, hoje avenida Dr. Guarany. A estátua do Cristo Redentor, de oito metros de altura, com a cidade a seus pés, é de 1938. O planetário, junto ao Museu do Eclipse e ao Observatório Astronômico de Sobral, está localizado no centro da cidade, exatamente onde cientistas ingleses instalaram um telescópio, um astrógrafo e um celostato para observarem o eclipse de 1919. Eles pretendiam comprovar a deflexão do raio luminoso, prevista na teoria da relatividade. Para isso, escolheram dois pontos de observação: um na ilha Príncipe, no golfo de Guiné; o outro na praça do Patriarca, aproveitando o céu sempre limpo de Sobral. Constataram que Albert Einstein estava certo.

praças de Pernambuco, do Piauí e do Maranhão. Embarcações com produtos europeus chegavam a Sobral antes de Fortaleza.

O clima da cidade pareceu insalubre a Freire Alemão, muito quente e desagradavelmente úmido na época das chuvas. "Também não tenho achado boa a cor dos habitantes." Mas teve boa impressão do centro de Sobral, com a mistura das ruas largas com as tortuosas vielas antigas e as calçadas de tijolos bem cuidadas. As bodegas ofereciam doces delicados e pães sofríveis. Sentiu falta de leite e achou a água que bebiam do rio barrenta, embora muita gente guardasse as águas da chuva. Sobral tinha um curso de latim, duas escolas primárias para meninos e uma para meninas.

As casas das famílias ricas, notou o conselheiro, se inspiravam no "gosto moderno" do Rio e Recife. Eram assobradadas e com "áticos garatujados de esquisitos arabescos com cores vivas". Porém, mesmo as mais imponentes e bem decoradas, como a do senador Paula Pessoa, que visitou logo nos primeiros dias, eram de telha-vã. A falta do forro de teto, criticou, lhes roubava a graça. "Produz mau efeito e tira todo o belo, qualquer que seja o modo de mobiliá-las."

Homens e mulheres tinham posições políticas extremadas, mas, transpostas as eleições, ao contrário do que observara em Aracati, caranguejos e chimangos se frequentavam normalmente em Sobral. A cidade gostava de cerimônias e se animava ainda mais entre dezembro e janeiro com os estudantes chegados de férias e sedentos de festas. "É um lugar de prazeres."

À primeira vista, Freire Alemão achou que a "formosura tão decantada" das mulheres locais era uma fama exagerada. Em poucos dias já falava de moçoilas "graciosas e sedutoras", capazes de sustentar "uma conversação de gracejos" com os cavalheiros. "Deixam-se namorar e namoram mesmo à vista dos pais, que fazem as vistas gordas." Independente da aparência, considerou todas muito ousadas para seus padrões. Já

Capanema se adaptou rápido e começou a namorar Mundoca, a quem o conselheiro chamava de d. Raimunda, a moça mais "desembaraçada, requebrada e garrida" da cidade. Freire Alemão espalhou adjetivos para descrever seu desconforto nas rodas sociais sobralenses. "Provavelmente o que dá mais nome a Sobral é o desembaraço e galanteio das damas, cuja amabilidade, afabilidade e faceirice toca a desenvoltura e mesmo embaraça o homem que não está acostumado a isso."

Não haveria muito tempo para se acostumar. Depois do aviso de cortes em soldos e despesas, o conselheiro tentou expor ao governo as consequências da decisão, mas não foi ouvido. Consultou, então, Capanema e Gabaglia, constatando que ambos estavam de ânimo no chão e agora só pensavam em voltar para Fortaleza. Em poucos meses, deveriam se apresentar no Rio com missão concluída. A exceção era Lagos, que não parecia preocupado com as novidades. Ele andava entretido com um exemplar de jequitiranaboia, um parente da cigarra, esquisito e de injusta má fama, também conhecido como "cobra voadora" por causa da cabeça que lembra a de um réptil. Manteve o inseto vivo por dez dias, em Sobral, na esperança de comprovar uma potente luminescência, descrita por uma naturalista alemã no início do século XVIII.[29]

Freire Alemão estava seguro de haver formado coleções e juntado documentos e apontamentos suficientes para apresentar ao IHGB. O trabalho ganhara ainda mais corpo na viagem à grande serra de Ibiapaba. Ali pudera pesquisar o encontro de dois ecossistemas, o da mata úmida e o da seca. Via o

---

29 A jequitiranaboia (*Fulgora latemaria*) foi descrita pela naturalista Maria Sybilla Merian (1647-1717), numa expedição pelo Suriname. Segundo ela, a luz que emanava do inseto era tão intensa que lhe permitia ler um jornal. Mas a presa de Lagos não brilhou. Certamente porque não estava contaminada por bactérias patogênicas que pesquisas posteriores mostraram ser as responsáveis pela luminescência das fulgoras.

Ceará dividido em três regiões: litoral, sertão e serra. Mas observava — o que levou mais de um século para ser decifrado — diversidades e peculiaridades botânicas e climáticas que não cabiam na literatura científica disponível. O material colhido era suficiente para produzir uma *Flora cearense* e ainda propiciar divertimento com estudos por muitos anos. Decidiu voltar a Fortaleza sozinho, livrando-se de Lagos. Reis de Carvalho o acompanhou nas andanças por Canindé, Baturité, Acarape e Pacatuba. Além das paisagens e das igrejinhas desoladas, o artista desenhava à Debret os tipos que ia encontrando. Uma vivandeira de boné e casaca militar, com um macaco nas costas; dançarinas, músicos e botequins; soldados em marcha; um carneiro encilhado.

A alegre Sobral, não se sabe de que maneira, havia reconciliado Capanema e Lagos, que uniram os comboios em direção à capital. Embora frustrado e irritado com a exigência de cortar despesas, Capanema entendia que seu trabalho já estava bem encaminhado, com várias pesquisas geológicas e muitos palpites reservados para os relatos de viagem da Comissão, publicação que deveria montar um grande painel da vida nas províncias. Lagos, por seu lado, não tinha dúvidas de que levava na bagagem provas cabais do estado de civilização do povo cearense para exibir na corte. Os dois rumaram juntos para Granja, a caminho de mais um escândalo.

23.
O infeliz palpite

Concluir a expedição se tornava um encargo, mais que qualquer coisa. A possibilidade de simplesmente ter embarcado num fiasco nacional pareceu a Capanema clara como o céu de Sobral. Estava arriscando demais a vida. O que deixara para trás em nome da missão não era pouco. Em dez anos de trabalho, amealhara uma fortuna "quase segura", mas andava desleixado com os negócios e distante das atividades de engenheiro na corte. Não enfrentava o sertão esse tempo todo interessado no soldo maior ou menor, embora tenha aprendido desde cedo a não trabalhar de graça nem engolir desaforos (Uruguaiana que esperasse pelo troco). A questão era o quanto estava disposto a pagar pela aposta. Agora sentia que também arriscava seu "crédito como engenheiro e negociante". A conta podia ser injusta, mas sabia que apenas lhe restava tocar em frente, até o fim. Só a rotina das cavalgadas com os companheiros abrandava o peso da raiva pelo boicote do Ministério e o medo da derrota.

Devido à tesourada nas despesas, Capanema e Lagos abandonaram o plano de entrar pelo Piauí e optaram por um roteiro mais curto e rápido pela serra da Ibiapaba. Não era possível, contudo, apressarem o ritmo com as carroças pesadas naquela grande chapada em plena época das chuvas. Capanema resolveu, então, enviar parte da carga por via marítima, livrando-se das caixas, das bagagens e dos equipamentos que julgava desnecessários para o resto do percurso. Dirigiu-se apressado para Granja, ao norte, às margens do rio Coreaú, onde procurou um comerciante de barcos para cuidar do transporte para Fortaleza. A Casa Pacheco & Mendes, com serviços já prestados a Gabaglia, era dona do iate *Palpite*, fretado para a viagem.

A nova dupla de comboieiros pôde, então, estudar o paredão verde da serra que ficara para trás. Visitaram Iboaçu, as minas de cobre de Bari, Vila Viçosa e a esplêndida Gruta de Ubajara. Capanema e Lagos se maravilharam com a caverna de mais de um quilômetro de extensão — uma gelada catedral de rochas calcáreas, esculpida a 75 metros de profundidade. Depois desceram a serra até Ipu, localidade que, quatro anos mais tarde, ficaria famosa com berço de Iracema, a Virgem dos Lábios de Mel.[30]

A partir daí, Capanema, sem muita paciência, encurtou a rota. Ainda reclamava da falta de dinheiro e desistiu de pesquisar as minas de antimônio e zinco de Vila Nova e os indícios de ouro de Juré e Santa Maria. Também mandou às favas a visita à lagoa do Ripina, desejada desde que vira no Museu Nacional mostras dos fósseis da região. Queria chegar logo a Fortaleza.

---

30 José de Alencar publicou *Iracema: Lenda do Ceará* em 1865. A história de amor da selvagem com o colonizador Martim era uma alegoria sobre o mito da fundação da identidade brasileira. Nascida nas ocas tabajaras, em meio às matas de Ipu, Iracema e o representante da Coroa portuguesa geraram Moacir, o primeiro cearense de verdade, encontro da cultura europeia civilizada com os bons valores indígenas. Não foi um encontro simples. Iracema se apaixonou depois de ter dado uma flechada no branco, chamado de Cotiabo, o que queria dizer "gente pintada". O amor proibido só foi consumado numa noite em que a índia dos cabelos mais negros que a asa da graúna deu um chá alucinógeno para Martim.

Quando Capanema passou por Ipu, pouco restara dos tabajaras. Antigos aliados dos franceses, eles acabaram catequizados pelos jesuítas. Depois da expulsão da Companhia de Jesus, tornaram-se semiescravos dos proprietários de terras e eram, então, miseráveis demais para figurar num romance de Alencar.

Ao contrário dele, Freire Alemão não mudou o ritmo de nada do que fazia em função da pancada do Ministério. Seu mundo era outro. Não interessava se o governo tivesse humilhado a Comissão ou se os bolsos estavam vazios. Não interessava nem mesmo que não houvesse ninguém prestando atenção em seu trabalho. Ele executava o maior número de pesquisas botânicas que conseguia, dia após dia. Cavalgou sem descanso até Canindé, onde os cavalos ganharam uma folga antes de subirem a serra de Baturité. Estava feliz, desvendando "uma das preciosidades" do Ceará. "Ar benigno, solo fértil, banhado por arroios de águas perenes e matas soberbas."

No final de março, de volta à capital, a Comissão recebeu a notícia da tragédia. O *Palpite* havia desaparecido. O veleiro partira do porto de Granja, no rio Coreaú, para perfazer um trajeto de trinta quilômetros até a foz e outros trezentos de costa para Fortaleza. Freire Alemão pediu ao presidente da província que convocasse autoridades locais, ao longo do Coreaú e do litoral norte, para ajudar na procura de restos do provável naufrágio, "onde se achavam objetos de subido valor para a Comissão, como são livros e registros das observações feitas no interior da província".

Antônio Marcelino ordenou com presteza que a capitania do porto de Granja iniciasse uma investigação refazendo a trajetória da embarcação. Numa jangada de propriedade da província, foram enviados um prático e quatro praças com ordem de pararem em cada porto intermediário atrás de notícias sobre o local do naufrágio ou de partes da carga.

O caso acabou esclarecido em poucos dias. Na manhã de 13 de março, ao sul da foz do rio Coreaú, o iate (carregado de madeira, além dos fardos da Comissão) enfrentara um aguaceiro pesado e muita ventania, indo a pique. Os cinco tripulantes escaparam numa canoa. Das cargas, nem sinal.

Com o naufrágio do *Palpite*, submergiu um pedaço valioso[31] dos trabalhos da Comissão. Capanema, num relatório posterior ao IHGB, contou haver embarcado fardos de roupas, aparelhos científicos, muitas caixas de notas e apontamentos (incluindo os estudos de plantas medicinais e as observações para a organização do mapa geológico), um conto de réis em cédulas de mil-réis, traduções de dois livros de Liebig,[32] parte de um trabalho que escrevia em alemão e quatro álbuns de fotografia — com todas as fotos tiradas por ele e Dias, incluindo, provavelmente, as da chegada dos camelos.

Solucionado o mistério, Marcelino informou a Freire Alemão, por ofício, que o capitão do porto de Granja, "reconhecendo quanto são diminutos os vencimentos dos praças", tinha fornecido "carne-seca, farinha e dinheiro" para a tripulação de investigadores. A conta da capitania ficava em 50 mil-réis.

"Completamente besta e apatetado." Foi como Capanema se definiu numa carta ao amigo Dias, que naquela época vivia enfurnado no quarto de hotel de Manaus escrevendo poemas para Ana Amélia. Ele não tinha ideia de quanto restara para apresentar como prova de quase dois anos de pesquisas. E o pior: como sempre, seguiu-se a temporada de maledicências com uma leva de boatos que bateram na corte. Os desafetos de Fortaleza, cultivados à mancheia, se dedicaram a espalhar que o afundamento do *Palpite* fora planejado por Capanema para esconder seus fracassos e sumir com um dinheiro a ele confiado.

---

31 Uma versão muito difundida da história da Comissão afirma que todos os trabalhos da missão foram perdidos, o que não é verdade. **32** Justus von Liebig era um químico e inventor alemão, famoso por experimentos que permitiram o desenvolvimento de fertilizantes químicos, explosivos e alimentos desidratados. No Rio, Capanema criaria empreendimentos baseados nos estudos de Liebg.

Nas páginas do jornal *Pedro II*, foi publicada uma correspondência assinada por Caim e Abel, supostos amigos de Capanema, satirizando o caso. A carta dizia que o *Palpite* era, na verdade, um "xaveco que se achava condenado" no porto de Granja e soçobrara devido ao mau estado. A pretexto de defender Capanema das suspeitas de ter escolhido o barco para esconder que "não fizera nada", a carta anunciava ironicamente uma grande descoberta: pescadores do rio Acaraú fisgaram um camurupim, enorme e bocudo, que trazia na barriga parte dos pertences da Comissão. A lista dos achados: retratos de mulheres peladas e "no maior grau de depravação" na Lagoa Funda, relação de "mulheres perdidas" pelos vários municípios visitados e descrições de orgias. No bucho do peixe não havia dinheiro, mas Caim e Abel diziam que "quis a Providência" restituir o crédito a Capanema "fazendo com que fosse encontrada a soma dentro das ovas do bicho". Três dias depois da nota do jornal, *O Cearense* publicou cartas de Dias e Tomás Pompeu defendendo o amigo. Freire Alemão também manifestou solidariedade, embora desconfiasse de armação.[33]

Em meados de abril, os chefes das seções se reuniram em Fortaleza para concluir o óbvio: era hora de encerrar a missão.

---

33 Num manuscrito datado de 14 de setembro de 1865, quando já estava adoentado e sofria lapsos de memória, Freire Alemão lançou suspeitas de que o caso do *Palpite* era uma armação de Capanema. O conselheiro errou na descrição da compra do barco e do local do acidente, mas revelou o que pensava: "Com a vida engolfada em tão asqueroso lodaçal de vícios, era absolutamente impossível que ele (Capanema) pudesse ocupar-se no menor trabalho científico, enquanto se demorou na capital. Mas ele remediou semelhante falta e mesmo com ela lucrou. [...] Comprou um barquito velho e desconjuntado, chamado *Palpite* — (Que palpite!!) —, e embarcou nele uns caixotes e canastras cheias e pesadas, mas, *ad cautelam*, deixou-se ficar em terra, separando-se de seus preciosos manuscritos em que vinham os apontamentos e indicações dos seus afanosos trabalhos".

Os expedicionários decidiram enviar um pedido para ser chamados de volta à corte. Lagos, que andava arrecadando produtos para sua grande exposição, foi o único a apresentar a ressalva de que gostaria de espichar um pouco a estadia. Pelas instruções originais, baixadas pelo governo em setembro de 1860, as atividades da Comissão tinham prazo de dois anos, podendo ser dilatado. Na correspondência endereçada ao gabinete ministerial (desde março, presidido novamente pelo duque de Caxias), a expedição apresentou um balanço dos trabalhos. A seção Botânica julgou haver encerrado sua missão "da melhor forma possível". Capanema e Gabaglia declararam que, para completarem os estudos, precisavam, além de mais tempo, de reformar suas equipes numa negociação pessoal com o governo no Rio. Lagos reivindicou a falta de uma pesquisa. Não era nada que exigisse outra investida pelo inferno da caatinga — apenas um estudo sobre a ictologia do litoral, coisa para dois ou três meses de labuta pelas praias da capital.

No dia 10 de maio, o Ministério respondeu. "O Governo Imperial julga que nas circunstâncias atuais a Comissão não deve continuar." Que voltasse à corte para, "depois de se entender com o governo", definir se valia a pena retomar alguma atividade no Ceará. Os chefes foram instruídos a entregar ao presidente da província "todo material de uso da Comissão" e assegurar com ele "os meios" para que os equipamentos ficassem "bem guardados".

Freire Alemão cumpriu as ordens. Devolveu ao presidente Marcelino 91 animais de sela e carga e pôs à sua guarda os caixotes com todo o seu material colecionado, a ser despachado para o Rio. Recomendou que os demais chefes fizessem o mesmo.

No entardecer cinzento do dia 13 de junho de 1861, o conselheiro embarcou no paquete da Companhia Cruzeiro do Sul acompanhado dos demais integrantes da Comissão Científica de Exploração das Províncias do Norte. Exceto pelo mesmo tempo fechado, a praia era muito diferente daquela que, dois anos e cinco meses antes, recepcionara a comitiva dos cientistas da corte. Havia pouca gente na despedida. Em meio aos escassos braços levantados que acenavam do porto estava João Pedro Vila-Real, recém-radicado no Ceará, casado com a linda morena Januária Gurgel Barbosa. Além dele, também ficara para trás o projeto de aclimatação dos camelos. Nesse caso, não por amor, mas desídia.

24.
Camelos expiatórios

A cáfila cearense havia sido privatizada semanas depois do escândalo do camelicídio. Aproveitando a ausência dos cientistas, em viagem longe da capital, Antônio Marcelino se livrou logo do problema e doou os animais aos fazendeiros, como já defendia seu antecessor, o Cabeça de Cabaça. Capanema, sem saber de nada, ainda sonhava intervir na doação, defendendo que o projeto de aclimatação deveria seguir nas mãos do IHGB. Visitara a fazenda do cônego Pinto Mendonça na viagem a Quixeramobim e achara tudo mal preparado para receber os dromedários. Porém, quando voltou a Fortaleza, já não restava mais nada a fazer.

A caravana de Capanema e Dias com Orelhonno e a posterior viagem fatídica (que nunca deixaria de atazanar a vida e a memória do poeta) foram as únicas experiências efetivas da Comissão com os dromedários. No dia em que os expedicionários embarcaram de volta ao Rio, a tropa já crescera: eram vinte camelos, todos saudáveis. Fêmeas prenhes pariram até na estrada para as terras do cônego e do outro fazendeiro agraciado, o senador Paula Pessoa. O *Camelus dromedarius* não mostrava, então, nenhum problema de adaptação ao Nordeste.

Os novos donos eram homens bem relacionados e de alta reputação no Ceará. Pinto Mendonça encarnava um caso de sucesso triplo — na religião, na política e na riqueza. Ordenado em Olinda, tornou-se vigário de Quixeramobim e acabou nomeado bispo pelo papa Pio IX. Como político, foi deputado provincial por dois biênios, federal por cinco, vice-governador e se elegeu senador nas eleições anuladas de 1868. Como fazendeiro, o cônego multiplicou as propriedades da família e dominou com mão de ferro seu pedaço do sertão. O outro donatário dos camelos, Paula Pessoa, proprietário da fazenda em Canindé, era prócer sobralense. Filho de um caixeiro português, trabalhou como vaqueiro, tocando grandes comboios de gado antes de fazer fortuna. O povo o chamava de Senador dos Bois.

Em tese, os camelos estavam em boas mãos. A partir da entrega, no entanto, quase nada se sabe deles. Não foi produzido nenhum documento oficial sobre o andamento da aclimatação, o IHGB e Capanema não trataram mais do assunto e a sociedade francesa jamais voltou a mencionar o projeto em seus relatórios anuais. Os fazendeiros não deram satisfação sobre os animais doados, nem foram cobrados para que as dessem.

O historiador Ignacio Raposo pesquisou o caso, em 1934, para a *Revista do Instituto* do Ceará. Revirou arquivos e jornais antigos e, num ensaio intitulado "Martyrologio dos Camelos no Ceará", concluiu que, largados aos cuidados de vaqueiros e escravizados, os camelos simplesmente "definharam". Não foram usados nem como animais de carga, servindo apenas de atração pitoresca nos zoológicos domésticos dos coronéis. Segundo Raposo, "um pequeno resto" dos que foram para Canindé voltou, com duas crias, à capital. Enquanto viveram, sempre cobertos de alcatrão para espantar as moscas, esses camelos deambularam pelas vizinhanças da casa do governador como parte da paisagem de Fortaleza.

A experiência de aclimatação dos dromedários ao Nordeste brasileiro foi encerrada sem ter sido realizada. O projeto não era uma invencionice nativa fadada ao fracasso por pecado de origem. Dois outros gigantes do Novo Mundo, Estados

Unidos e Austrália, fizeram bonito com seus camelos importados. O malogro nacional foi um caso singular, brasileiríssimo, sem nenhuma relação com a ciência. Muito menos com o progresso.

Nos Estados Unidos, 75 dromedários integravam o 1st U.S. Camel Army Corps, criado pelo Departamento de Guerra. A tropa foi comprada, cinco anos antes da importação brasileira, com aval do Congresso para ser usada no programa de integração dos territórios adquiridos do México. Idealizada pelo ex-oficial Edward Fitzgerald Beale, superintendente de assuntos indígenas na Califórnia e Nevada, a iniciativa teve enorme sucesso. Com seu corpo de camelos, Beale abriu uma nova rota no meio do deserto entre a Califórnia e o Novo México. Fez viagens de mais de 4 mil milhas e traçou caminhos até então desconhecidos para o Pacífico. Em 1861, o governo americano liberou recursos para que o Exército comprasse mais mil dromedários. Antes de a operação prosperar, eclodiu a Guerra Civil e o Camel Army Corp foi dissolvido.

Ao final dos quatro anos sangrentos do conflito, alguns dromedários foram postos a leilão e outros acabaram doados à cidade de Los Angeles. Sem o Exército, não restava muito mercado para eles. Investidores privados chegaram ao porto de San Francisco com camelos importados (a maioria bactrianos asiáticos, aqueles peludos, de duas corcovas) e só conseguiram vendê-los aos mineiros, que os espalharam por garimpos ao longo da costa do Pacífico.

Os camelos perderam a utilidade nos Estados Unidos quando começou a surgir, a todo vapor, o rival definitivo do "navio do deserto" — o trem. Finda a guerra, ninguém mais precisava de quadrúpedes comedidos com a água para atravessar longas distâncias desérticas. O país experimentou, entre 1850 e 1860, o auge de seu sistema ferroviário. A locomotiva American 4-4-0, chamada pelos indígenas de "cavalo de ferro", avançou a 32 quilômetros por hora em todas as direções. A primeira ferrovia transcontinental começou a ser construída já em 1862 por Thomas Durant,[34] o mítico investidor que inspirou todos os magnatas ferroviários vilões dos faroestes de Hollywood. Na primeira década do século XX, os Estados Unidos tinham 200 mil quilômetros de vias férreas.

Na Austrália, os camelos foram postos à prova em agosto de 1860, um ano depois do desembarque da cáfila cearense. Patrocinados pela Sociedade Real de Melbourne, os exploradores Robert Burke e William Wills, com um batalhão de dezenove homens, três cavalos e 26 camelos, cruzaram o país pela primeira vez. Burke, ex-oficial irlandês, e Wills, militar, botânico e astrônomo, levaram dezoito meses para a travessia do Sul ao Norte. O *Camelus dromedarius* se aclimatou perfeitamente aos novos ares, sendo usado para transportar comida nas cidades do ouro e trabalhar nas obras das linhas de telégrafo e na construção da Ferrovia Transaustraliana — a gigantesca The Ghan ainda adota como marca a figura de um dromedário. Nem mesmo o fim do reinado como meio de transportes impediu o avanço da espécie pela Austrália. O país abriga o maior rebanho de camelos não domesticados do mundo (como também de cavalos selvagens e mulas), além de possuir dezenas de fazendas produzindo carne e leite ou vendendo animais para os zoológicos. O governo australiano estima em 750 mil o número de camelos selvagens. Já foram mais de 1 milhão e ainda causam prejuízos aos fazendeiros, avacalhando campos,

---

34 Dono da Union Pacific Railroad, Durant explorou escravizados, matou indígenas e corrompeu políticos. Sua companhia, alavancada no mercado de ações, provocou uma enorme onda de euforia nas transações de títulos de terras situadas nos trajetos das estradas de ferro. O resultado foi uma bolha imobiliária que resultou no "Pânico de 1873", com repercussão no mundo inteiro. Trezentas e sessenta empresas ferroviárias foram à falência no estouro da bolha.

derrubando postes e detonando nascentes e poços. Há prêmios oficiais para abatê-los.

Seria obviamente uma injustiça atribuir ao trem a culpa pela derrota do camelo no Brasil. O país entrou muito tarde no ramo ferroviário. Em 1835, o governo imperial ofereceu uma concessão de quarenta anos para as empresas que construíssem estradas de ferro entre Rio de Janeiro, São Paulo, Rio Grande do Sul, Minas e Bahia. Não atraiu ninguém. Em 1852, baixou nova lei: concessão de noventa anos, mais isenções, mais salvaguardas e garantia de juros de 12%, em vez de 5%, sobre o capital investido. Então despertou os investidores ingleses. Em 1873, agregou aos contratos uma subvenção de trinta contos de réis por quilômetro de via construída. E, dessa vez, fez a alegria dos especialistas em projetar curvas e desvios para encarecer as obras. A primeira ferrovia brasileira, a Rio-Petrópolis, de 4,5 quilômetros, foi construída em 1854 pelo barão de Mauá. Em São Paulo, onde 200 mil mulas por ano se dirigiam a Santos carregadas de café e produtos agrícolas, a ferrovia ligando o porto ao Planalto só saiu em 1867. No Ceará, os trilhos começaram a aparecer em 1870, entre Fortaleza e Parangaba e, anos depois, foram estendidos até Baturité. O trem chegou ao Cariri apenas no século seguinte, em 1927.

A culpa pelo fracasso do projeto de aclimatação brasileiro foi jogada sobre a vítima, o *Camelus dromedarius*. Adotou-se a versão de que a espécie simplesmente não tinha sido feita para viver no Ceará. O principal ponto, repetido em livros e estudos acadêmicos de história e veterinária, é que os bichos apresentaram problemas com a alimentação local e que, habituados às dunas do deserto, sofreram com o solo pedregoso do sertão. Em consequência, teriam contraído nas enormes patas de dois dedos uma espécie de lepra fulminante. A bobagem prevaleceu por muitos anos, mesmo sabendo-se que a maior parte do solo do Saara ou dos desertos da Austrália e dos Estados Unidos é de terra rochosa; ou que a turma de Orelhonno adorava devorar os tamarineiros que enfeitam até hoje Quixeramobim.

Com a purgação do camelo, não se perdeu mais tempo discutindo os 3360 réis gastos na compra, ou as responsabilidades do governo imperial, da província, do IHGB, de Capanema e dos fazendeiros. Uma maneira conveniente de enterrar o assunto e evitar constrangimentos a tantos nomes ilustres. É difícil precisar de onde se originou a lenda da inadaptação climática da espécie, mas é provável que tenha sido formulada em documentos oficiais. Quando o historiador Ignacio Raposo pesquisava o tema com a intenção de sugerir a repetição dessa experiência no Brasil, recebeu da Diretoria da Produção Animal do Ceará, em 1934, a informação de que "o camelo não é adaptável no nosso clima, como a experiência já demonstrou".

Alguns camelos, não se sabe como, chegaram a cruzar os limites da província. Em 16 de fevereiro de 1867, seis anos depois da despedida da Comissão, o *Diário de Pernambuco* publicou o anúncio de um espetáculo na capital: "No Botequim Buessard, camelos aclimatados no Ceará". O ingresso custava quinhentos réis.

Parte 3

O legado

25.
Acerto de contas

Antes de deixar Fortaleza, Freire Alemão fez um balanço das despesas com o governo da província. O orçamento aprovado em setembro de 1860 destinara 225 mil contos para a manutenção dos expedicionários no Nordeste. Até maio de 1861, a Comissão havia gastado 251 483 contos. Numa época de déficits constantes[1] como aquela, e num orçamento da ordem de milhões de contos, os 11% de estouro representavam quase um diploma de austeridade para com a coisa pública. Quem agora, no Senado, poderia espalhar maldades sobre gastos extravagantes? Apontar buracos orçamentários? Não era perdulário e tampouco borboleteiro. Trazia na bagagem a maior contribuição botânica que o Museu Nacional já recebera. Só o herbário tinha 14 mil amostras, guardadas em caixas de cedro revestidas de folhas de flandres. Os livros adquiridos na Europa, marcados com o elegante ex-líbris criado para a Comissão, quase dobraram o tamanho do acervo da Biblioteca Imperial. Mas o conselheiro não estava nem aí para desagravos. Entendia que fatos confirmados dispensavam debates e aflições. Os feitos da Comissão eram realidade, e ele não tinha vontade de esfregá-los na cara de ninguém — apenas, talvez, na de alguns cientistas europeus.

---

[1] Entre 1840 e 1860, o orçamento do Império fechou dezesseis vezes no vermelho. Só não estourou em quatro exercícios.

Na tarde de 26 de julho, dois dias depois de chegar ao Rio, Freire Alemão caminhou até o Paço Imperial para prestar contas dos cinco anos da missão. A solenidade do IHGB, na sala à esquerda da portaria das damas, começou às seis em ponto, com a presença de Pedro II. O chefe da Comissão comunicou formalmente o regresso dos expedicionários e justificou a ausência de Dias (que a essa altura andava em preparativos para a viagem ao rio Negro). Explicou que ainda necessitavam coordenar e classificar os trabalhos e as coleções e pediu ao instituto "um prazo razoável" para a apresentação dos relatórios. A direção, num clima amigável, confiou "ao zelo da Comissão a brevidade do prazo".

Antes que se conhecesse qualquer relatório, porém, a Comissão já havia conquistado a corte. E, para surpresa do conselheiro, o responsável pela proeza era Lagos. No dia 7 de setembro estreou a "Exposição industrial sobre produtos naturais e relativos à artes, usos e costumes da província do Ceará". Sucesso de público e crítica. Durante uma semana, os cariocas formaram filas no Museu Nacional para ver parte da coleção zoológica de 17 mil exemplares reunida pelo cientista recém-chegado. "É resultado da colheita de uma única pessoa, ocupada em diversos trabalhos graves e que a fez atravessando sertões às vezes inóspitos", comentou o *Diário do Rio*. Os lagartos, cobras e, principalmente, algumas das aves preparadas com primor pelos irmãos Vila-Real foram as preferidas do público. Mas havia de tudo. Milhares de insetos — o raríssimo papa-pimentas[2] mereceu artigo em jornal; coleção de abelhas com dezoito tipos de mel; sanguessugas do Crato; leites vegetais, gomas, amidos, graxas e óleos; coleção de madeiras; tecidos, bordados e redes; utensílios (tigelas, cuias, colheres,

---

2 O historiador Renato Braga afirma que na terminologia popular do estado não se conhece nenhum inseto com o nome de papa-pimenta. Ele acredita que Lagos se referia aos coleópteros (besouros) *Epicauta adspera* ou *Epicauta atomaria*, que são pragas das pimenteiras.

cachimbos, cabos de latão trabalhado); espadas de milicianos; várias disciplinas de penitentes; variedades de algodão, café e arroz; roupas de vaqueiro, chapéus, estribos, botões. Chamaram atenção o miraculoso vinho de caju do sr. Mamede e o gigantesco bacamarte "Boca da Noite", uma das armas prediletas do lendário coronel José Pereira Filgueiras, o "Sansão do Ceará", mantenedor da lei e da ordem sob o sol do Cariri. A imprensa aproveitou para desancar os adversários que, "por escárnio", denominaram a Comissão das Borboletas, "expressão indigna do recinto onde foi proferida". Os oponentes precisavam entender, segundo o articulista, que "a indústria e a ciência não têm oposição nem governo". Lagos, animado com a carreira no ramo de feiras e exposições, prometeu levar a prova das capacidades cearenses para mostrar em Londres e, talvez, Paris.

Problemas com a opinião pública não mais havia; contudo, um mês depois, veio a confirmação de que havia, sim, oposição e governo em qualquer tema do Império (mesmo naqueles em que era impossível ou inútil entender os reais motivos da discórdia). Brigas entre liberais e conservadores jamais morriam de inanição. O Conselho Ministerial anunciou que não estava disposto a continuar gastando dinheiro com o projeto e alterou o programa oficial da Comissão. Por decreto, os cientistas deveriam limitar suas atividades a "coligir, classificar e apurar" os resultados dos trabalhos sem novas viagens, imobilizados na corte. Os chefes passariam a ganhar a quantia quase simbólica de vinte contos anuais, em vez dos 5400. O conselheiro abriu mão dos vencimentos. Não há notícia de que outro membro tenha feito o mesmo.

O primeiro relatório da expedição apresentado ao IHGB foi o da seção de Mineralogia e Geologia. Era um texto longo que, na falta das marcações geográficas e astronômicas perdidas no *Palpite*, exibia a cultura mineralógica do autor com detalhadas descrições dos solos examinados durante uma penosa e sempre heroica peregrinação científica. Capanema discorreu sobre formações calcáreas no Cantagalo, sinais de grafite em Sobral, depósitos de ferro na serra de Guaribas e outros tantos locais onde o fedor de enxofre indicava a possível existência de metais preciosos. Passeou também por assuntos botânicos e culturais, sugeriu investimento no porto de Fortaleza e reclamou da burocracia do Ministério. Sobre a seca comentou quase nada, limitando-se a relembrar os sucessivos fracassos que experimentou esburacando o Ceará atrás de água. A respeito dos camelos, nem uma linha.

Nas jornadas pelo interior cearense, os cientistas costumavam investigar o grau de "progresso" dos povoados buscando duas informações básicas: qual é a cor da água que se bebe e em quantos dias do mês chega carne ao açougue. A aridez do ambiente sempre esteve no centro de suas preocupações rotineiras. No entanto, por mais que tenham passado sede e suado no Ceará, por mais que tenham visto chão crestado e gente sofrendo por falta d'água, eles não experimentaram propriamente o fenômeno das secas. O período que trabalharam por lá foi chuvoso entre dezembro e abril — o precário equilíbrio da natureza sertaneja mantido por chuvas insuficientes, porém regulares. Assim, puderam observar a transformação dos campos, em revanche depois dos tempos de secura. O que eles encontraram era um solo fértil, mas incompreendido pelo povo. Gabaglia e Capanema realizaram levantamentos meteorológicos e até Freire Alemão fez anotações sobre o clima e a terra, mas foi rasa a contribuição da Comissão para o estudo das longas estiagens.

Capanema e Gabaglia publicaram posteriormente estudos sobre o tema. O trabalho refutou teorias em voga, como a de que bastaria reflorestar os picos e as encostas das montanhas para que as chuvas voltassem. Capanema sustentou que, pela inevitabilidade do fenômeno, o único recurso é "guardar as sobras dos anos de prosperidade para consumi-las na penúria". Gabaglia sugeriu a construção de represas e obras para fazer com que as águas das serras convergissem para os principais rios e açudes.

Os diagnósticos da Comissão apenas tangenciaram o drama nordestino, que demandaria muito estudo ainda. Até a metade do século XX, prevaleceu uma visão determinista sobre a seca. Era preciso mudar o meio ambiente para que o homem pudesse viver num lugar onde o sol brilha 3 mil horas por ano, os índices de precipitação anual são inferiores a oitocentos milímetros e o solo decomposto de granito e gnaisse resultou numa terra argilosa alaranjada, rasa e sujeita a erosão. As políticas oficiais, além de incentivarem a criação de florestas, se concentraram em procurar soluções hidráulicas, como barragens, poços e obras de desvio de rios. O governo do paraibano Epitácio Pessoa, primeiro nordestino eleito presidente do Brasil, destinou 2% da receita tributária do país para enfrentar a calamidade, que perdurou praticamente todo o mandato (de 1919 a 1922). Foram construídos mais de duzentos grandes açudes, abriram-se estradas e se espalharam pelo sertão postos agrícolas e de pisciculturas. A seca de 1930-2 veio como se nada disso tivesse sido feito.

Descontando-se o desperdício do dinheiro sugado nos desvãos da política dos coronéis, os projetos oficiais contra a seca partiam de um pressuposto equivocado. "Se a água tivesse a importância primordial no adiantamento do povo, como muitos pregam, as margens dos rios São Francisco e Parnaíba seriam dois jardins. E são dois desertos", escreveu José Guimarães Duque. Maior autoridade brasileira no assunto, esse engenheiro agrônomo mineiro comprovou, em quarenta anos de trabalho na região, que o Nordeste não é uniformemente semiárido, mas entremeado de ecossistemas com características e potenciais diversos. Não se encaixa nos padrões universais de caracterização e, portanto, também não se encaixava nas soluções oferecidas a partir deles pela literatura científica — ainda menos pela literatura disponível no tempo da Comissão. "Muitos erros foram cometidos em nome da aridez generalizada."

O modo de ocupação e a ação do homem tiveram um enorme papel na degradação do ambiente, segundo Duque. Os pioneiros criaram currais de gado no meio da caatinga e dos indígenas, o que possibilitou assentamentos maiores e, ao longo do tempo, consolidou uma típica sociedade agrária patriarcal. A riqueza só era possível com a utilização de métodos extensivos, com esforço mínimo e arrancando o máximo proveito da natureza. "A terra seca foi sofrendo um desgaste no seu potencial de recursos naturais: o pé do homem, o boi, o machado e o fogo abriram a brecha para a diminuição da flora, da fauna e do solo, com o apressamento da erosão."

Com o Nordeste inteiramente mapeado, Duque analisou as características e potenciais produtivos das diferentes áreas geográficas no livro *O Nordeste e as lavouras xerófilas*, bíblia dos estudiosos do assunto. Pouca coisa da doutrina operacional que legou se tornou política pública, apesar de os estudos terem desmistificado a urgência de onerosas obras de engenharia — ou talvez por isso mesmo. Duque mostrou que há muito tempo os problemas da seca deixaram de ser as condições adversas do meio ambiente, pois o mundo moderno tem conhecimentos e instrumental científico à disposição para enfrentar a questão: "O pauperismo é um fator de retardamento mais importante do que a seca".

A experiência no sertão, dizia Capanema aos amigos, o transformou num homem diferente. Sentia uma mudança intensa nas noções de tempo e ordem de prioridades — embora transmutações desse tipo ofendessem seu ceticismo crônico com a alma humana. Depois que entregou o relatório ao IHGB, prometeu que, de tempos em tempos, levaria outras pesquisas sobre o Nordeste para apresentar nas reuniões do instituto.

Essas palestras de Capanema funcionaram como uma espécie de show. Na exposição sobre bebidas indígenas fermentadas, ele narrou os métodos de fabricação, as cerimônias dos pajés, os efeitos demolidores das diferentes fermentações, e mixou isso tudo com comparativos a beberagens da Antiguidade. Os ouvintes parecem ter se divertido, conforme a ata da secretaria do instituto:

> Conduz-nos, o impávido visitante, aos alcantilados píncaros da serra do Salgadinho, faz-nos assistir aos folguedos dos selvagens, instruindo-nos de seus usos e costumes. Mostra-nos como são menos bárbaros e cruéis que os eslavos, celtas, godos e outras hordas de que se ufanam descender as modernas nações da Europa.

Lagos também foi aplaudido na apresentação de estudos sobre o folclore e o linguajar peculiar da província. Seu relatório oficial da expedição não passou de uma descrição dos animais capturados, frequentemente recheada de casos pitorescos. Gabaglia nem sequer entregou o relato sobre os dados da geografia, meteorologia e climatologia cearenses, tampouco a carta itinerária da província com longitudes e latitudes. É provável que tenha escrito o relatório e o deixado para a Marinha, junto com os demais documentos. Tempos depois, em 1878, Capanema denunciaria que estudos da seção Astronômica estavam "em mãos de particulares" e pedia providências às autoridades.

Mesmo com a politicagem deletéria e o boicote das verbas, mesmo sem tesouros e apesar dos escândalos, não restava dúvida de que os cientistas tinham vencido. A expedição, sempre debaixo de uma desconfiança provinciana, iletrada e rancorosa, cumprira o objetivo de coletar um rico material para estudos e classificações e terminava o ano reconhecida pelo trabalho. Na sessão magna de 15 de dezembro de 1861, novamente assistida por Pedro II, o IHGB se ufanou de ter concebido o projeto que "a sabedoria do governo imperial afagou e tornou realidade". O visconde de Sapucaí fez questão de lembrar os inimigos da Comissão: "[...] céticos que, sendo brasileiros, nada esperavam de seus compatriotas e, querendo alardear de engenhosos, arremessavam contra a empresa tão nacional sarcasmos só reveladores do cabedal de sua inteligência e má vontade". A plateia vibrou, com a evidente solidariedade do monarca.

Capanema, que ao contrário do conselheiro não tinha nada contra vinganças, podia saborear a desforra vendo o Ministério repreendido na frente de Pedro II. Mas essa seria a única vitória política sobre Uruguaiana que teria para contar. O barão não era um adversário qualquer e seguiu como um dos quadros mais influentes do reinado de Pedro II. Em plena Guerra do Paraguai foi ministro da Guerra de Caxias e ministro da Fazenda do terceiro gabinete Zacarias de Góis, o parlamentar austero e azedo, três vezes convocado para pôr ordem nas contas nacionais, arruinadas pelo conflito.

26.
Inimigo invencível

A partir de agora, a Comissão enfrentaria o insuperável. A nação simplesmente não estava preparada para absorver o produto da aventura científica que concebeu. Nada fora providenciado para aproveitar a boa colheita, e o Ministério, além de cortar o financiamento das pesquisas, atrapalharia no que mais pudesse. No mundo da política, a expedição continuava sendo uma coisa dos liberais.

O Museu Nacional não tinha condições de receber as coleções botânica e zoológica. Faltavam instalações e pessoal capacitado para conservar um legado daquele porte. Freire Alemão se gabava de que "poucas plantas fanerógamas" lhe haviam escapado. O material era suficiente para render a *Flora cearense*, um catálogo com centenas de ilustrações de sua autoria, vários estudos de geografia botânica, além dos apontamentos de viagem. Lagos trouxe quase cem mamíferos, barris cheios de peixes, 12 mil insetos, cerca de oitenta répteis e 4 mil aves (boa parte do material mal catalogado ou conservado). Carregava também lagartos, cobras e pássaros vivos. Como não havia lugar para abrigo, largou a bicharada no zoológico particular do banqueiro carioca Antônio José Alves Souto.

A Comissão Científica não empacou no sertão, mas na corte. A coleção botânica passou mais de cinquenta anos guardada em latas muito bem fechadas. Estava protegida de fungos e insetos, mas inacessível a quem pretendesse pesquisá-la. Em 1915, o naturalista alemão Adolf Backe, um dos principais estudiosos das plantas brasileiras, visitou o museu a fim de analisar as mostras de maçarandubas selecionadas por Freire Alemão. "A coleção lembrava um tesouro guardado zelosamente no seio da terra, fora do alcance dos que o pretendessem explorar", contou Backe. Disseram-lhe que era preciso aguardar a nomeação de um novo diretor do museu para liberar o acesso à maçaranduba.

O primeiro volume da obra *Trabalhos da Commissão Scientifica de Exploração* reuniu as 91 páginas (proêmio e histórico) escritas por Dias depois da viagem amazônica, além dos resumos lidos no IHGB por Freire Alemão, Capanema, Gabaglia e Lagos. A publicação, porém, foi censurada. Já estava impressa, pronta para circular, quando o governo decidiu expurgar partes dos trabalhos dos cientistas. Os trechos com críticas aos entraves administrativos e os que faziam referências à miséria da província foram cortados. O Ministério alegou que a "publicidade inoportuna" das mazelas iria repercutir mal junto a círculos científicos europeus. A tiragem foi minúscula. Nem mesmo o IHGB teve a honra de receber um exemplar.

Em seus relatórios, os expedicionários se referiram muitas vezes às dificuldades impostas ao trabalho pela falta de apoio do governo. Na introdução, Dias reconheceu a dependência dos viajantes estrangeiros, "mais conhecedores do Brasil que os brasileiros", e reclamou da suspeição a que foram submetidos. "Nos regalos da corte estamos mais dispostos a duvidar que há gente passando dificuldades ou que se sujeite a sacrifícios sem pensar nos lucros." Também não deixou passar em branco a falta de dinheiro, que impediu viagens de mais de seis meses. Freire Alemão, Lagos e Capanema citaram estudos não realizados em razão dos embaraços burocráticos. Embora ainda planejassem escrever o volume com os apontamentos de viagem, eles haviam antecipado no relatório inicial impressões sobre o atraso e a pobreza nordestina — que tinham o "homem como pasto", segundo Capanema. Freire Alemão foi duro com o sertanejo, descrito como indolente e aferrado aos costumes, e previu mais desgraças com a seca: "Enquanto os homens, na sua imprudência, olharem só para o céu, esperando tudo da misericórdia divina, esses desastres hão de se repetir". E havia muito mais reservado para a publicação no relato geral da viagem. Com a censura, porém, definiu-se oficialmente que a Comissão não precisava revelar quem somos para não escandalizar o exterior. Que se limitasse a registrar dados e descobertas.

Isso sim era inédito no mundo das expedições científicas. As obras dos grandes naturalistas europeus tinham mostrado a cara do Brasil da primeira metade do século XIX. Um país revelado graças ao rigor de viajantes como Saint-Hilaire e Pohl, ao olhar curioso do príncipe Maximiliano, às estatísticas de Castelnau, ao monumental trabalho de Martius e Spix e mesmo à tragédia de Langsdorff, ou às implicâncias do jovem Darwin. Um Brasil tornado vivo nas paisagens de Ender, nas montanhas e fazendas de Rugendas, nos caboclos de Taunay, nos pasmados selvagens de Florence. Bruto e miseravelmente humano nas especulações de Henry Koster sobre o futuro de uma sociedade composta de famílias acostumadas a ser donas de negros e indígenas. Coisas assim não cabiam nos trabalhos da missão brasileira. Os expedicionários trouxeram pilhas de anotações e projetos de estudo sobre a situação das vilas, a saúde da população, as condições das lavouras, os costumes e a vida das pessoas no Ceará. Contavam apresentar esses relatos no volume *Redações das rotas e observações*, jamais publicado. O retrato do Brasil provinciano de 1860 não está nos documentos da missão de Pedro II. Ficou confinado aos diários e cartas pessoais dos exploradores, adquiridas tempos depois pela Biblioteca Nacional.

O comportamento dos cientistas também colaborou para a repercussão inexpressiva dos trabalhos e o isolamento da Comissão.

O *Primeiro folheto da seção Botânica*, com pouco mais de sessenta páginas, publicado por Freire Alemão em 1862, trazia algumas espécies de plantas desconhecidas, descritas em latim, mas avulsas e sem qualquer ordem. Ele explicou que adotava essa forma confusa "a fim de que se não perca o direito de prioridade". Em outras palavras, o botânico firmava o desejo de ser o autor, sozinho, sem parcerias, da *Flora cearense*. Não enviaria as novas classificações para a monumental *Flora brasiliensis* que Karl von Martius organizava com sua colaboração.

Para surpresa de todos que conheciam Freire Alemão, entrara em cena a vaidade, a "frívola pescadora de vícios e infortúnios", diagnosticada pelo padre Vieira. Esse era o pecado capital do conselheiro. Ninguém lhe roubaria mais nenhuma descoberta, como acontecera antes. Era um botânico, não um herborizador comum, simples coletor a serviço de outros. Martius não entendeu nada. Em correspondência com Porto-Alegre, então embaixador na Europa, reclamou que havia muito Freire Alemão não lhe escrevia, enviando apenas "epístolas impressas". "Hei de receber com sumo agrado o relatório da Comissão Científica do Ceará como amostras das plantas por ela descobertas e que deviam entrar na *Flora brasiliensis*, naturalmente sempre com seu nome." Ao final, pediu que Porto-Alegre, caso encontrasse o conselheiro, lhe desse "mil lembranças" e solicitasse a comunicação das novidades. "Não entendo por que justamente estas não me foram confiadas. É uma pena que não saibamos nada sobre esta expedição no Ceará."

Martius nunca recebeu os trabalhos, e a coleção cearense ficou fora de uma das maiores obras da botânica mundial. Freire Alemão também não publicou o estudo inteiro, como pretendia. Parte da coleta acabou aproveitada mais tarde nas obras de Adolf Backe sobre o Ceará.

A inesperada reação avarenta de Freire Alemão desconsiderava o fato de que o acervo era vasto demais para um trabalho solo. Freirinho, que escrevera *Considerações sobre as plantas medicinais da flora cearense* (publicado junto com a primeira obra da seção Botânica), já alertara sobre isso ao final do estudo. "Abstivemo-nos muitas vezes de citar nomes científicos, porque, nos trabalhos de distribuição e classificação das amostras do herbário, apenas fomos chegando a determinação genética." Como não havia no Brasil nenhuma outra coleção de plantas locais para cotejar, era preciso esperar as demoradas comparações com obras botânicas específicas e precisas, recém-chegadas à Biblioteca Nacional.

Dois trabalhos do conselheiro, o segundo e terceiro folhetos da seção Botânica, foram reunidos depois de sua morte numa miscelânea editada pela Biblioteca Nacional sob o título *Flora cearense*. Nada mais foi publicado pela Comissão.

27.
Últimos românticos

Quando viu o Rio pela primeira vez, com 23 anos e duzentos contos no bolso, Dias sonhava ser reconhecido como um grande poeta da língua portuguesa. De volta à capital, aos 38, no auge da maturidade, era um sujeito exaurido, de pele opaca e olhar assombrado, que não acreditava no futuro e só pensava em fugir dali para morrer em paz no Maranhão. No final da viagem ao rio Negro, organizara em Manaus a Exposição Industrial da Amazônia e passara alguns dias descansando em São Luís. "Estava triste, desconcertado, taciturno, visivelmente contrariado e, por vezes, como que alucinado", relembrou Leal.

Chegou no dia 5 de dezembro de 1861, carregado de caixotes com utensílios domésticos, armas e adereços indígenas que despachou para o Museu Nacional. Já estava atrasado para a entrega dos relatórios da Comissão. Sem vontade nem inspiração, cumpriu a tarefa rapidamente, escrevendo a introdução e o histórico do livro que acabou censurado pelo governo.

Na curta estadia no Rio, viveu refugiado num quarto de hotel reclamando do "inferno" que era a corte. "Aqui procuram indispor-me com pessoas que estimo, arrastar para a lama o meu nome." Era difícil para os amigos entender a natureza das conspirações sugeridas, pois o poeta admitia ter recebido no hotel um marechal, conselheiros, ministros, senadores, deputados e vários amigos. Jamais pisou no IHGB durante os quatro meses que ficou na cidade.

Apaziguado com a família, fez algumas visitas formais à casa de Olímpia, que ainda morava no número 47 da rua Princesa do Catete. Ela tratava o marido como um doente que tornaria ao lar uma vez curado. O sogro, médico, achava que Dias já estava "afetado do cérebro". Minavam seu corpo a sífilis, a tuberculose e a febre palustre contraída no Ceará. Era "um almanaque de coisas ruins", como dizia.

Dias estava determinado a regressar ao Maranhão e prometeu ao IHGB remeter de lá o estudo sobre as armas indígenas que seriam desenhadas e litografadas na tipografia do artista Henrique Fleiuss, famoso colaborador de Martius. Capanema, bem articulado na corte, ajudou nos planos do amigo, conseguindo-lhe uma nova licença com vencimentos na Secretaria dos Negócios Estrangeiros, de modo que pudesse se sustentar em São Luís.

Em 7 de abril de 1862, Dias embarcou para o Norte no vapor *Apa*. Na escala em Recife, como a saúde tinha piorado muito, consultou um médico conhecido que se assustou ao revê-lo. Parecia ainda mais minguado em seu metro e meio de altura, encurvado e reclamando de dores lancinantes nas pernas e nos órgãos genitais. O doutor disse que ele estava à beira da morte e precisava fugir dos trópicos. Recomendou que trocasse o Maranhão pelos climas temperados da Europa — e rápido. Dias gostou da ideia.

Como os indígenas do rio Negro, sempre entendera que uma boa solução para situações miseráveis era mudar de lugar e amar a canoa como se ama uma casa. Foi atrás da sua. Descobriu que no porto estava atracado um veleiro francês, o *Grand Condé*, com partida marcada para Marselha. O capitão era um velho marinheiro normando, que se mostrou inflexível: não levava passageiros, apenas carga. Dias alegou grave doença, o que só dificultou as coisas, pois um tripulante morto em alto--mar resultaria no prejuízo de uma quarentena no porto de chegada. Afinal, a questão foi resolvida por um amigo do poeta, José de Vasconcelos, diretor do *Jornal de Recife*, que conseguiu, com muita conversa e algum dinheiro, deixar o capitão mais compreensivo. A condição negociada foi que o passageiro-carga levasse todos os mantimentos necessários para a jornada.

A única pessoa para quem contou da virada de rumo foi Capanema. O parceiro não só aprovou o plano, como procurou dar-lhe segurança: que não se preocupasse com a licença do Ministério, vencendo em quatro meses, pois lhe mandaria um empréstimo para Paris. "Dinheiro que não me faz falta alguma", insistiu Capanema, que realmente estava bem de vida. Além dos negócios com mineração em Mariana, retomara seu cargo na Companhia de Telégrafos e faturava cada vez mais com a Fábrica Orianda, pioneira indústria de papel que havia fundado perto de Petrópolis.

Os suprimentos para a viagem à Europa foram providenciados por Vasconcelos, procurando atender os gostos de Dias, que mal conseguia andar: 23 galinhas, um pouco de bacalhau e carne-seca gaúcha, sacos de tapioca, vários engradados com garrafas de limonada gasosa, duas caixas de vinho bordeaux, café, uma centena de charutos, fumo caporal e uma mala cheia de remédios. Era a provisão para um moribundo durar pelo menos 55 dias no Atlântico.

Na manhã de 20 de abril, zarpou de Recife o *Grand Condé*, cargueiro puído e sombrio, apesar do nome pomposo. Nas primeiras semanas, Dias nem sequer viu o mar. Na cama da cabine estreita, com a porta sempre aberta, "suspirando pelo vento", tratava um monstruoso inchaço nos testículos, que era o pior de seus incômodos. Trocava dolorosamente os curativos com unguentos e cáusticos usados para cauterizar a ferida no local. Quando não suportou mais ficar sentado, com pernas e pés também intumescidos, aposentou as calças e adotou uma coberta como saiote. Apetite não perdeu. Contou, e só lhe restavam catorze galinhas no dia 3 de maio. Detestou a carne-seca gaúcha e comemorava os dias de menor padecimento com bacalhau e bordeaux. Grande parte das garrafas de limonada gasosa havia estourado. Bebeu a última, antes que quebrasse.

Para preencher o tempo, escrevia um diário de bordo e lia o *Orlando furioso*, o romance épico de Ariosto. Atormentado por pesadelos frequentes, teve certeza de estar perto do fim, a ponto de redigir um *articulo mortis* com indicações para o testamento. Certa noite, soube que um marujo morrera com cólicas. "Coitado, e eu que embarquei meio morto hei de chegar a Marselha", escreveu no diário.

Quando, enfim, sentiu-se menos cansado, embora o peito ainda chiasse bastante, arriscou subir ao castelo da popa e conversou longamente com o capitão. A visão geral do navio não foi animadora: marujos improvisando cabos, remendando assoalhos carcomidos e costurando as velas surradas do *Grand Condé*. "É gente de todas as nações, como um navio pirata."

Diário de bordo, 13 de maio: abriu a segunda caixa de bordeaux — uma garrafa já estava quebrada. Dez dias depois, conferiu a capoeira: "Só tenho cinco galinhas, o que é uma miséria!". O café acabara e os charutos estragaram. Diário de bordo, 1º de junho: "Já tenho só três galinhas". Antes que passasse fome, o navio chegou à costa de Tânger e um pesqueiro espanhol se aproximou, abarrotado de artigos para vender. Dias comprou batatas, 24 ovos, dezoito laranjas e bons charutos.

Próximo à França, o capitão telegrafou para comunicar às autoridades portuárias de Marselha que havia a bordo o cadáver de um marujo e, portanto, iniciaria a quarentena. A informação chegou ao correspondente do *Diário de Pernambuco* em Paris, pautado por Vasconcelos, o diretor do jornal, para recepcionar Dias. Sem confirmar o nome do falecido, o repórter achou que tinha nas mãos um furo estupendo. Antônio

Gonçalves Dias, o maior poeta brasileiro, morreu no mar! A notícia chegou ao Brasil em 23 de julho, causando grande comoção. Por todo o país houve cerimônias de pesar ao "cantor dos índios". Olímpia chorou a morte do marido e mandou rezar missa. Por sugestão do imperador, uma seção inteira do IHGB foi dedicada ao poeta. "A dor se derrama a toda a população!", discursou Joaquim Manoel de Macedo, o autor de *A moreninha*.

Dias teve a impressionante experiência de saber em vida o que os outros acharam da sua morte. "É um prazer singular e esquisito ler minhas necrologias." Enviou cartas desmentido o falecimento e se divertiu com o tom panegírico e de mau estilo de alguns admiradores, como um poeta amador, autor destes versos:

Deus num acesso d'amor
Ao poeta soberano,
Deu-lhe por berço o Equador
E por túmulo o oceano!

"Trata-se da minha defuntíssima pessoa! Passa fora!", reagiu Dias, pronto para iniciar outra vida em Paris. Ele não era apenas um poeta romântico, parecia mesmo um personagem do Romantismo — num momento tenebroso, quase morto; no capítulo seguinte, ressurge sacudindo a capa e pedindo mais aventura.

A nova temporada europeia durou pouco mais de um ano. Dias visitou Marselha, Paris, Vichy, Marienbad, Dresden, Koenigstein, Teplitz, Carlsbad, Berlim, Bruxelas, Lisboa, Aix-les-Bains, Allevard e Bad Ems. "Decidi andar este mundo de Deus atrás de saúde." No início, dava impressão de ter recuado no tempo. Em Paris, recebeu duas cartas apaixonadas, de Olímpia e da ex-namorada francesa Céline, que reencontrou em Bruxelas. Na Alemanha, negociou contratos com seus editores e foi recebido como estrela, o artista que, trabalhando no meio dos selvagens, havia traduzido *A noiva de Messina* para o português.

A saúde, porém, logo tratou de limitar a viagem à romaria médica. Amparado por amigos sempre leais, andou de clínica em clínica, nas treze cidades por onde passou, procurando especialistas para sua coleção de moléstias. As manifestações da tuberculose eram claras, mas ele preferia culpar o fígado. Por três meses ficou em Dresden, entrevado na casa de Porto-Alegre, embaixador brasileiro na cidade. Em Bruxelas, com dor de garganta, consultou um médico que lhe amputou a úvula, deixando-o como "um frango" capaz apenas de "chilrear um quiriquiqui desengraçado e ridículo". Nada dava resultado. "Estou como um palerma, sem saber nem o que acudir primeiro, porque tudo urge."

Resolveu, então, que já era hora de uma viagem mais longa. "Ando com cócegas de mil diabos de rever as palmeiras onde canta o sabiá", contou a Capanema, que tentou demovê-lo da ideia, insistindo que permanecesse na Europa em busca de tratamento. Para deixar Dias tranquilo, Capanema usou sua influência na corte e conseguiu restabelecer o pagamento ao poeta como chefe expedicionário, por conta dos ensaios sobre armas e utensílios indígenas que começara a escrever na Europa. Enviou uma carta contando a novidade ao amigo, mas, quando ela chegou a Paris, Dias já tinha arranjado outra de suas canoas. O veleiro *Ville de Boulogne* partira do Havre no dia 10 de setembro de 1864 levando apenas um passageiro.

Dias estava muito fraco no embarque, tossindo e fumando cigarros caporal sem parar. Não se afastava de uma mala de documentos, provavelmente com os ensaios indígenas incompletos, trancada com uma chavezinha que pendurava no pescoço. Mal falava e se entendia por sinais com o criado de quarto. Pediu lápis e papel, mas não conseguiu escrever. Nos últimos dias de outubro parou de comer, aceitando apenas água com açúcar.

Na manhã de 2 de novembro, a tripulação avistou terras brasileiras. Dias pediu para ser levado do alojamento, localizado abaixo do tombadilho, até a tolda para admirar a costa. Na madrugada seguinte, passando pelo baixio do Atins, próximo aos Lençóis Maranhenses, o *Ville de Boulogne* bateu o casco num banco de areia, partindo-se ao meio. Quando o passageiro solitário foi procurado, os porões já estavam alagados. A tripulação abandonou o navio, salvando-se em botes.

Dias morreu um ano depois da notícia de seu falecimento, não chegou a São Luís, como desejava, e não foi em paz. Ainda nos dias de hoje, adeptos do terecô, a religião afro-brasileira que floresceu nas brenhas do rio Itapicuru, cultuam o poeta dos indígenas como um "encantado".[3] É assim que os terecozeiros do Maranhão se referem aos espíritos do mar e do mato que não abandonam o mundo dos homens. São almas a vagar por aí, produzindo "encantamentos", movidas por paixões, birras ou simpatias, como qualquer poeta.

Meses depois da morte de Dias, Freire Alemão se casou. Tinha 67 anos e estava morando de novo em Campo Grande, para onde voltara depois de perder Manoel, o sobrinho colaborador, fulminado pelo rompimento de um aneurisma. O conselheiro ficou arrasado com a morte de Freirinho, filho de seu irmão Brás. Cancelou todos os compromissos que ainda tinha no Rio e se recolheu à casinha branca do Mendanha. Como estava com a saúde debilitada, Maria Angélica, a filha de outro irmão do conselheiro, foi morar com ele para ajudar nas tarefas domésticas. Em menos de um ano se casaram.

O almirante Saldanha da Gama, amigo do botânico que visitou o casal no Mendanha, contou que Maria Angélica era o "anjo tutor" de Freire Alemão, dando-lhe "amparo e conforto

---

3 Entrevista em janeiro de 2002 com Mestre Bita do barão de Guaré, nome adotado pelo babalorixá Wilson Nonato dos Santos. Famoso pai de santo do terecô, em Codó (MA), Mestre Bita acredita que, apesar da morte no mar, os encantamentos de Dias se elevam das matas.

nos seus padecimentos". O escritor Joaquim Manuel de Macedo definiu Maria Angélica como uma dedicada "noiva juvenil". O historiador Melo Morais, primevo adversário da Comissão, escrachou seu juízo acre sobre o matrimônio: "Mais falava a piedade que o amor". Eles adotaram um menino recém-nascido, órfão de mãe e filho de um homem muito pobre. Deram-lhe o nome de Tito. Viveram juntos por dez anos.

Freire Alemão morreu na madrugada de 11 de novembro de 1874, depois de uma série de insultos cerebrais que o deixaram por onze dias inerte na cama sob o zelo carinhoso de Maria Angélica. Foi enterrado, sem galas, em Campo Grande. O caixão chegou num carro de bois ao modesto cemitério situado entre duas árvores frondosas que eram velhas conhecidas do botânico. Bem em frente ficava a igreja de Nossa Senhora do Desterro, onde ele havia sido sacristão para fugir da guerra.

Agora Capanema era o único sobrevivente dos homens que se aventuraram a fazer a primeira expedição científica brasileira. Dois anos antes, havia morrido Giacomo Raja Gabaglia, que seguira na Marinha, envolvendo-se em projetos portuários de várias províncias. (Um de seus filhos com a sobralense Maria da Natividade seguiu o pai como engenheiro e professor da Escola Naval.) Lagos, com problemas cardíacos, morreu em 1871, aos 55 anos. A trajetória paralela dedicada a feiras e exposições rendeu bons frutos. Foi nomeado comissário na I Exposição Universal de Paris e, além de dirigir a comitiva nacional, se responsabilizou pelos trabalhos sobre o bicho-da-seda. Como funcionário público, porém, Lagos sofreu percalços. Tentou ser nomeado secretário do Museu Nacional, mas foi vetado pelo governo, em razão do indevido acúmulo com as funções na Secretaria dos Negócios Estrangeiros.

28.
Lealdades derradeiras

A morte de Gonçalves Dias aconteceu num tempo sombrio, quando não havia espaço para se prantear poesia. Em agosto de 1864, o Império brasileiro invadiu o Uruguai para derrubar o presidente da República. Em dezembro, o ditador paraguaio Solano López declarou guerra ao Brasil e invadiu o Mato Grosso.

Em nome das privações da guerra, os cientistas abdicaram dos soldos, como fizera antes Freire Alemão, e pouca coisa andou a partir de então. O Instituto Artístico do Rio de Janeiro imprimiu as mais de cem estampas etnográficas sobre armas e utensílios indígenas, coloridas à mão por Fleiuss, mas ficou à espera do texto de Dias. No relatório do Conselho Ministerial de 1866, há informação sobre o término da parte iconográfica da *Ornitologia cearense*, de Lagos, e do início do trabalho relativo aos insetos, com cerca de quinhentas estampas. Mas não restaram vestígios de nenhuma dessas obras. Como não há notícia também sobre as estampas geológicas nem cartografia. Na apresentação de contas à Assembleia Geral, o governo admitiu que os trabalhos "vão sendo feitos pelo modo possível". Em 1868, a rubrica Comissão Científica de Exploração já não figurava nos relatórios do Ministério. Estava oficialmente extinta a missão.

Os seis anos cruentos[4] da Guerra do Paraguai exigiram

---

4 Segundo as estatísticas mais difundidas, morreram 300 mil paraguaios, 50 mil brasileiros, 18 mil argentinos e 3100 uruguaios.

enorme sacrifício às províncias, fortalecendo a união nacional, antes ameaçada por conflitos separatistas. Da guerra também surgiu o novo protagonista que balançaria a monarquia: a elite militar politizada. Pedro II sempre tratou militares como funcionários públicos iguais aos outros, enfermeiros, mordomos, burocratas ou dentistas. No entanto, os homens das fardas, os "botões amarelos", voltaram da batalha cheios de reivindicações e queixas contra os "casacas", como tratavam os civis. Até então não havia heróis militares por aqui — agora, qualquer um conhecia seus nomes.

Capanema participou ativamente do esforço de guerra. Logo no início, o imperador encarregou-o de recuperar e adaptar a fábrica de pólvora da Estrela, perto de Petrópolis. Capanema abriu novas oficinas e mudou o sistema de manufatura de pólvora de canhão, fuzil e caça. Também criou um laboratório pirotécnico, onde conseguiu fabricar — numa operação típica do que hoje se chama "engenharia reversa" — os cartuchos das espingardas Dreyse, segredo do exército prussiano. Ainda durante a guerra, como diretor-geral dos Telégrafos, estendeu as linhas a Porto Alegre para garantir comunicações com as tropas na fronteira gaúcha.

Com a volta da paz, Capanema apressou o projeto de ampliar a rede telegráfica para o Norte. Começou pelo Espírito Santo, em 1874; atravessou Bahia, Sergipe, Pernambuco, Paraíba, Rio Grande do Norte e Ceará. Inaugurou a estação telegráfica de São Luís em 1881, ano em que Pedro II deu-lhe o título de barão e imediatamente lhe passou o projeto de levar o telégrafo à região Amazônica. A estação em Belém foi entregue em 1886.

Antes de espichar fios pela selva, Capanema fundou uma fábrica para produzir isoladores resistentes à umidade. Sem utilizar nenhuma peça metálica, seus isoladores não se deterioravam nos trópicos, como os similares estrangeiros até então usados na rede brasileira. O produto foi patenteado em Londres e lhe rendeu um bom dinheiro.[5]

Era um funcionário público de inegáveis serviços prestados à nação. E um azougue como empresário. Quando o governo lançou uma campanha nacional de combate à saúva, inventou um inseticida à base de dissulfeto de carbono que foi sua marca mais popular: "Formicida Capanema, o melhor produto para extinção de formigas!". Mas, antes de levantar a fábrica, batalhou por uma lei que lhe garantiu o privilégio nacional da produção do dissulfeto. O monopólio durou quase dez anos, e Capanema negociou pesado com os políticos para preservá-lo. Só perdeu uma eleição sobre o tema quando já se acumulavam nas gavetas 25 pedidos para produção de inseticidas no país e cinco outras fábricas operavam na semiclandestinidade. Com mais gente na praça, inventou uma máquina para aplicação de inseticidas e outra para extrair o açúcar da cana.

Em novembro de 1889, as conspirações dos republicanos com os oficiais veteranos da Guerra do Paraguai eram cada vez mais evidentes. O alvoroçado ambiente da corte, contudo, contrastava com a placidez do imperador. "É tudo fogo de palha, conheço meus patrícios", dizia o monarca, tentando acalmar o visconde do Ouro Preto, chefe de seu governo. Apesar de ser um político pouco conhecido pela habilidade, Ouro Preto tinha a difícil incumbência de costurar as reformas que os republicanos reivindicavam, os monarquistas temiam e Pedro II sinceramente apreciava.

Embora considerasse a república um regime superior à monarquia, Pedro II, como patrono dos conservadores brasileiros

---

5 Os isoladores para linhas telegráficas terrestres usados no mundo inteiro tinham peças metálicas inadequadas a climas tropicais úmidos. O isolador desenvolvido por Capanema, sem qualquer metal, foi patenteado, em 1873, no Reino Unido, sob o número 4171.

de raiz, sustentava que o país e seu povo não estavam preparados ("em estado de civilização", preferia dizer) para a plena liberdade. "Eu sou republicano. Todos o sabem. Se fosse egoísta, proclamava a república para ter as glórias de Washington", afirmou numa conversa com políticos paulistas.

Ouro Preto achou que organizar um grande baile era a ideia certa para sossegar os ânimos na capital. Nada melhor que uma festa para acalmar o Rio. Coisa para 4500 convidados, no suntuoso castelo da Ilha Fiscal, iluminado por 10 mil lanternas venezianas. A cerimônia-ostentação, que consumiu quinhentos perus, oitocentos quilos de camarão e 1300 frangos preparados por noventa cozinheiros, acabaria retratada pelo pintor Pedro Américo como *O último baile da monarquia*.

Na escuridão da uma e meia da madrugada do domingo, 17 de novembro, Pedro II se esgueirava como um fugitivo pelo porto do Rio. Junto com a família, tateou as escadas para subir a bordo do navio, confuso com a neblina densa sobre a baía de Guanabara. O oficial republicano que o guiava até o embarque para o exílio temeu que aquele homem grandalhão de ar fatigado caísse no mar. Se acontecesse um acidente, decidiu, também se atiraria nas águas para evitar que, depois, suspeitassem de assassinato.

Na segunda-feira, logo que o dia raiou, Capanema foi para o trabalho. Como fizera nos últimos quinze anos, desde que o leal amigo de infância lhe confiara os Telégrafos, saiu de casa, na Ilha do Governador, e se dirigiu ao prédio da companhia no largo do Paço. Subiu para a sala do diretor-geral, no primeiro andar, e ficou esperando. Estava triste, mas tranquilo, mexendo na papelada sobre a mesa.

Pouco antes do meio-dia, o tenente do Exército José Augusto Vinhas se apresentou, declarando que cumpria a missão de assumir a direção dos serviços. Capanema respondeu que só deixaria o prédio com uma ordem escrita. O militar lhe apresentou então um papel: "Por ordem do general Deodoro, chefe do governo provisório, intimo o sr. barão de Capanema para que me entregue a Repartição a seu cargo". E acrescentava: "[...] no caso de resistência, usarei dos meios que me forem dados". Depois de ler com calma o documento, Capanema exigiu que o tenente Vinhas assinasse um recibo onde estavam registrados os dados atualizados do caixa dos Telégrafos. Só então deixou o prédio, caminhando solenemente como convinha a um barão.

A vida de Capanema não sofreu mudanças significativas com o advento da República, e o nome de sua família se manteve influente por muito tempo.[6] Do ponto de vista material, o maior prejuízo que levou com o novo regime resultou de um lance de azar. A fábrica do Formicida Capanema ficava na Ponta da Armação da Ilha do Governador e foi justamente ali que Floriano Peixoto encurralou os revoltosos do almirante Saldanha da Gama, que contestaram seu poder na segunda revolta da Marinha contra a jovem República. No bombardeio, a fábrica acabou vitimada por balas de canhão perdidas.

Em 1903, durante a presidência de Rodrigues Alves, foi nomeado diretor do Jardim Botânico. Morreu aos 83 anos. Sua última fotografia mostra um homem magro, rosto sulcado, cabelos desgrenhados, o bigode como dois enormes tufos brancos disparando das narinas e uns olhos claros difíceis de encarar.

O legado da Comissão Científica pertence ao Museu Nacional e é provável que parte dele tenha escapado do incêndio de 2 de setembro de 2018. Naquela noite, cidadãos que iam passando pela rua ou saíram de casa quando souberam da tragédia não tiveram medo de fogo, fumaça ou da absoluta falta de orientações

---

6 O bisneto do barão, Gustavo Capanema, foi o ministro da Educação de Getúlio Vargas e fundou o Museu Nacional de Belas-Artes.

sobre o que fazer e correram para salvar caixas, pastas de documentos, quadros, estatuetas. Pedaços de qualquer coisa. Não havia nem água nos hidrantes para ajudar. Lutaram pelo museu mais querido dos cariocas, mas o fogo venceu fácil. Do palácio de São Cristóvão, onde Pedro II nasceu e montou a coleção de raridades egípcias, só restaram as paredes externas chamuscadas. Os acervos de vertebrados e botânica, porém, já haviam sido felizmente transferidos para um prédio novo.

Mas quantas das 14 mil amostras de Freire Alemão estavam catalogadas entre os mais de 600 mil exemplares do herbário salvo? Nas coleções de botânica expostas no segundo piso, que veio abaixo, havia algumas delas? Naquele andar, a sala 20 era das cerâmicas; a 25, de etnologia; a 28, de aves; a 29 exibia borboletas, conchas e corais. Mais de 5 milhões de insetos e 2 milhões de besouros, centenas de milhares deles ainda não descritos, viraram cinza. A colheita de Lagos também se foi? E os documentos originais da Comissão?

Ainda é cretino fazer perguntas como essas. De pazinhas nas mãos a revirar monturos, os especialistas envolvidos na recuperação do museu seguem dedicados a uma espécie de arqueologia da destruição. Apesar do trabalho, até hoje não têm condições de mostrar os resultados do triste balanço: jamais veremos de novo quais dos 20 milhões de itens que tínhamos aqui? Quase tudo foi queimado. Evaporou-se o sorriso delicado da dama Sha-Amun-Em-Su, sumiram os afrescos de Pompeia, os pterodátilos e dinossauros do Crato, as magníficas coleções de etnologia (alguma coisa de Gonçalves Dias entre elas?), o acervo linguístico de povos que não existem mais. Nunca mais. Jogamos fora um tesouro inimaginável por qualquer expedição científica da história.

Epílogo
De Boghar à Sapucaí

O escritor Julio Cortázar imaginou um camelo vítima de processo burocrático kafkiano. Ao contrário dos parentes e amigos do oásis que, principalmente no verão, viajavam para qualquer parte, ele não conseguia ultrapassar as fronteiras. Seu nome era Guk e fora "declarado indesejável" em algum momento que desconhecia. Nunca soube por quem ou por quais razões. Recorreu à central de polícia, ao Ministério do Trânsito, procurou ajuda de funcionários públicos experientes. Mas não havia como encaminhar pedidos oficiais para alguém declaradamente indesejável, e Guk sempre acabava de volta ao oásis onde nasceu. Certo dia, depois de comer um pouco de capim, encostou o focinho na areia. "Vai fechando os olhos, enquanto o sol se põe", escreveu Cortázar. "De seu nariz brota uma bolha que dura um segundo mais que ele."

Das páginas dos livros saíram camelos para todos os gostos. Meio existencialistas, como Guk, ou heroicos feito o mehari do Tuareg, de Vázquez-Figueroa. Rudyard Kipling tem uma fábula famosa sobre o camelo vagabundo e sem corcova que habitava a Terra no início dos tempos. O bicho respondia sempre "uma ova!" a quem lhe solicitasse qualquer esforço. Acabou premiado pelo gênio dos animais com uma "ova" nas costas para lhe garantir sustento no deserto, mas pesada o bastante para punir-lhe a vadiagem. O camelo de carne e osso que entrou para a história graças ao escritor Vasily Grossman carregava duas corcovas e ninguém podia chamá-lo de folgado.

Kuznechik, um bactriano alto e forte, recebeu três condecorações do Exército Vermelho. Pertencia a um soldado cazaque da resistência de Stalingrado, na Segunda Guerra Mundial. Ali aprendeu a zunir para as trincheiras na hora dos bombardeios. Kuznechik acompanhou o avanço das tropas soviéticas com a 308ª Divisão de Fuzileiros e chegou a Berlim, como prometera o cazaque. Bastante envelhecido, quase careca, foi levado à entrada da chancelaria do Reich e, aplaudido pelos soldados, solenemente babou na escadaria.

Camelos, sabe-se lá a razão, têm uma incrível força imagética. Apesar das dificuldades bíblicas com buracos de agulha, prestam-se perfeitamente a símbolos potentes que estão impressos na mente de qualquer um. Os camelos dos reis magos, por exemplo, plácidos sob a Estrela de Belém. Ou o canastrão Joe Camel. Esse personagem de desenho criado para a marca de cigarros se tornou mais conhecido que os Flintstones pelas crianças norte-americanas (aposentou-se em 1997, acusado de haver formado batalhões de fumaceiros imberbes).

Cearenses por adoção, Orelhonno, Sidi e o resto da turma foram o avesso do confinado Guk, mas compartilharam o mesmo destino inglório do personagem de Cortázar. O único feito realmente inédito da experiência brasileira com eles foi a modalidade do transporte por jangadas.

Depois de uma existência marcada pelo desdém, Orelhonno, o vagamundo, teve enfim um dia para ganhar a ribalta. Em 27 de fevereiro de 1995, mais de um século depois da chegada ao Brasil, os camelos peregrinos estavam representados por bonecos num imenso carro alegórico da escola de samba Imperatriz Leopoldinense, prestes a entrar no Sambódromo carioca. Não se tratava de uma homenagem a heróis decaídos, como é comum acontecer na Sapucaí. Orelhonno era a piada que dava sentido ao espetacular enredo: "Mais vale um jegue que me carregue do que um camelo que me derrube...

lá no Ceará". A escola entrou na avenida na madrugada da terça de Carnaval. Era a sexta a desfilar.

Preto Joia estava preocupado. Achava que só tinha uns 60% da voz depois de três semanas de gripe braba. Respirou fundo, beijou a medalha de Nossa Senhora de Lourdes, levantou os olhos para o céu e gritou no microfone para 3800 pessoas fantasiadas, a maioria com as cores da bandeira do Brasil: "Alô, meu povo! Chegou o grande momento. Agora tudo depende de vocês. Que Deus acompanhe todos!". O cavaquinho ao lado dele puxou um samba tradicional da escola e Preto Joia cantou:

O meu sonho de ser feliz
Vem de lá, sou Imperatriz!

Amauri Bonifácio de Paula, o cantor e compositor Preto Joia, nasceu no Morro do Alemão, reduto leopoldinense ocupado três meses antes do Carnaval de 1995 por soldados do Exército.[1] A corte carioca e seus velhos problemas. A Assembleia Legislativa andava metida em escândalos.[2] Na saúde pública, o medo do momento era a dengue hemorrágica.[3] Apesar de tudo, naquele verão a Cidade Maravilhosa refletia o clima nacional de otimismo, papel que sempre lhe cai tão bem. O ano de 1994 rendera o tetra da Seleção e o Plano Real, que derrubou a inflação. A Vila Isabel dedicou o desfile à história da moeda, com destaque para um folião fantasiado de Fernando Henrique

---

[1] Os militares chefiaram as polícias estaduais numa tentativa de segurar a medonha crise da segurança pública. Naquele ano, o Rio teve 64,8 homicídios por 100 mil habitantes, taxa recorde até os dias de hoje. [2] O jovem presidente da Casa, vereador Sérgio Cabral Filho, pediu desculpas públicas por um pacote de contratações irregulares e prometeu uma "faxina geral". [3] O número de casos de dengue no país saltou de 259, em 1994, para 12797, em 1995. Crescia o risco da febre hemorrágica, pela recontaminação da população.

Cardoso, com a faixa presidencial no peito, aplaudido pela arquibancada. Era uma boa hora para enredos brasileiros. Petróleo, indígenas, Amazônia, descobrimento, Carlos Gomes e Oswald de Andrade estavam presentes na passarela. Ninguém trazia, porém, a militância nacionalista bem-humorada da Imperatriz, agremiação que sempre gostou de temas políticos e sociais. Valorizar o que é nosso, não o que vem do estrangeiro, era o recado. Salvaguardas de interesses para nosso jegue.

A parada brusca da bateria marcou o fim do aquecimento da Imperatriz. No curto intervalo de silêncio que precede a entrada oficial das escolas, parecia que a avenida inteira suspirava fundo para ganhar fôlego. "Alô, nação leopoldinense! Chegou a hora! É no gogó, é no gogó, é no gogó!" Movimentando-se entre os músicos do carro de som — cantores de apoio, cavaquinho, violão de sete cordas, pandeiro e tam-tam —, Preto Joia puxou, num samba a duas vozes, a Imperial Comissão de Exploração das Províncias do Norte para a folia.

Ecoam pelo ar
Estórias de tesouros escondidos.
Sou poeta da canção
E embarco nesse sonho encantado.
Vou com destino ao Ceará
Em busca de um novo eldorado

Na comissão de frente, quinze bailarinos abriram as sombrinhas e ondularam no asfalto feito camelos em fila. Então vieram os nobres da corte de Pedro II, que, de acordo com o samba, levou ao sertão ciência, sapiência e uma vontade de tudo relatar. A carnavalesca Rosa Magalhães, autora desse enredo, já era uma estrela da área. Formada na Escola de Belas-Artes, aprendeu tudo trabalhando ao lado de bambambãs como Joãosinho Trinta. Exibia no currículo nada menos que a criação do inesquecível "Bumbum Paticunbum Prugurundum" do Império Serrano e o título de 1994 pela Imperatriz, que agora buscava o bi. Rosa ouviu a história dos camelos em conversas com o pai, o escritor cearense Raimundo Magalhães Júnior, imortal da Academia Brasileira de Letras. Ficou fascinada pelo potencial tragicômico do episódio pouco conhecido dos brasileiros.

Quando a Imperatriz escolheu o enredo de Rosa, nos primeiros meses de 1994, o governador do Ceará Tasso Jereissati resolveu se aliar à festa. As tratativas foram rápidas e foi acertado um patrocínio de 200 mil reais. Era um valor expressivo, mas nada que soasse demasiado em orçamentos carnavalescos — de comprovação sempre difícil —, que já andavam calculados em bilhão. O que chamou mais atenção não foi a quantidade de dinheiro, mas a inesperada volta dos polêmicos patrocínios às escolas de samba.

A questão tinha um passado complicado. Dez anos antes, as grandes cervejarias brasileiras patrocinaram o Carnaval da Império Serrano com o enredo "Samba, suor e cerveja, o combustível da ilusão". Deu para pagar dois Carnavais. Mas os bicheiros cariocas, chefões históricos das agremiações do samba, não gostaram de ver gente de fora metida em seus terreiros e acabaram com a alegria dos patrocinadores. Forçaram mudanças de regulamentos e apertaram os dissidentes para deixar tudo como antes.

No Carnaval de 1995, porém, a situação era outra. O bicheiro Luizinho Drumond, patrono da Imperatriz, comandava a escola à distância, de uma cela no presídio de Niterói. Dois anos antes, a juíza federal Denise Frossard tinha prendido catorze notórios bicheiros do Rio, acusando-os de envolvimento com narcotráfico e assassinatos. Quem transmitia as orientações de Luizinho para o desfile era seu filho, vereador pelo Partido Liberal, Marcos Drumond, de 29 anos, representante leopoldinense na Liga das Escolas. "Meu pai", anunciou com orgulho o edil carioca, "jamais abandona nossa Imperatriz." Jereissati também apareceu no Sambódromo e, enrolado na bandeira verde e branca, deu entrevistas. "Estou emocionadíssimo, vendo o Brasil se integrar dessa maneira."

A Imperatriz tinha montado nove carros alegóricos, gigantescas tortas de fibra, madeira e muita decoração escondendo geringonças de barras de ferro e macacos hidráulicos que pesam mais de duas toneladas. O carro abre-alas, "O Jegue", exibiu no palco mais alto Kátia Drumond, filha do patrono e vice de finanças da escola, fantasiada de "Rainha do Agreste". No chão, dançava uma ala de damas da corte com peruca amarela. A madrinha da bateria era a modelo Luíza Brunet, 32 anos, brilhando dourada e monopolizando as vinhetas da Globo em que um aviãozinho puxava replays em câmera lenta das passistas mais deslumbrantes.

"Pedro II", o carro seguinte, homenageou o imperador que, pelo roteiro carnavalesco, teve a ideia de fazer a expedição e só vacilou quando aceitou a pressão de cientistas franceses para importar camelos. A alegoria luxuosa, enfeitada com pencas de lustres, evoluiu no meio da ala "Resistência dos Barões da Corte". A letra do samba anunciava que, com essa expedição bem brasileira, chegavam os mouros e camelos, mas que ninguém precisava se assustar.

Balançou!
Balançou, não deu certo não,
Pois não passou de ilusão.
Eles trouxeram o balanço do deserto,
Mas não é o gingado certo
Pra cruzar o nosso chão!

O estribilho do samba de Medrado, João Estêvão, Waltinho Honorato e César Som Livre se segurava nas notas mais altas para imprimir energia. O repeteco do refrão em tom maior, modificando a melodia, espalhava uma força que fazia centenas de foliões girarem como se acompanhassem uma frenética canção de roda.

A Imperatriz tinha sacado do episódio histórico um enredo notável, habilmente modificado para ressaltar, enfim, o pouco que restara da aventura na memória nacional. Na versão do samba, a corte humilhou o coitado do jegue que ajuda o sertanejo a levar seu dia a dia, ara a terra sob o sol e leva o fardo de um povo sofredor. Os cientistas brasileiros só se deram conta do engano quando testaram os dromedários por nosso chão. Gonçalves Dias foi derrubado, o animal quebrou uma perna e os exploradores tiveram de seguir viagem no lombo do jegue vitorioso. Esse era o resumo do enredo.

Levantar picuinhas históricas sobre um conto carnavalesco seria o mesmo que jogar bolinhas de naftalina em fantasias que, no próximo ano, terão virado peixes, borboletas ou sonhos da Babilônia. No enredo da Imperatriz, o motivo do fracasso da aclimatação era o fato de apenas os argelinos saberem lidar com os camelos — e ninguém nas arquibancadas da Sapucaí sentiu necessidade de perder tempo indagando que raio de defeito congênito impediria os cearenses de lidarem com o rústico *Camelus dromedarius*.

Com vinte minutos de desfile, Preto Joia ficou seguro de que a voz aguentava até o fim, de ponta a ponta. Os expedicionários passaram acenando para a plateia. Vestiam cartolas verdes de duendes irlandeses. Nenhum deles identificável, pois essa glória estava reservada a Gonçalves Dias, o mais popular dos científicos. Carregadores do porto levavam alimentos e caixotes para a viagem da Comissão.

Longe dos olhos do público, lá atrás, a alegoria que significava a última chance de estrelato de Orelhonno vinha se aproximando da passarela. No trajeto do galpão até o

Sambódromo já vencera a temível curvinha do viaduto Protásio Alves, estreita, com cinco metros de altura, afamada por arrancar pedaços das criações mais extravagantes dos carnavalescos. "A Chegada dos Camelos", o sétimo carro da escola, tinha sido projetado para causar grande impacto. Representava o *Splendide* e brincava com o pânico provocado pelos dromedários em Fortaleza. Os bonecos da turma de Orelhonno, acionados por mecanismo hidráulico, irrompiam para o público enfiando os pescoços compridos por portas que imitavam escotilhas. Em cima de tudo, como destaque, o bailarino Laffont, exibindo as nádegas e pernas mais invejadas da avenida.

A poucos metros da entrada oficial da passarela, o carro enguiçou. Não se movia. Um mastodonte petrificado bem na boca da ribalta. Orelhonno quase lá, paralisado na fronteira do Sambódromo. Do nada, surgiu um bando de marmanjos que levantou a engenhoca de toneladas e a jogou num buraco da cerca, como se fosse um caixote.

O acidente derradeiro dos camelos cearenses pelo menos não tirou nenhum ponto da Imperatriz. O regulamento exigia o mínimo de oito carros desfilando, e todos os demais, sem carmas pesados a carregar, rodaram conforme o esperado.

Na avenida, baixou o Eldorado. Seres fantásticos e sete mouros passistas lideraram uma ala de "argelinos, beduínos e os nobres do deserto". No carro "O Palácio na Argélia", circundada por dez leões dourados, raiou "A preferida do sultão", fantasia minimalista da modelo Marcilene Anacleto, eleita Garota do Fantástico e substituta imediata de Luíza Brunet nos efeitos especiais do aviãozinho. Aos cinquenta minutos de desfile, a bateria de Mestre Beto executou a entrada perfeita no recuo da rua Silveira de Sá. Fez paradinha para o aplauso da torcida.

Mais vale a simplicidade
A buscar mil novidades
E criar complicação.
Esquecendo o bom e o útil,
Renegar o que é nosso
Gera insatisfação!

Pulando no asfalto, quarenta abnegados moradores das comunidades leopoldinenses formavam uma ala genérica de dromedários de olhos esbugalhados. As fantasias, singelas, exigiam duplas. Um anônimo folião ia metido nas pernas da frente, inteiramente coberto, apenas com parte do rosto aparecendo na abertura estreita abaixo do pescoço do camelo. O outro, vestindo as patas traseiras da fantasia, ficava só com o nariz de fora do buraco cortado no feltro da corcova.

Atrás do carro "O Mercado", alas de vendedores de algodão, lagosta, camarão e caju evoluíram à frente de 155 baianas vestidas em homenagem ao artesanato cearense. Aos 56 minutos de desfile, seria a vez de os catorze camelos se exibirem para os jurados em cima do *Splendide*. Mas veio Laffont sambando no chão e a escola devidamente reagrupada. Dezenas de sanfoneiros, vaqueiros do agreste, bonecas de trapo, uma ala divertida de bumbas-meu-jegue, e então desfilou o carro "O Passeio". Um boneco quase sumido no meio das dançarinas representava Dias. "E foi justamente aí, quando caiu do camelo e foi acusado de camelicídio, que Gonçalves Dias descobriu que eles não eram o animal ideal. Ainda bem que o jegue é brasileiro!", disse um comentarista na tevê. (Nesse momento, seria justo que o poeta, eternamente cioso de sua reputação, ganhasse o direito de perseguir por todo o além o ministro Teixeira de Macedo, o "sandeu" que inventou a sandice do camelicídio.)

O sobralense Renato Aragão, o cantor Fagner, de Orós, e o comediante Tom Cavalcante, de Fortaleza, estrelaram a alegoria final, batizada com a palavra de ordem: "Abaixo o camelo! Viva o jegue!". O carro do brasileirinho vencedor era um enorme carrossel de burricos prateados.

O sertão não é só lamento,
Meu momento é aqui.
Faço a festa e lavo a alma
Hoje na Sapucaí

No dia da apuração, o único temor da Imperatriz era a Portela. A azul e branco desfilara lindamente, entrando na avenida naquele exato momento que antigos carnavalescos chamam de "a hora abençoada do alvorecer". E ainda tinha o samba de Noca, Colombo e Gelson, "Gosto que me enrosco", considerado pelos portelenses fanáticos o melhor da última década. Mas a escola de asfalto nascida em Ramos e batizada para louvar os subúrbios servidos pelos trilhos da Estrada de Ferro Leopoldina levou dez em tudo. Bateu a Portela por meio ponto.

Uma semana depois, os catorze desventurados camelos do carro enguiçado foram soltos num espaço amplo, bem atrás das arquibancadas do Sambódromo. Ali, no barracão da Imperatriz, com o focinho encostado no chão de cimento da área de desmanche, Orelhonno fechou sua história. Do nariz, não brotou bolha nenhuma.

Agradecimentos

Nos últimos cinco anos, Patrícia Ferraz aceitou um marido que não parava de falar em camelos. Tolerou a intromissão desse assunto em incontáveis conversas, durante jantares e cafés da manhã; consentiu que programações de fim de semana fossem alteradas, e tarefas domésticas, negligenciadas por alguma justificativa relacionada à palavra "camelo". Este livro não existiria sem a presença de Patrícia. Cada caminho escolhido na narrativa contou com sua opinião e passou por seu crivo de clareza. Obrigado pela paciência, obrigado por ter ideias sem parar, obrigado por seu carinho. Obrigado por tudo.

Devo eterna gratidão aos mestres Elio Gaspari, Hélio Gama Filho e Mário de Almeida, meus guias no jornalismo e na vida. Gratidão também ao historiador Clemente Penna, ao publicitário Fernando Rodrigues, ao diretor de cinema Nando Olival e ao jornalista Yan Boechat, queridos amigos, que também leram algumas das versões ou capítulos do manuscrito. Qualidades que possam ser encontradas no livro certamente se devem às sugestões, correções e críticas desses sete companheiros de estrada.

Por fim, agradeço aos historiadores que se dedicaram a estudar os episódios que envolveram a primeira expedição científica brasileira. Os trabalhos de pesquisadores como Renato Braga, Maria Sylvia Porto Alegre, Antônio Luiz Macêdo e Silva Filho e Rachel Pinheiro revelaram grande parte dos fatos aqui narrados.

Referências bibliográficas

ALEMÃO, Francisco Freire. *Diário de viagem de Francisco Freire Alemão: Fortaleza-Crato, 1859*. Fortaleza: Museu do Ceará, Secretaria de Cultura do Estado do Ceará, 2006. Volume I. Coleção Comissão Científica de Exploração, 3.

____. *Diário de viagem de Francisco Freire Alemão: Fortaleza-Crato, 1859-60*. Fortaleza: Museu do Ceará, Secretaria de Cultura do Estado do Ceará, 2007. Volume II. Coleção Comissão Científica de Exploração, 2007.

ALONSO, Angela. *Flores, votos e balas: O movimento abolicionista brasileiro (1868-88)*. São Paulo: Companhia das Letras, 2015.

BANDEIRA, Manuel. *A vida e a obra do poeta*. Rio de Janeiro: Nova Aguilar, 2009.

BELLUZZO, Ana Maria de Moraes. *O Brasil dos viajantes*. 2. ed. São Paulo: Metalivros; Rio de Janeiro: Objetiva, 1999. Volumes 1, 2 e 3.

BOITEUX, Paulo. *História das ferrovias brasileiras*. Rio de Janeiro: Letra Capital, 2014.

BORNEMAN, Walter R. *Iron Horses: America's Race to Bring the Railroad West*. Boston: Little, Brown and Company, 1964.

BRAGA, Renato. *História da Comissão Científica de Exploração*. Fortaleza: Imprensa Universitária do Ceará, 1962.

BULLETIN de la Société Impériale Zoologique d'Acclimatation, 1857-1862. Paris: Librairie de Victor Masson, [s.d.].

CALMON, Pedro. *História de D. Pedro II*. Rio de Janeiro: José Olympio, 1959. Volumes 1 a 5.

CAPANEMA, Guilherme; GABAGLIA, Giacomo Raja. *A seca no Ceará*. Fortaleza: Museu do Ceará, Secretaria da Cultura do Estado do Ceará, 2006.

CARVALHO, José Murilo de. *A formação das almas*. São Paulo: Companhia das Letras, 1998.

____. *D. Pedro II*. São Paulo: Companhia das Letras, 2007.

CASCUDO, Luís da Câmara. *História da alimentação no Brasil*. São Paulo: Global, 2011.

CASSOTTI, Marsilio. *A biografia íntima de Leopoldina*. São Paulo: Planeta, 2015.

CASTELNAU, Francis de. *Entrevistas com escravos africanos na Bahia oitocentista*. Rio de Janeiro: José Olympio, 2006.

CASTELNAU, Francis de. *Expedição às regiões centrais da América do Sul*. São Paulo: Companhia Editora Nacional, 1949. Coleção Brasiliana.

DIAS, Gonçalves. *Gonçalves Dias na Amazônia: Relatórios e diário da viagem ao alto do rio Negro*. Rio de Janeiro: Academia Brasileira de Letras, 2008.

_____. *Poesia e prosa completas*. Rio de Janeiro: Nova Aguilar, 1998.

DUQUE, José Guimarães. *O Nordeste e as lavouras xerófilas*. Fortaleza: Banco do Nordeste, 2004.

GRANN, David. *Z, a cidade perdida*. São Paulo: Companhia das Letras, 2009.

HOBSBAWM, Eric J. *A era dos impérios*. Rio de Janeiro: Paz e Terra, 1998.

KURY, Lorelai (Org.). *Comissão Científica do Império: 1859-1861*. Rio de Janeiro: Andrea Jakobsson Estúdio Editorial, 2009.

LEITÃO, Cândido de Melo. *Visitantes do Primeiro Império*. São Paulo: Companhia Editora Nacional, 1934. Coleção Brasiliana.

LUZ, Nícia Vilela. *A Amazônia para os negros americanos*. Rio de Janeiro: Saga, 1968.

MONTAIGNE, Michel de. *Os ensaios*. São Paulo: Companhia das Letras, 2010.

MONTELLO, Josué. *Gonçalves Dias: Ensaio biobibliográfico*. Rio de Janeiro: Academia Brasileira de Letras, 1948.

PEREIRA, Lúcia Miguel. *A vida de Gonçalves Dias*. Rio de Janeiro: José Olympio, 1943.

PORTO ALEGRE, Maria Sylvia. *Os ziguezagues do Dr. Capanema: Ciência, cultura e política no século XIX*. Fortaleza: Museu do Ceará, Secretaria da Cultura do Estado do Ceará, 2006.

RENAULT, Delso. *Rio de Janeiro, a cidade refletida nos jornais*. Rio de Janeiro: Civilização Brasileira, 1978.

SCHWARCZ, Lilia Moritz. *As barbas do imperador*. São Paulo: Companhia das Letras, 1998.

_____. *De olho em D. Pedro II e seu reino tropical*. São Paulo: Claroenigma, 2009.

SMITH, Anthony. *Os conquistadores do Amazonas*. São Paulo: Best Seller, 1990.

SOUZA, João Francisco de. *Freire Alemão, o Botânico*. Rio de Janeiro: Pongetti, 1948.

SUMMERHILL, William R. *Trilhas do desenvolvimento: As ferrovias no crescimento da economia brasileira — 1854-1913*. São Paulo: Livros de Safra, 2018.

TAUNAY, Affonso de E. *Rio de Janeiro de antanho*. São Paulo: Companhia Editora Nacional, 1942.

VILLA, Marco Antonio. *A vida e a morte no sertão: História das secas no Nordeste nos séculos XIX e XX*. São Paulo: Ática, 2006.

Teses e ensaios

ANDRADE, Débora El-Jaick. *Os intelectuais nas reformas do Estado Imperial: As trajetórias de Araújo Porto Alegre e Gonçalves Dias*. Maranhão: UFF; Universidade Estadual do Maranhão, 2012.

COSTA, Maria de Fátima. "Aimé-Adrien Taunay: Um artista romântico no interior de uma expedição científica", *Fênix: Revista de História e Estudos Culturais*, v. 4, n.4, pp. 1-17, 2007.

FERRAZ, Sérgio. "A dinâmica política do parlamentarismo do Império: Gabinetes, Câmara dos Deputados e Poder Moderador (1840-89)". III Seminário Discente da Pós-Graduação em Ciências Políticas, USP, 2012.

JUNQUEIRA, Mary Anne. "Ciência, técnica e as expedições da marinha de guerra norte-americana, U.S. Navy, em direção à América Latina (1838-1901)". *Varia História*, Belo Horizonte, v. 23, n. 38, pp. 334-49, 2007.

KURY, Lorelai. "No calor da pátria", *Revista USP*, São Paulo, n. 72, pp. 80-9, dez./fev. 2006-7.

LUVIZOTTO, Rodrigo. *Os diários de Langsdorff: Prelúdios paisagísticos.* Tese de Doutorado em História. São Paulo: Faculdade de Filosofia, Letras e Ciências Humanas da USP, 2012.

MORAIS, Rita de Cássia de Jesus. *Nos verdes campos da ciência: A trajetória acadêmica do médico e botânico brasileiro Francisco Freire-Allemão (1797-1874).* Dissertação de Mestrado em História das Ciências e da Saúde. Rio de Janeiro: Casa de Oswaldo Cruz/Fiocruz, 2005.

PATACA, Ermelinda Moutinho; PINHEIRO, Rachel. "Instruções de viagem para a investigação científica do território brasileiro". *Revista da Sociedade Brasileira de História da Ciência*, Rio de Janeiro, v. 3, n. 1, pp. 58-79, 2005.

RAPOSO, Ignacio. "Martyrologio dos Camelos no Ceará". *Revista do Instituto do Ceará*. Fortaleza, tomo XLVIII, pp. 237-44, 1934.

TEIXEIRA, Karoline V. "Percepções e limites do fazer científico: O caso da Imperial Comissão Científica de Exploração (1859-1861)". *Oficina do Historiador*, Rio Grande do Sul, PUC, v. 8, n. 2, pp. 43-59, 2015.

Índice remissivo

Números de páginas em *itálico* referem-se a ilustrações

1st U.S. Camel Army Corps (EUA), 214

A

Abadá, ilha de (AM), 190
abdicação de d. Pedro I (1831), 20-1
Abel (vaqueano), 139-41, 145, 209
abertura do Amazonas aos navios mercantes (1866), 33*n*
abolicionismo, 32
Academia de Minas de Freiberg (Saxônia), 51
Academia Imperial de Medicina (Brasil), 21
Acaraú, rio, 201, 209
açudes no Nordeste, construção de, 225
África, 19, 32, 34*n*, 86
Agassiz, Elizabeth Cary, 84*n*, 183*n*
Agassiz, Jean Louis, 84*n*, 183*n*
Agostini, Angelo, *158*
água potável extraída dos reservatórios dos camelos, 48
Aguirre, Lope de ("El Lobo"), 186-7
Aldeias Altas (Caxias, MA), 54

Alemanha, 23, 28, 63, 238
Alencar, José de, 57, 206
Alexandre I, tsar da Rússia, 28
alforrias de escravizados, 109, 111
algodão, cultivo americano de, 32
Almeida, Adelaide Ramos de, 54-5
Alonso, Angela, 56*n*
Alto das Cajazeiras (CE), 99-100
Alves, Rodrigues, 246
ama de leite de d. Pedro II, 52
Amazonas, estado do, 179
Amazonas, rio, 28, 32-3, 178, 180, 184, 186-7
Amazônia, 28, 33, 40, 44, 71, 108, 134, 180, 183, 186, 188, 197, 234, 252
Amélia R. (amante de Gonçalves Dias), 63
American 4-4-0 (locomotiva), 214
Américas, 19, 24, 26, 38, 45, *150*
Américo, Pedro, 245
Anacleto, Marcilene, 256
anapestos (ritmo poético), 53-4
Andrada e Silva, Roberto Corrêa de, 72
Andrade, Oswald de, 252
Antônia (tia de Freire Alemão), 31
Anuário de 1859 da Sociedade de Aclimatação, 79; *ver também* Sociedade Imperial Zoológica de Aclimatação (Paris)
Apa (navio), 235

aparelhos geodésicos, 62n
apiakás, indígenas, 29n, *157*
Aquiraz (CE), 80, 97, 98, 143n
árabes, 9, 48, 80, 85-6
Arábia, 47
Aracati (CE), 96, 102, 109, 111-3, 124, *162*, 202
Aracatiaçu, sertão de (CE), 199
Aragão, Renato, 257
Aral, mar de, 47
Araripe (CE), 42, 123, 197
Araripe, O (jornal), 127
Aratanha, serra da, 73, 90, 103-4
Arco do Triunfo (Sobral, CE), 201
Argel, 9-10, 77, 79, 81, 84, 92
Argélia, 9, 45-8, 77, 78, 256
Argentina, 33n, 39, 146
Arinos, rio (MT), *157*
Ariosto, Ludovico, 237
Arronches (CE), 85, *165*
ascendência africana de Gonçalves Dias, 55
Ásia, 38
Assaré (CE), 137
assentamentos pré-colombianos na região do Xingu, 188n
Austrália, 38, 45, 49, 214, 215, 217
Áustria, 18n, 27, 63; *ver também* Missão Austríaca no Brasil (1817-21)
Áustria (navio), 27, *151*
Auxemma oncocalyx (pau-branco), 133

B

Backe, Adolf, 229-30, 232
bactrianos (camelos de duas corcovas), 47, 214, 250
bafuanás, indígenas, 190
Bahia, 11, 28, 34n, 74, 127, 144, 216, 243

Bananal, ilha do, 34
bananeiras, 45, 93
Bandeira, Manuel, 55
Barbada (CE), 105
Barbedo (oficial), 122
Barbosa, Januária Gurgel, 211
Barcelos (AM), 190, 191
barés, indígenas, 194
Barral, condessa de, 38
"batuques e sambas" no Rio de Janeiro, reclamações de, 145
Baturité (CE), 92-3, 104-5, 130, 133, 204, 207, 216
Baviera, 18n, 134
Beale, Edward Fitzgerald, 214
bebidas indígenas, 227
beduínos, 9, 86, 92, 256
Belém (PA), 28-9, 178-9, 187, 243
Bélgica, 63
Berlim, 105, 238, 250
Biblioteca Nacional (Rio de Janeiro), 62, 231, 233
bicheiros do Rio de Janeiro, 253
Boa Vista (CE), 119
"Boca da Noite" (bacamarte), 223
Boca do Inferno (garimpo), 29
Boghar (Argélia), 9-10, 77, 83
Bois de Boulogne (Paris), 45
Bolívia, 33n, 49, 184
Bom Retiro, visconde do, 46, 52
"bom selvagem", 24
Bordalo (caçador), 66n, 114
bororos, indígenas, 29n, *156*
Bósnia, 49
bosques do Rio de Janeiro, 30
Botafogo (Rio de Janeiro), *150*
botânica, 13, 18, 23, 26, 30-1, 39, 123, 133, *163*, *172-3*, 198, 204, 207, 221, 229-30, 232-3, 247
botocudos, indígenas, 27
Braga, Renato, 70, 75n, 85, 96n, 128, 222n

Bragança, dinastia dos, 26

Brasil e Oceania (Gonçalves Dias), 58

Brasil: uma biografia (Schwarcz e Starling), 38*n*

Bretanha, salinas da, 45

Brígido, João, 127, 137, 144

Brockhaus, Friedrich, 63

Brunet, Luíza, 254, 256

Bruxelas, 63, 238-9

Bulgária, 49

"Bumbum Paticunbum Prugurundum" (samba-enredo da Império Serrano), 253

Burke, Robert, 215

Burmeister, Hermann, 39

burocracia, 129, 136, 224

C

caatinga, 44, 106, 115, 133*n*, 134, 210, 226

Cabral, Pedro Álvares, 188*n*

Cabral Filho, Sérgio, 251*n*

Cachoeira (CE), 118

Cachorra Morta (aldeamento dos xokós no Ceará), 107-8

café/cafeicultura, 18-9, 36, 102, 105, 130, 216, 223, 236-7

Cajueiro do Ministro (CE), 99

Califórnia (EUA), 79, 214

Câmara Cascudo, Luís da, 25*n*, 27*n*

Câmara Imperial (Brasil), 21-2

camelos: 1ˢᵗ U.S. Camel Army Corps (EUA), 214; aclimatação de, 10-2, 49, 85, 91, 131, 211-3, 216, 255; bactriano (camelo de duas corcovas), 47, 214, 250; baias de madeira para, 78, 80; bicheira em, 94; boato do "camelicídio" de Gonçalves Dias, 130-1, 212, 257; *Camelus dromedarius*, 13, 212, 215-6, 255; cinta para, 79; como "navios do deserto", 45, 214; corcovas de, 47; desembarque no Ceará, 84; diferença entre cavalos e, 80; dromedário (camelo de uma corcova), 9, 12, 14, 42, 45-9, 78-80, 82, 85, 91, 93, 130, 212-5, 255-7; espécies de, 47; fedor dos, 93; fêmeas, 9, 49, 78, 80-1, 84-5, 212; fracasso da aclimatação no Brasil, 213, 217; fugitivo em Fortaleza, 85; Guk (camelo fictício de Cortázar), 249-50; identificação dos camelos por nome e número, 81, 83; Joe Camel (personagem de desenho), 250; Kuznechik (camelo citado por Grossman), 250; machos, 9, 80, 84; na Austrália, 215; na Bíblia, 250; na literatura, 249; no desfile escola de samba Imperatriz Leopoldinense (1995), 250, 252, 256; Orelhonno (camelo macho número 1), 79, 84, 91-4, 131, 212, 217, 250, 255-6, 258; pelagem para uso têxtil, 47, 49; procriação de, 48; resistência e necessidades alimentares dos, 47-8; Sidi (fêmea número 6), 81, 84, 250; sulfato de ferro em curativos para, 94; tempestade durante a travessia dos, 82; tratadores de, 10, 80-1, 85, 94; velocidade do passo de, 92

Cametá (navio), 178

Caminha, coronel, 112

Caminha, família, 111

Campo Grande (Rio de Janeiro), 18-9, 31, 240-1

camurupim (peixe), 112, 209

Camus, Albert, 78n

Canárias, ilhas, 49

Canavarro, Antônio, 184

Canavarro, Canavarro, 189, 191-2, 194

"Canção do exílio" (Gonçalves Dias), 56

Candinho, mestre, 181

Cangati (CE), 106

canibais, *149*

canibalismo indígena, 24

Canindé (CE), 105-6, 204, 207, 213

canoas, 180, 181, 187, 239

Cantagalo, serra do, 17, 224

Capanema, barão de, 13, 27, 39-42, 44-7, 50-2, 59, 61-6, 73-6, 84-95, 103-6, 126-34, 137-8, 141-2, 144, 147-8, *159*, *166*, 177-8, 181-2, 184-5, 197-200, 203-6, 208-10, 212-3, 217, 224-8, 230, 235-6, 239, 241, 243-6

Capanema, Gustavo, 246n

Capela do Rosário (Aracati, CE), 112

caranaí (palmeiras), 195

"caranguejos" (conservadores do Ceará), 111-2, 119, 137, 143-5, 147-8, 202

Carbuccia, Jean-Luc, 48

Cardoso, Fernando Henrique, 251-2

Cariri (CE), 122-3, 125, 137, 216, 223

Carlos V, rei da França, 21n

carmelitas, missionários, 192

Carnaval, 25, 251, 253

Carvalho, José dos Reis, 39, 66n, 88, 95-8, 111, 113, 117, 120, 132, *161*, *164*, *169*, *173*

Carvalho, José Murilo de, 51n

Carvalho, Manoel Francisco de (pseudônimo de Capanema), 138, 141, 182n, 200

Casa Ancion (Paris), 63

Casa Imperial (Brasil), 18-9

Casa Pacheco & Mendes, 206

Casa-grande & senzala (Freyre), 110

Cassiquiare, canal de (Venezuela), 24, 194

Castelnau, conde de, 33, 34, 35, 231

Castelo, morro do (Rio de Janeiro), 19

Castro, Borja de, 122, 133

Catinga do Góes (CE), 115

Cavalcante, Manoel Joaquim de, 72

Cavalcante, Tom, 257

cavalos para a expedição, compra de, 72

Caxias (MA), 54, 56, 107, 178

Caxias, duque de, 210, 228

Ceará, 10, 12, 17, 31, 41, 43-4, 57n, 65-6, 70-1, 73-5, 83, 91, 97, 98n, 99, 101, 107, 113, 121-2, 132-4, 138, 141-2, 144-5, 177-8, 183, 201, 204, 207, 210-3, 216-7, 224, 231-2, 235, 243, 252-3

Ceará, rio, 70, *160*

Cearense, O (jornal), 44, 127, 144, 199, 209

Céline (amante de Gonçalves Dias), 63, 238

Cemitério São João Batista (Rio de Janeiro), 183

César Som Livre, 254

Chica Piolha (amante de Gonçalves Dias), 182

"chimangos" (liberais do Ceará), 111-2, 119, 137, 143-4, 146, 148, 202

China, 18n, 47

Choró, rio, 99

ciências naturais, 26, 30

cinta para camelos, 79

Codó (MA), 107n, 240n

Coimbra, Universidade de, 55-6, 60

Coito da Fonseca, Antônio, padre, 18-9

cojubim (pássaro), 191

Colégio Pedro II (Rio de Janeiro), 58

coleópteros (besouros), 222n

cólera, 44, 185

colódio úmido (emulsão para negativos fotográficos), 104n

comboios, 9, 93-7, 100, 102-3, 105-6, 111, 113, 116, 120, 122, 126, 128, 130, 132, 134, 182, 199

Comissão Científica *ver* Imperial Comissão Científica de Exploração das Províncias do Norte (Brasil)

Companhia Cruzeiro do Sul, 210

Companhia de Comércio e Navegação do Amazonas, 179

Companhia de Jesus, 12, 98n, 208n

Confederação dos tamoios, A (Gonçalves de Magalhães), 57

Conselho Nacional de Desenvolvimento Científico e Tecnológico, 51n

conservação de animais, 41, 62

conservadores, 13, 37, 64, 87, 111, 127, 143, 145-7, 223, 244

Considerações sobre as plantas medicinais da flora cearense (Freirinho), 233

Corcovado (Rio de Janeiro), 30

Coreaú, rio, 205, 207

Coroa portuguesa, 42, 54, 206n

Correio Mercantil (jornal), 145

Cortázar, Julio, 249-50

Costa, Cláudio Luís da, 59, 131

Costa, Olímpia da, 59-60, 65-6, 71, 177, 179, 184-5, 235, 238

Coutinho, João Martins da Silva, 40, 66n, 73, 90, 126, 128, 132, 138-9, 142, 183-4, 189

Couto Ferraz, Luís Pedreira do *ver* Bom Retiro, visconde do

Cratéus (CE), 198

Crato (CE), 95-6, 106-7, 116, 120, 122-8, 130, 132, 135, 137, 147, 222, 247

Cristiano VIII, rei da Dinamarca, 30

Cristo Redentor (estátua em Sobral, CE), 201

Croatá, morro do (Fortaleza), 73, 76

Crônica geral do Brasil, História do Brasil-Reino e do Brasil-Império (Mello Moraes), 87n

Crowley, Roger, 21n

Cuba, 49

Cunha, Carneiro da, 181, 185

Cunha, Lassance, 122

Cunha, Manoel Carneiro da, 179

cururu-pinima (sapo), 191

Curvelo (MG), 29

D

Danúbio, rio, 49

Dareste, Gabriel, 46-8

Darwin, Charles, 25, 34, 231

Daumas, Eugéne, 46

Davin, Frédéric, 47

De Goussé (aparelhos de sondagem geológica), 62n

Debret, Jean Baptiste, 21n, 39, 98, *164*, 204

democracia, 64

dengue hemorrágica, 251

Departamento de Guerra (EUA), 214

Depósito Municipal (Fortaleza), 85, 90

Diário de Pernambuco (jornal), 217, 237

Diário do Rio de Janeiro (jornal), 90, 138, 200, 222

Dias, Gonçalves, 13, 24, 35, 39-41, 52-5, 57-61, 63-6, 71, 88-92, 94-5, 103-6, 108, 126-8, 130-3, 137-40, *158, 166, 174*, 177-85, 189-90, 195, 208, 222, 230, 234-40, 242, 247, 255, 257

Dias, Joana da Costa Gonçalves (filha de Gonçalves Dias), 60, 179, 182-3

Dias, João Manoel Gonçalves (pai de Gonçalves Dias), 54-5

Diretoria da Produção Animal do Ceará, 217

"disciplinas" (lâminas de ferro usadas pelos penitentes católicos), 117-8

dissulfeto de carbono, inseticida à base de, 244

Dom João VI (navio), 26

Dorado, El (cacique lendário), 186

Dresden (Alemanha), 63, 238-9

Dreyse (espingardas), 243

dromedários (camelo de uma corcova), 9, 12, 14, 42, 45-9, 78-80, 82, 85, 91, 93, 130, 212-5, 255-7

Drumond, Kátia, 254

Drumond, Luizinho, 253

Drumond, Marcos, 253

Du Chantal, Richard, 9-10, 12, 46, 85

Duque, José Guimarães, 225-6

Durant, Thomas, 215

E

Editora Perthes (Hamburgo), 62

Egito, 47

Einstein, Albert, 201

El Dorado (cacique lendário), 186

eleições de 1852, 146

eleições de 1860, 145

"encantados" (espíritos), 240

Ender, Thomas, 27, *150-2*, 231

Engenho do Pixanuçu (MA), 177

Entrevistas com escravos africanos na Bahia oitocentista (Castelnau), 34n

Epicauta adspera / Epicauta atomaria (besouros), 222n

Equey, Marie Catherine, 52

Era das Revoluções (1789-1848), 23

Ererê, Serra do, *162*

escravizados/escravidão, 14, 18-9, 25, 32, 34, 38, 56n, 61n, 71, 107n, 109-10, 139, 180, 187, 189, 213, 215n

escrófulas (feridas causadas pela tuberculose), 178

Espanha, 23, 49, 63, 188n

Espírito Santo, 25, 243

esqueletos humanos fossilizados no Brasil, 29

Estados Unidos, 19, 32-3, 38, 45, 49, 62, 79n, 84n, 146, 213-4, 217

Estêvão, João, 254

estiagens *ver* secas do Nordeste

Estrada de Ferro Leopoldina, 258

Estrada de Ferro Niterói-Campos, 66

etnografia, 23, 39, 183n

etnologia, *174*

Eugénie N. (amante de Gonçalves Dias), 63

Europa, 11, 13-4, 20, 24-5, 27-8, 30n, 33, 35, 38n, 41, 51, 58-60, 63, 65, 79n, 84-5, 89, 101, 133, 146, 221, 227, 232, 235-6, 239

Exército dos Estados Unidos, 214

Expedição Thayer, 183n

expedicionários, 14, 42-4, 61, 65-6, 69n, 70-2, 74, 87-8, 90-1, 95, 97, 100, 105-6, 114, 117, 122, 127, 132, 134-5, 140, 147, *158*, *163-5*, 200, 210, 212, 221-2, 230-1, 255

Exposição Industrial da Amazônia (Manaus, 1861), 234

"Exposição industrial sobre produtos naturais e relativos à artes, usos e costumes da província do Ceará" (Rio de Janeiro, 1861), 222

Exposição Universal de Paris (1889), 241

Eyre, Edward, 38

F

Fabiano (personagem), 43

Fábrica Orianda (indústria de papel), 236

Fagner (cantor), 257

Faoro, Raymundo, 143*n*

farol do Mucuripe (Fortaleza), *170*

Fausto (Goethe), 51

Fawcett, Percy, 180

Fazenda da Mandioca (RJ), 28

Fazenda da Monguba (CE), 97

Fazenda do Mendanha (RJ), 18, 31, 40, 240

febre amarela, 44

febre palustre, 235

Feijó, João da Silva, 42, 105

Feitosa, família, 145

Fernandes Vieira, família, 145

Ferraz, Ângelo Moniz da Silva *ver* Uruguaiana, barão de

Ferreira, Vicência Mendes, 54-5, 178

Ferrovia Rio-Petrópolis, 216

Ferrovia Transaustraliana, 215

ferrovias nos EUA, 214-5

Fileno (escravizado), 178, 180, 189, 191-2, 194

Filgueiras, família, 147

Filgueiras, José Pereira, 223

fim do tráfico de escravos no Brasil (1850), 38*n*

Fleiuss, Henrique, *174*, 235, 242

Flora brasiliensis (Martius et al.), 18, 133*n*, *154*, 232

Flora cearense (Freire Alemão), 204, 229, 232-3

Florence, Hercule, 29, *157*, 231

Flores, votos e balas: O movimento abolicionista brasileiro (1868-88) (Alonso), 56*n*

Fonseca, Deodoro da, 246

Formicida Capanema, 244, 246

Fortaleza (CE), 10, 42, 44, 69-76, 79, 85-90, 92-4, 96, 98, 103, 105-6, 110, 122, 126, 128-30, 132, 135, 137-8, 140-2, 147, *160*, *164*, 197-9, 202-4, 206-9, 212-3, 216, 221, 224, 256-7

Forte do Presépio (Belém, PA), 187

fósseis brasileiros, 28-30, 40, 206

fotografias no Ceará, 104

França, 20, 33*n*, 34, 45, 63, 77, 107*n*, 237

Francisco I, imperador da Áustria, 26

Fraunhofer, Joseph von, 62*n*

Freire Alemão, Francisco, 13, 17-25, 28, 30-1, 39-40, 51-2, 65, 66*n*, 71, 73-6, 84, 88-9, 95-103, 105, 109-20, 123-6, 128, 132, 133*n*, 134-7, 142, 147, *163*, *173*, 199, 201-3, 207-10, 221, 224, 229-30, 232, 240-2, 247

Freire Alemão, Manoel (Freirinho), 40, 66*n*, 116-7, 120, 123, 125-6, 132, 135, 137, 233, 240

Fremont, John C., 84*n*

Freyre, Gilberto, 55, 110

Frossard, Denise, 253

Fulgora latemaria (jequitiranaboia), 203*n*

Fundição e Estaleiro Niterói, 128, 179

fundo de emancipação de escravos, 61*n*

G

gado na caatinga, criação de, 226

Galápagos, ilhas, 25, 34

Galeno, Juvenal, 90

Gama, Saldanha da, 240, 246
Garibaldi, Giuseppe, 146
Gávea (Rio de Janeiro), 30
Géry, monsieur, 77-9
Goethe, Johann Wolfgang von, 26, 65
Goiás, 25, 27
Góis, Zacarias de, 228
Gomes, Carlos, 57, 252
"Gosto que me enrosco" (samba-enredo da Portela), 258
Grand Condé (navio), 235-7
grande seca do Nordeste (1877-9), 44; *ver também* secas do Nordeste
Granja, porto de (CE), 85, 204-5, 207-9
Grann, David, 188*n*
Grão-Pará, capitania do, 24, 188
Grossman, Vasily, 249
Guanabara, baía da, 27, *152*, 245
Guaporé, rio, 29
Guarani, O (Alencar), 57
Guarda Nacional, 89, 99, 127
Guaribas, serra das, 105, 224
guatós, indígenas, 29*n*
Guerra da Secessão dos Estados Unidos (1861-5), 33*n*, 84*n*, 214
Guerra do Paraguai (1864-70), 228, 242-4
Guimarães, Francisco de Assis Azevedo, 73, 132
Guk (camelo fictício de Cortázar), 249-50

H

Habsburgo, dinastia dos, 21, 26
Hamburgo (Alemanha), 62
Hashir (menino argelino), 91-4
Heckenberger, Michael, 188*n*

herborizações, 124
Herndon, William, 32, 33
Hesse, Antoine, 10, 47
Hipólita (namorada de Gonçalves Dias), 137
História da alimentação no Brasil (Câmara Cascudo), 27*n*
História da Comissão Científica de Exploração (Braga), 75*n*
História dos jesuítas (Gonçalves Dias), 73
Hobsbawm, Eric, 23
holocausto indígena, 188*n*
Homem de Lagoa Santa (esqueleto fossilizado), 30
Honorato, Waltinho, 254
Humboldt, Alexander von, 12, 23-4, 34, 51, 194

I

Ibiapaba, serra da, 205
Icó (CE), 72, 105-6, 114, 138-40, 143*n*, 145, *166*
Igreja católica, 18, 98*n*
Igreja de Nossa Senhora do Rosário (Russas, CE), *168*
Igreja de Nossa Senhora dos Prazeres (Aracati, CE), 112
Igreja de São José (Telha, CE), 143-4
"I-Juca-Pirama" (Gonçalves Dias), 53, 57
Ilha do Governador (Rio de Janeiro), 245-6
Imperatriz Leopoldinense (escola de samba), 14, 250-8
Imperial Comissão Científica de Exploração das Províncias do Norte (Brasil), 11-4, 17, 39, 42, 58, 61-3, 64*n*, 65-6, 71-3, 76, 87,

101, 105, 111-2, 122, 134-5, 140, 145, *176*, 198, 200, 210, 221-3, 225, 229, 232, 241-2, 246, 252

Imperial Instituto Politécnico de Viena, 51

Império do Brasil, 11, 33, 107, 113, 128, *166*, 221n, 223, 242; *ver também* Segundo Reinado

Império Serrano (escola de samba), 253

importação, redução das taxas de ("Tarifa Silva Ferraz", 1860), 128

incas, massacre dos, 186

indianismo romântico, 56-7

indígenas, 13, 24, 27-8, 29n, 34, 37, 54,-8, 62, 71, 107, 134, *155-7*, *166*, *174-5*, 177, 181-2, *184n*, 186-96, 206n, 214, 226-7, 231, 234-5, 238-40, 242, 252

indumentária oficial de d. Pedro II, 56-7

Inês, d., 182

Inglaterra, 17, 33, 63

Inhamuns (CE), 137, 145

insetos, 28, 46, 87, 180, 191, 222, 229, 242, 247

Institut Historique de Paris, 35

Instituto Artístico do Rio de Janeiro, 242

Instituto Histórico e Geográfico Brasileiro (IHGB), 11-2, 31, 33, 35, 37-9, 41, 44, 58-9, 64, 87, 134, 203, 208, 212-3, 217, 222-3, 227-8, 230, 234-5, 238

Ipu (CE), 57n, 206, 208

Iracema: Lenda do Ceará (Alencar), 57n, 206n

isoladores para linhas telegráficas terrestres, 243, 244n

Itália, 26, 63

J

Jacarecanga (Fortaleza), 106, 137

Jacarepaguá (Rio de Janeiro), 30

Jaguaribe, rio, 74, 95, 111, 114, 116, 122, 132

Jamaica, 49

Januária (MG), *154*

Jardim Botânico de São Petersburgo, 29

Jardim Botânico do Rio de Janeiro, 124, 246

Jardin d'Acclimatation (Paris), 45

jegues, 10, 12-3, 252, 255, 257-8

jequitiranaboia (inseto), 203

Jereissati, Tasso, 253-4

jesuítas, 12, 34, 42, 73, 97, 107, 181, 208

Joãosinho Trinta, 252

Joe Camel (personagem de desenho), 250

Jornal de Recife, 236

Jornal do Comércio, 133

Josephine (amante de Gonçalves Dias), 63

jucá (pau-ferro), 138

juraná (cágado amazônico), 191

Jurupari (festa indígena), 193

Justa, Henrique Gonçalves da, 103

K

Kipling, Rudyard, 249

Koster, Henry, 25, 110, 231

Kuznechik (camelo fictício de Grossman), 250

L

La Porte, Francis Caumont *ver* Castelnau, conde de

Laffont (bailarino), 256-7
Laghouat (Argélia), 9
Lagoa dos Pássaros (MG), *154*
Lagoa Funda (Fortaleza), 74, 106,
209
Lagoa Santa (MG), 29-30
Lagos, Manoel Ferreira, 36-7, 39-40,
62, 64-5, 66*n*, 71, 73, 75, 87, 89,
95-6, 98-9, 103, 109, 111, 114, 116-
21, 123-6, 132, 135, 137, 142, *159*,
163-5, *171*, 199, 203-6, 210, 222-3,
227, 229-30, 241-2, 247
Langsdorff, barão Georg Heinrich
von, barão, 28-9, 69*n*, *154*, *156-
7*, 231
Lavras (CE), 117-8, 120-1, 133
Le Corbusier, 78*n*
Leal, Antônio Henriques, 178, 182,
195
Legação Imperial de Londres, 61
Lei das Terras do Império (1850),
107
"Lei Marcelina" (proibição de armas
no Ceará), 138-9, 141
Lei Rio Branco (Lei do Ventre Livre,
1871), 61*n*
Leipzig (Alemanha), 63
Leite, Antônio Dantas de Barros,
87, 198
Leopoldina, imperatriz, 25-6, 30,
52, *151*
"leva-pancadas" (meninos
escravizados objetos de tortura),
110
liberais, 20, 37, 50, 56, 58, 64, 75, 111,
128, 143-4, 146-8, 223, 229
liberalismo, 33*n*
Liceu Cearense (Fortaleza), 70
Liebig, Justus von, 208
Lima, Pedro de Araújo *ver* Olinda,
marquês de
Lima, Pereira, 194

Lincoln, Abraham, 84*n*, 146*n*
língua geral, 181, 184*n*
Lisboa, 45-6, 54-5, 60, 98*n*, 177, 238
Lisboa, José Marques, 46
Livorno (Itália), 26
Londres, 63, 223, 244
López, Solano, 242
Los Angeles (Califórnia), 214
Luís Felipe de Orleans, rei da
França, 20
Luís XIV, rei da França, 37
Luís XVI, rei da França, 26*n*
Luís Filipe II, rei da França, 79*n*
Lund, Peter, 29-30
Luz, Nícia Vilela, 33*n*
Luzia-Homem (Domingos Olímpio),
104

M

maçaranduba (árvore), 124, 230
Macedo, Joaquim Manoel de, 238,
241
Macedo, Sérgio Teixeira de, 131, 257
"Machadada, A" (Galeno), 90
Machado, João Antônio
(comandante da Guarda
Nacional), 89
Machado, José Antônio
(comendador), 70, 90, 96*n*
Madeira, rio, *164*, 183-4
Magalhães Júnior, Raimundo, 253
Magalhães, Gonçalves de, 57
Magalhães, Rosa, 252-3
"Mais vale um jegue que me
carregue do que um camelo
que me derrube... lá no Ceará"
(samba-enredo da Imperatriz
Leopoldinense), 14, 250-2
Maisonseul, François Pandrigue
de, 77-8

Maisonseul, Jean de, 78n
Malagrida, Gabriel, padre, 98n
malária, 178n
Malraux, André, 78n
Mamede, sr., 223
Manaus (AM), 28, 179, 181, 184, 189, 193-5, 208, 234
mandíbula proeminente dos Habsburgo, 21n, 37
mandioca, 27, 97, 101, 117, 190
manganês, 74
Manihot utilissima (mandioca), 27, 101
manipeba (variedade de mandioca), 101
Manoel Francisco de Carvalho (pseudônimo de Capanema), 138, 141, 182n, 200
Manoel, padre, 114
manta de pelos de camelo, 47
manual de instruções da Sociedade de Aclimatação, 79-82; *ver também* Sociedade Imperial Zoológica de Aclimatação (Paris)
Maranhão, 28, 49, 54, 56, 177, 179, 182, 202, 234-5, 240
Marcelino, Antônio, 128-30, 139-42, 144, 198, 207-8, 210, 212
Maria Angélica (sobrinha de Freire Alemão), 240-1
Maria Antonieta, rainha consorte da França, 26n
Maria Luísa, arquiduquesa da Áustria, 26n
Mariana (MG), 52, 236
Marinha americana, 32, 38
Marinha brasileira, 227, 241
"marinheiro" (apelido depreciativo dos fiéis à Coroa portuguesa), 54
Marselha (França), 10, 47, 235, 237-8

Martim (personagem), 206n
Martinha (menina escravizada), 111
Martius, Karl von, 18, 25, 27-8, 30n, 38, 134, *151*, *154*, 231-2, 235
"Martyrologio dos Camelos no Ceará" (Ignacio Raposo), 213
Mascarenhas, José de Assis, 52
Mato Grosso, 28, 242
Mato Grosso do Sul, 28
Matriz de Aracati, igreja da (CE), 112
Mauá, barão de, 128, 179, 216
Maury, Matthew, 32-3
Maximiliano von Wied-Neuwied, príncipe, 25, 231
McDouall, John, 38
Mearim, rio, 177-8
Medrado (sambista), 254
Meisner, Friedrich, 31n
Mello Moraes, Alexandre José de, 39-40, 87, 241
Mendonça, Pinto, 212
Menezes, Francisco Teles de, padre, 42
Merian, Maria Sybilla, 203n
Messejana (Fortaleza), 96-7, *161*
mestiçagem, 55
Mestre Beto, 256
México, 214
Meyerstein, Moritz, 62n
microscópios, 61n
minas escondidas no Ceará, boatos de, 12, 17, 42, 71, 97-8, 252
Minas Gerais, 25, 27-9, 52, *154*, 216
mineralogia, 13, 23, 26, 40, 52
Ministério da Marinha, 62
Ministério do Império, 64, 200
Missão Austríaca no Brasil (1817-21), 17, 22, 25-6, 52, *151*
Mississippi, rio, 32
Moacir (personagem), 206n

"moleque, o" (ajudante dos expedicionários em Fortaleza), 92-3

monarquia, 11, 13, 56, 243-4

Montaigne, Michel de, 24n, 27

Montanus, Arnoldus, *149*

"morcegos embocetados", boatos sobre, 124

Moreninha, A (Macedo), 238

Morro do Alemão (Rio de Janeiro), 251

Morro do Queimado (Nova Friburgo), 52

mortos em decorrência da grande seca (1877-9), 44

mosquitos, 62, 180-1

mouros, 11, 49, 85-6, 92, 94, 254, 256

Mucuripe (Fortaleza), 70, *160*, *170*, 197-8

mulas, 25, 45, 49, 134, 215-6

Mundoca (namorada de Capanema), 203

mundurukus, indígenas, 29n

Museu da Ajuda (Lisboa), 45

Museu de História Natural (França), 45

Museu de Viena, 62

Museu do Louvre (Paris), 34

Museu Nacional (Rio de Janeiro), 14, 35-7, 114, 118, *171*, *173*, 206, 221-2, 229, 234, 241, 246

Museu Nacional de Belas-Artes (Rio de Janeiro), 246n

N

Nanette (amante de Gonçalves Dias), 63

Napoleão Bonaparte, 26

Napoleão III, imperador, 45, 146

narcotráfico, 253

Natalie (amante de Gonçalves Dias), 63

Natividade, Maria da, 122-3, 241

naturalistas, 11-2, 25, 36, 40-1, 45, 188, 231

navegação estrangeira do rio Amazonas, 33n

"navios do deserto", camelos como, 45, 90, 214

Negro, rio, 24, 185, 189-90, 193-5, 222, 234-5

niams-niams (povo africano), 34

Niterói (RJ), *152*

nobreza, títulos de (Brasil), 57

Noiva de Messina, A (Schiller), 73, 238

Nordeste brasileiro, 9-10, 12, 17, 25, 42-3, 44n, 46, 61, 64, 66, 71, 73, 96, 107, *176*, 212-3, 221, 225-7

Nordeste e as lavouras xerófilas, O (Duque), 226

Norte do Brasil, 41, 187, 198

Nossa Senhora do Rosário, igreja de (Russas, CE), *168*

Nova Friburgo (RJ), 52

Novo México (EUA), 214

Novo Mundo, 20, 24, 26-7, 38, *149*, 188n, 213

O

Ó, José do, 99-100

Observatório Naval (EUA), 32

Olímpia (esposa de Gonçalves Dias) *ver* Costa, Olímpia da

Olímpio, Domingos, 104

Olinda, marquês de, 64-6, 73, 127, 128

Ordem Imperial da Rosa, 46

Orelhonno (camelo macho número I), 79, 84, 91-4, 131, 212, 217, 250, 255-6, 258

Orellana, Francisco de, 186-7

Orenoco, rio, 24

Origem das espécies, A (Darwin), 34n

Orlando furioso (Ariosto), 237

Ornitologia cearense (Lagos), 242

Ouro Preto (MG), 52, 244-5

Outeiro (Fortaleza), 70, 89

P

Pacatuba (CE), 73, 92-3, 103-4, 132, 204

Pacheco, dr., 111

Pacheco, família, 111

Pacífico, oceano, 38, 214

Paço Imperial (Rio de Janeiro), 21, 35, 222

Pacoti, rio, 97

Pajeú, rio, 70, 199

Palácio de Harache (Johannesgasse, Áustria), 27

Palácio de São Cristóvão (Rio de Janeiro), 51, 247

paleontologia brasileira, 29

Palpite (iate), 206, 208-9, 223

pampas argentinos, 39

"Pânico de 1873" (crise econômica nos EUA), 215n

papa-pimentas (inseto desconhecido), 222

Pará, 28

Parangaba (CE), 216

Paranhos, José Maria da Silva *ver* Rio Branco, visconde do

Paris, 9, 20, 35, 41, 45-6, 60-1, 63, 71, 105, 112, 132, 183, 223, 236-9, 241

Parnaíba, rio, 225

Passagem da Casa Forte (CE), 99

pau-branco (*Auxemma oncocalyx*), 133n

pau-ferro (jucá), 138n

Paula Pessoa, Francisco de, 85, 202, 212-3

Pedro I, d., 20-1, 26, 38, 52

Pedro II, d., 9, 11-2, 17, 21-2, 25, 30, 33, 35, 37-8, 44, 46-7, 50-2, 56-9, 64, 66, 89, 120, 135-6, 141, 146, *158*, 183, 209, 222, 228, 231, 243-5, 247, 252, 254

Pedro II (jornal), 209

Peixoto, Floriano, 246

penitências em igrejas cearenses, 117-8

"Percepções e limites do fazer científico: o caso da Imperial Comissão Científica de Exploração, 1859-1861" (Teixeira), 64n

Pereira, Lúcia Miguel, 54, 57, 179

Pereiro, serra do, 119, 139

Pernambuco, 28, 107, 123-4, 144, 202, 217, 237, 243

Pérsia, 47

Peru, 33n, 178, 180, 184, 186

pesquisa científica, estímulos do governo imperial à, 35-8

Pessoa, Epitácio, 225

Petrópolis (RJ), 51, 216, 236, 243

Piauí, 28, 113, 122-3, 198, 202, 205

Pinto, Soares, 122

Pio IX, papa, 212

Pirajá (navio), 184, 189-90

Pirangi, rio, 100

piranhas, pesca das (CE), *167*

Pisa (Itália), 49

planetário de Sobral (CE), 201

Plössl, Georg, 61n

Pohl, Johann Emmanuel, 22, 25-8, 101, 231

Pombal, marquês de, 98n

ponta do Mucuripe (Fortaleza), *170*

população do Brasil, 44n

Portela (escola de samba), 258

Portinari, Cândido, 43

Porto Alegre (RS), 243

Porto Alegre, Manoel de Araújo, 41

Porto Alegre, Maria Sylvia, 181-2

Portugal, 24, 45-6, 54-6, 60, 63, 146, 187-8

português, idioma, 181

pressão internacional pela abertura do rio Amazonas, 33

Preto Joia (cantor e compositor), 251-2, 255

Price, Willard, 181

Primeiro folheto da seção Botânica (Freire Alemão), 232

"Processo Abel, O" (folheto de Gonçalves Dias), 141

Proclamação da República (1889), 244-6

procriação de camelos, 48

proibição do tráfico de escravos no Brasil (1850), 38

proprietários de escravos no Brasil, 56*n*

Província Cisplatina, 40

Purus, rio, 183

Q

quartel-general do Campo de Santana (Rio de Janeiro), 51

"Que cousa é um ministro" (Gonçalves Dias), 131

queixo proeminente dos Habsburgo, 21*n*, 37

Quito (Equador), 187

Quixeramobim (CE), 72, 85, 106, 212, 217

R

Rabelo, padre, 119

Raja Gabaglia, Giacomo, 39-41, 61, 66*n*, 73-6, 95-6, 122-3, 133-4, 203, 206, 210, 224-5, 227, 230, 241

Ramos, Graciliano, 43

Raposo, Ignacio, 213, 217

Ratisbona, Leandro, 126

Real Sociedade Geográfica de Londres, 180, 189

Recife (PE), 25, 74, 202, 235-6

"República Amazônica", planos americanos de, 33*n*

reservatório de água dos camelos, 48

retirantes nordestinos, 43-4

retratos fotográficos no Ceará, 104

revistas científicas europeias, erros em, 35

Revue de Deux Mondes (revista), 35

Riedel, madame, *156*

Riedel, Ludwig, 28, 29, *156*

Rio Branco, visconde do, 46

Rio de Janeiro, 18-9, 21, 27-8, 31, 34, 66, 73, 87, 90, 113, 123-4, 138, 145-6, *150*, *152*, 178, 183, 200, 222, 234, 242, 251*n*

Rio de Janeiro, estado do, 25, 216

Rio Grande do Sul, 25, 127, 144, 216

Rio Negro (navio), 179

romantismo indianista, 56-7

Rossio (Lisboa), 98*n*

rotas percorridas no Nordeste pela Comissão Científica Imperial, *176*

Roth, Josephine, 52

Rugendas, Johann Moritz, 28-9, *150*, *154-5*, 231

Russas (CE), 114, 122, 132, *167-8*, 182

Rússia, 28, 29

S

Saara, 9, 92, 217

Sabará (MG), 29

Sacro Império Romano, 21n

Said (menino argelino), 92, 93

Saint-Hilaire, Auguste, 25

Saint-Hilaire, Étienne Geoffroy, 45

Saint-Hilaire, Isidore, 9-10, 25n, 45, 47

salinas da Bretanha, 45

Salvador (BA), 25, 34n

"samba", 100, 145, *165*

"Samba, suor e cerveja, o combustível da ilusão" (samba-enredo da Império Serrano), 253

San Carlos (Venezuela), 194

San Francisco, porto de (Califórnia), 214

San Rossore, duque de, 49

Santa Catarina, 25, 98n

Santa Isabel (AM), 189-90

Santos (SP), 216

São Francisco, rio, 28, 225

São Gabriel (AM), 193-4

São João da Palma, marquês de, 52

São Luís (MA), 56, 59, 178, 182, 187, 234, 235, 243

São Paulo, estado de, 25, 28, 216

São Paulo, vila de, 27

São Petersburgo, 29

Sapucaí, visconde de, 11, 35, 228

saraus, 71, 112

saúva, combate à, 244

Saxônia, 51

Schiller, Friedrich, 65, 73

Schüch, Guilherme *ver* Capanema, barão de

Schüch, Rochus, 26, 51-2

Schwarcz, Lilia M., 38n

secas do Nordeste, 12, 42-4, 224, 226; grande seca (1845), 44, 70; grande seca (1877-9), 44; seca de 1930-2, 225

seções de votação Segundo Reinado, 143n

Secretaria de Negócios Estrangeiros, 37, 58-9, 64, 66, 177, 235, 241

Segundo Reinado, 33, 50, 51n, 64, 143n, 146

Semana Ilustrada, A (revista), 185

Seminário de São José (Rio de Janeiro), 19

Senado, 13, 87, 130, 221

Senegal, 47

Sergipe, 107, 243

Serra da Barriga (CE), *169*

Serra do Salgadinho (CE), 107-8, 227

Serra dos Órgãos (RJ), 28, *152*

Serra Grande (CE), 57n, 122

Sibéria, 47

Sidi (fêmea número 6), 81, 84, 250

sífilis, 59, 84n, 178n, 235

Silva Ferraz, Ângelo Moniz da *ver* Uruguaiana, barão de

Silvia navalium (árvore tapinhoã), 31n

Síria, 47

sobradão de Fortaleza, 69-70, 74-5, 88-90, 96

Sobrados e mocambos (Freyre), 55

Sobral (CE), 122, *169*, 198-205, 224

Sobral, barão de, 122-3

Sociedade Imperial Zoológica de Aclimatação (Paris), 9, 25n, 44-6, 58, 77, 79, 86

Sociedade Real de Melbourne (Austrália), 215

Sol, O (jornal), 75n

Solimões, rio, 179, 184

Sorbonne (Universidade de Paris), 20, 115

Souza, João Silveira de, 69, 72, 75, 85, 90, 96, 128, 212

Souza Brasil, Thomás Pompeu de, 71, 75, 90, 105-6, 128, 182, 209
Souza Coelho, tenente, 184, 189
Spix, Johann Baptiste von, 25, 27-8, 134, *151*, 231
Splendide (navio), 10, 77, 79-83, 256-7
Starling, Heloisa M., 38*n*
Sucupira, Antônio, 124
Sudeste brasileiro, 43
Sul dos Estados Unidos, escravidão no, 32
sulfato de ferro (em curativos para camelos), 94
sutinga (variedade de mandioca), 101

T

Tabacuri (festa indígena), 192
tabajaras, indígenas, 57*n*, 206*n*, 208*n*
tamanduá-bandeira, 73, 125
tapinhoã (árvore da Mata Atlântica), 31*n*
tapuias, indígenas, 192
"Tarifa Silva Ferraz" (1860), 128
Tauá (CE), 137
Taunay, Aimé-Adrien, 29, *156*, 231
Tavares, Rufo, 137
Teixeira, Karoline Viana, 64*n*
Teixeira, Pedro, 187-8
Teixeira, sr. (boticário), 109
telégrafo, 23, 51, 215, 243
Telégrafos, Companhia de, 236, 243, 245-6
Telha (CE), 143-6
tempestade durante a travessia dos camelos, 82
Terceiro Batalhão de Fortaleza, 90
terecô (religião afro-brasileira), 240

Tereza Cristina, imperatriz, 38
tesouros escondidos no Ceará, boatos de, 12, 17, 42, 71, 97-8, 252
Thayer Jr., Nathaniel, 183*n*
Tibete, 47
ticunas, indígenas, 27
Tijuca (Rio de Janeiro), 30, 57
tijupabas, indígenas, 54
timbiras, indígenas, 53, 71, 107, 196
tirió, indígenas, 56
Tito (filho adotivo de Freire Alemão), 241
títulos de nobreza no Brasil, 57
Tocantins (navio), 66*n*, 69, 96*n*
tortura de escravizados no Brasil, 109-10
Trabalhos da Commissão Scientifica de Exploração (Gonçalves Dias et al.), 230
tráfico de escravos, 19, 32, 38
Travels in Brazil (Koster), 25*n*
trens e sistema ferroviário nos EUA, 214-5
tuberculose, 25, 178, 235, 239
tupi, idioma, 58
tupi, indígenas, 13, 53, 58
tupinambás, indígenas, 24*n*, 181

U

Último baile da monarquia, O (tela de Pedro Américo), 245
Últimos cantos (Gonçalves Dias), 57
Umari (CE), 17
Union Pacific Railroad, 215*n*
Uruburetama (CE), 198-9
urubus, indígenas, 107*n*
Uruguai, 242
Uruguaiana, barão de, 127-8, 131, 134-6, 140, *159*, 198, 200-1, 205, 228

V

Vale do Paraíba, 27
Vale do Rio das Velhas, 29
Vale, Ana Amélia Ferreira do, 59, 177-9, 183-4, 196, 208
Valongo, cais do (Rio de Janeiro), 19
Vargas, Getúlio, 246n
Vargem da Serra (CE), 100, 102
varíola, 44
Vasconcelos, José de, 236
Vázquez-Figueroa, Alberto, 249
Velhas, rio das, 29
Veloso, Antônio, 49
Venezuela, 24, 49, 189, 193-4
Viagem ao Brasil: 1865-1866 (Agassiz e Agassiz), 84n
Viagem ao Brasil nos anos 1817-1820 (Martius e Spix), 28
Viagens ao Nordeste do Brasil (Koster; trad. Câmara Cascudo), 25n
Vicência (mãe de Gonçalves Dias) *ver* Ferreira, Vicência Mendes
Vida e a morte no sertão: História das secas no Nordeste nos séculos XIX e XX, A (Villa), 44n
vida sexual dos expedicionários, 88-9
Vidas secas (Graciliano Ramos), 43
vidros para a conservação de animais em líquidos, 62
Vieira, Miguel Fernandes, 145
Viena, 26-7, 51, 61n, 63
Vila Isabel (escola de samba), 251
Vila Rica (MG), 28
Vila-Real, João Pedro, 41, 66n, 117, 120, 123, 125-6, 211, 222
Vila-Real, Lucas Antônio, 41, 66n, 117, 120, 123, 125-6, 222
Villa, Marco Antonio, 44n, 61n
Ville de Boulogne (navio), 239, 240

Villegaignon, Nicolas Durand de, 24n
Vinhas, José Augusto, 245, 246
Virgilina (namorada de Capanema), 137
visigodos, 49
vítimas da Guerra do Paraguai, 242n
Vogeli, Félix, 79-84

W

Wied-Neuwied, Maximiliano von, príncipe, 25, 231
Wills, William, 215

X

Xingu, rio e região do, 180, 187, 188n
xirianás, indígenas, 190
xokós, indígenas, 107-8, *166*

Z

"Ziguezagues, Os" (coluna do *Diário do Rio de Janeiro*), 90, 92, 138, 141, 144, 148, 200
Ziguezagues do Dr. Capanema: ciência, cultura e política no século XIX, Os (Maria Sylvia Porto Alegre), 182n
zoologia, 37, 39, *159*, *163*, *171*, 199

Créditos das imagens

p. 149: *De Nieuwe en Onbekende Weereld, of Beschryving van Americaenen en Zuidlanders, gedenkwaerdige togten derwaerds, Gelendheid Der vaste Kusten Eilanden, Steden, Sterkten, Dorpen, Tempels, Berger Fonteinen, Stroomen, Huisen, de natuur van Beesten, Boomen, Planten en Vrende Gewasschen, Gods.* Amsterdam: Jacob von Meurs, 1671, pp. 383-97. Biblioteca Brasiliana Guita e José Mindlin, Universidade de São Paulo
p. 150: [acima] Foto: Sossô Parma/ Edição: Luciana Nicolau. Coleção de Arte da Cidade/ CCSP/ SMC/PMSP; [abaixo] Casa Geyer/ Museu Imperial/ Ibram/ nº 02/ 2021
p. 151: [acima] Graphic Collection of the Academic of Fine Arts Vienna; [abaixo] Acervo da Fundação Biblioteca Nacional — Brasil
pp. 152-3: Graphic Collection of the Academic of Fine Arts Vienna
pp. 154-5: Acervo da Fundação Biblioteca Nacional — Brasil
p. 156: © St. Petersburg Branch of the Archive of the Russian Academy of Sciences, Fond 63, Inventory 2, Folder 103
p. 157: © St. Petersburg Branch of the Archive of the Russian Academy of Sciences, Fond 63, Inventory 2, Folder 124
p. 158: [acima, à esq.] Foto: Walery. Coleção Dom João de Orleans e Bragança. Acervo Instituto Moreira Salles; [acima, à dir.] *Fastos do Museu Nacional do Rio de Janeiro: recordações históricas e scientificas fundadas em documentos authenticos e informações verídicas.* Rio de Janeiro: Imprensa Nacional, 1905, p. 31. Biblioteca Central do Museu Nacional/ UFRJ; [abaixo, à esq.] Museu Histórico Nacional/ Ibram/ Mtur (nº 12/2021); [abaixo, à dir.] Acervo da Fundação Biblioteca Nacional — Brasil
p. 159: [acima, à esq.] Foto: Joaquim Insley Pacheco. Arquivo Nacional. Fundo BR RJANRIO 02, BR RJANRIO 02.0.FOT.34; [acima, à dir.] Fotógrafo desconhecido. Arquivo Nacional. Fundo BR RJANRIO 02, BR RJANRIO 02.0.FOT.35; [abaixo, à esq.] Foto: Justiniano José de Barros. Museu Histórico Nacional/ Ibram/ Mtur (nº 12/2021); [abaixo, à dir.] Acervo do Instituto Histórico e Geográfico Brasileiro

p. 160: [acima] Museu de Artes Vicente Leite/ Secretaria Municipal de
Cultura/ Prefeitura do Crato (Autorização nº 01/2021); [abaixo] Foto:
Jaime Acioli. Museu Dom João VI da Escola de Belas Artes da UFRJ
p. 161: [abaixo] Foto: Jaime Acioli. Museu Dom
João VI da Escola de Belas Artes da UFRJ
p. 162: Museu Histórico Nacional/ Ibram/ Mtur (nº 12/2021);
p. 163: [acima] Foto: Jaime Acioli. Museu Dom João
VI da Escola de Belas Artes da UFRJ; [abaixo] Museu
Histórico Nacional/ Ibram/ Mtur (nº 12/2021)
pp. 164-5: Fotos: Jaime Acioli. Museu Dom João
VI da Escola de Belas Artes da UFRJ
p. 166: [acima] Foto: Jaime Acioli. Museu Dom João
VI da Escola de Belas Artes da UFRJ; [abaixo] Museu
Histórico Nacional/ Ibram/Mtur (nº 12/2021)
p. 167: [abaixo] Museu Histórico Nacional/ Ibram/ Mtur (nº 12/2021)
pp. 168-9: Museu Histórico Nacional/ Ibram/ Mtur (nº 12/2021)
p. 170: Fotos: Jaime Acioli. Museu Dom João VI
da Escola de Belas Artes da UFRJ
pp. 171-5: Acervo da Fundação Biblioteca Nacional — Brasil
p. 176: Redesenho de Marcelo Pliger, conforme elaboração de
Lorelai Kury e Glória Affalo (A+A Design) em *Comissão Científica do
Império: 1859-1861*. Rio de Janeiro: Andrea Jakobsson Studio, 2009

© Delmo Moreira, 2021

Todos os direitos desta edição reservados à Todavia.

Grafia atualizada segundo o Acordo Ortográfico da Língua Portuguesa de 1990, que entrou em vigor no Brasil em 2009.

capa
Polar, Ltda.
tratamento de imagens
Carlos Mesquita
mapa p. 176
Marcelo Pliger
pesquisa iconográfica
Gabriella Gonçalles
preparação
Silvia Massimini Felix
índice remissivo
Luciano Marchiori
revisão
Huendel Viana
Ana Maria Barbosa

Dados Internacionais de Catalogação na Publicação (CIP)

Moreira, Delmo (1954-)
Catorze camelos para o Ceará : A história da primeira expedição científica brasileira / Delmo Moreira. — 1. ed. — São Paulo : Todavia, 2021.

Inclui índice.
ISBN 978-65-5692-179-2

1. História. 2. História do Brasil. I. Título.

CDD 981

Índice para catálogo sistemático:
1. História do Brasil 981

Bruna Heller — Bibliotecária — CRB 10/2348

todavia
Rua Luís Anhaia, 44
05433.020 São Paulo SP
T. 55 11. 3094 0500
www.todavialivros.com.br

fonte
Register*
papel
Pólen soft 80 g/m²
impressão
Ipsis